全国高等院校财政学专业主干课程教材

税务管理与纳税检查

梁俊娇　孙亦军　主编

对外经济贸易大学出版社
中国·北京

图书在版编目（CIP）数据

税务管理与纳税检查／梁俊娇，孙亦军主编．—北京：对外经济贸易大学出版社，2011
全国高等院校财政学专业主干课程教材
ISBN 978-7-5663-0200-7

Ⅰ．①税… Ⅱ．①梁… ②孙… Ⅲ．①税收管理－中国－高等学校－教材 Ⅳ．①F812.423

中国版本图书馆 CIP 数据核字（2011）第 217639 号

税务管理与纳税检查

梁俊娇 孙亦军 主编
责任编辑：夏 鸿 赵 昕

对外经济贸易大学出版社
北京市朝阳区惠新东街 10 号 邮政编码：100029
邮购电话：010－64492338 发行部电话：010－64492342
网址：http://www.uibep.com E-mail：uibep@126.com

山东省沂南县汇丰印刷有限公司印装 新华书店北京发行所发行
成品尺寸：185mm×230mm 17.25 印张 346 千字
2011 年 12 月北京第 1 版 2011 年 12 月第 1 次印刷

ISBN 978-7-5663-0200-7
印数：0 001－3 000 册 定价：30.00 元

前 言

FOREWORD

税务管理是国家根据税收的特点及其客观规律，对税收参与社会分配活动全过程进行决策、计划、组织、协调和监督控制的一种管理活动。做好税务管理工作不仅是维护国家财政收入的一种手段，同时也是促进国民经济健康、有序发展的必要举措。

本书与同类教材相比，突出的特点是内容的广泛性。本书融合了税收学、财务会计学、法学等相关学科知识，不仅包含传统的税务管理基本概念、税源管理、税款征收等内容，而且包括很多纳税检查方面的知识，并且采用大量案例，以便读者加深对税收法律法规的理解，加强涉税账务处理的运用。

本书共有11章。其中第一章为税务管理概论，讲述税务管理的概念、内容、体制、征收成本等；第二章为税源管理，包括税务登记管理、账簿和凭证管理、纳税申报管理、发票管理、纳税评估、税收管理员制度；第三章为税款征收，包括税款征收中的权利与义务、税款征缴、税款征收制度，还涉及关联企业业务往来的税收调整事项；第四章为纳税检查的内容与方法，讲述纳税检查的基本理论知识和部分实务操作；第五章为流转税的检查，包括增值税、消费税和营业税的检查；第六章为所得税的检查，包括企业所得税和个人所得税的检查；第七章为其他税种的检查，介绍资源税、印花税、土地增值税、房产税、城镇土地使用税的相关法律规定及检查方法；第八章为税收法律责任，包括税收法律责任的构成和种类、税收征管中的违法行为及法律责任；第九章为税务行政处罚，主要介绍税务行政处罚的原则、种类、设定、程序以及处罚的执行；第十章为税务行政救济，介绍税务行政复议和税务行政诉讼的有关知识；第十一章为税收预测与经济分析。

全书由中央财经大学税务学院梁俊娇教授和孙亦军副教授主编，并负责全书的框架设计、体例安排与总纂。参与本书编写的人员有刘林、袁勋、赵晓晓、杨耿、蔡方、鲍婷婷、周波、王洋和申畅。

鉴于宏观环境和税收政策的不断发展变化，加之编者水平有限，书中如有不妥之处，还望专家和读者批评指正。

编　者

2011年5月

目　录

第一章

税务管理概论

内容摘要

本章主要介绍税务管理的基本概念，是本书的基础章节。内容主要包括税务管理的概念、税务管理的内容、意义、税务管理体制和税收征收成本等。通过对本章的学习，可以对税务管理的基础性内容进行大致了解，以便为后面具体内容的学习做铺垫。

第一节　税务管理概述

一、税务管理的概念

（一）税务管理的定义

税收是国家为实现其职能，凭借政治权利，依据法律规定，通过税收工具强制、无偿地参与社会产品的分配而取得财政收入的一种形式。为了实现这一分配过程的有效组织，充分发挥税收的职能作用，就需要对税收进行管理。因此，在税收产生的同时，税务管理也就应运而生了，也就是当人类发展到一定的历史阶段，生产力水平的提高，剩余产品的出现，国家的产生，税收从整个社会产品分配中分离并独立出来，税务管理就产生了，而且税务管理自始至终存在于税收分配的全过程之中，并随着税收的发展而不断发展。

税务管理又叫税收管理。目前，人们对税务管理的理解有广义和狭义之分。从广义上讲，税务管理是国家以法律为依据，根据税收的特点及其客观规律，对税收参与社会分配活动全过程进行决策、计划、组织、协调和监督控制，以保证税收职能作用得以实现的一种管理活动，也是政府通过税收满足自身需求，促进经济结构合理化的一种活动。它包含税收法制管理、税收征收管理、税收行政管理三部分内容。从狭义上讲，税务管理是税务机关依据国家税收政策法规所进行的税款征收活动。税务管理是税收工作的主要内容，是发挥税务职能的根本保证。

税务管理的这一概念包含以下几层含义：

1. 税务管理的主体是国家及其税务管理机关

税收分配的主体是国家，税务管理是国家管理体系的重要组成部分。税务管理贯穿于税收分配的全过程，其首要任务是进行科学决策，而税收决策是以国家为主体的行为。国家主持组织管理整个税收分配活动，制定税收政策、制度以及各项税收法规，并根据经济发展状况调整税收政策、改革税收制度、修订各项税收法规。

2. 税务管理的客体是税收分配的全过程

有税收就有税务管理，它是随着税收分配活动进行的，它的存在取决于税收分配活动的存在，贯穿于整个税收分配活动的全过程。这个过程，包括对税收分配活动进行决策、计划、组织、协调和监督方面的管理。它包含了围绕税收分配后产生从宏观到微观的全部活动和具体行为，而不是只对其中某一过程某一环节的管理。从宏观角度分析，税收分配涉及国家与企业、中央与地方等若干分配关系；从微观角度分析，税收分配是指各级税务机关与纳税人之间的征纳关系。因此，税务管理的客体表明了税务管理具有相当的复杂性。

3. 税务管理的依据是法律、客观经济规律和税收分配特点

税务管理的主体是国家，要体现国家的意志行为，但并不是表明国家可以随心所欲乱征滥收。依法治税是进行税务管理的基本要求，因此，税务管理的首要依据是国家的根本大法——宪法，其次是税法和相关法律。同时税务管理必须遵循客观经济规律和税收分配自身所具有的特点，制定适应社会经济发展的税收政策与税收制度，建立合理的税务管理运行机制和科学体系，提高税务管理效率，发挥其应有的作用。

4. 税务管理的目标是保证税收基本职能的实现

任何管理都有自身的目标，一切管理的措施和方法，都应紧紧围绕管理目标。税务管理的目标是实现税务管理的基本职能，即财政收入职能、经济调节职能和监督管理职能，保证税收能及时、足额地入库。税务管理只有依照法律法规、方针政策办事，做到执法必严，违法必究，才能确保各项税收法规政策落实到位，才能确保税收职能作用的顺利实现，从而使整个税收活动能有序运转，保持税收收入与经济协调增长。

（二）税务管理的内容

税务管理活动范围广泛，涉及国民经济各个领域和社会再生产各个环节，其内容包括法制管理、业务管理和行政管理。其框架见（图 1－1）

1. 税收法制管理

税法是国家的重要法律制度，是由国家制定和认可并由国家强制实施的。国家通过制定和颁布税法，强制地、无偿地参与社会产品或国民收入的分配与再分配，调节和支持国家经济的发展。税法一经确定，便形成了国家与企业、单位以及个人之间的税收法

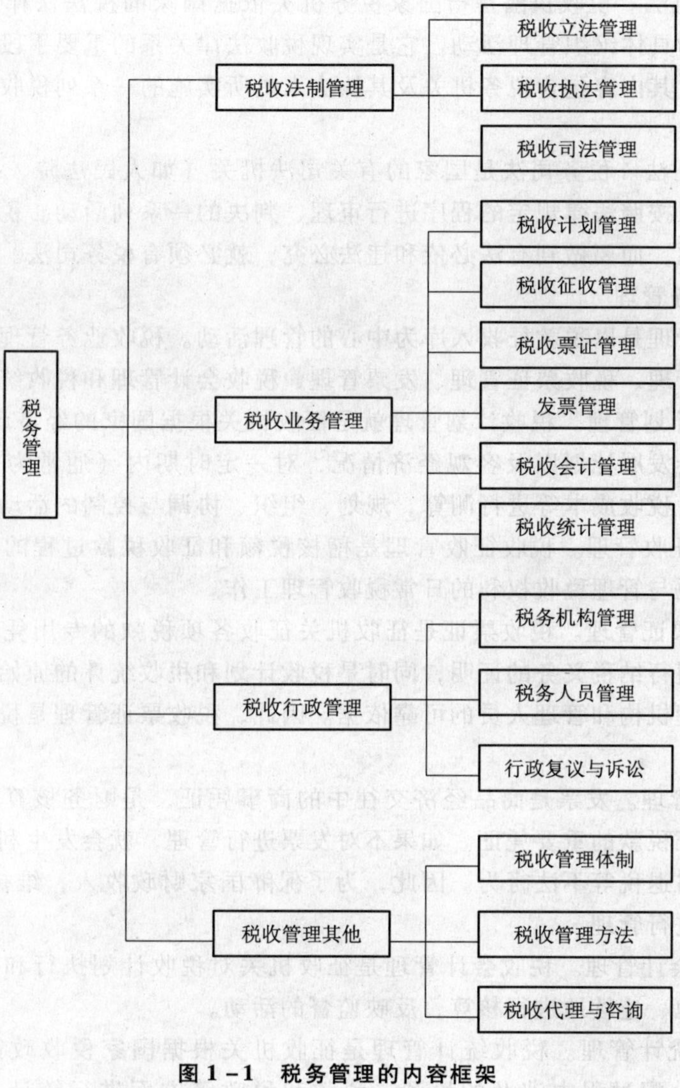

图 1－1　税务管理的内容框架

律关系，即以征税与纳税为内容的权利义务关系。作为国家代表的征收机关以及一切纳税单位和个人都必须在税法规定范围内相应行使征税的权利和纳税的义务。

税收法制管理的内容主要包括税收立法、税收执法和税务司法。

(1) 税收立法。税收立法是国家权力机关制定、颁布、实施、修正、废止税法的一系列活动。税法是税务管理的依据，只有制定出适应我国政治经济形势、反映客观规律的税法，才能使税务管理有法可依。

（2）税收执法。税收执法是指国家税务机关依据国家的税法法律、法规，对有关税收事项进行的具体组织管理活动。它是实现税收法律关系的重要手段，也是税务机关最重要的职能，其内容包含税务机关及其执法人员所实施的一系列税收征管的具体行政行为。

（3）税务司法。税务司法是国家的有关司法机关（如人民法院、检察院等）对违反税法的案件，按照法律规定的程序进行审理、判决的一系列活动。税收立法只能解决有法可依的问题，而要做到有法必依和违法必究，就必须有税务司法。

2. 税收业务管理

税收业务管理是以税款征收入库为中心的管理活动。税收业务管理包括税收计划管理、税收征收管理、税收票证管理、发票管理、税收会计管理和税收统计管理等。

（1）税收计划管理。税收计划管理就是征收机关根据国家的经济政策、税收法律、国民经济和社会发展计划以及客观经济情况，对一定时期内（通常为一年）的税收收入、税务经费、税收成本等进行测算、规划、组织、协调与控制的活动。

（2）税收征收管理。税收征收管理是稽核税额和征收税款过程的管理活动，是征收机关行使征税与管理税收权利的日常税收管理工作。

（3）税收票证管理。税收票证是征收机关征收各项税款的专用凭证，填用之后即成为征纳双方履行纳税义务的证明，同时是税收计划和税收统计的原始凭证和资料，也是考核征收管理机构和管理人员的可靠依据。因此，税收票证管理是税务管理的不可缺少的内容之一。

（4）发票管理。发票是商品经济交往中的商事凭证，是财务核算的原始凭证和计算税款以及稽征税款的重要凭证。如果不对发票进行管理，就会发生利用发票进行逃避纳税和骗取出口退税等不法行为。因此，为了保障国家财政收入，维护市场经济秩序，就必须对发票进行管理。

（5）税收会计管理。税收会计管理是征收机关对税收计划执行和征收活动过程及其结果，系统地、连续地进行核算，反映监督的活动。

（6）税收统计管理。税收统计管理是征收机关根据国家税收政策和法规制度的要求，对税收分配过程中涉及的税源、税款和税政等方面进行统计、整理、分析的活动。

3. 税务行政管理

税收征收机关具有执法和行政双重性质。一方面税收机关必须依法征税，另一方面税收机关又是国家的行政管理部门，税务行政管理是由征收机关的行政性所决定的。税务行政管理是对征收机关的组织形式、机构设置、工作程序以及征收人员等进行管理活动。其主要内容包括税务机构代理、税务人员管理和税务行政复议与诉讼。

4. 税务管理其他

税务管理其他方面主要包括税务管理体制、税务管理方法以及税务代理与咨询。

（三）税务管理科学化、精细化的理念

随着社会主义市场经济的发展，现代化税务管理理念也应运而生，科学化、精细化的税务管理是近年来税务部门贯彻中央精神，结合税收工作实际采取的重要管理措施，是税务管理理念的创新。科学化管理，就是要从实际出发，实事求是，积极探索和掌握税收征管工作规律，运用现代管理方法和信息化手段，发挥管理人员积极作用，提高管理的实效性。精细化管理，就是要树立精益思想和治理理念，运用信息化、专业化和系统化管理技术，建立健全工作规范、责任制度和评价机制，明确职责分工，优化业务流程，完善岗责体系，加强协调配合，按照精确、细致、深入的要求实施管理，避免大而化之的粗放式管理，抓住税收征管的薄弱环节有针对性地采取措施，不断提高税务管理水平和服务职能。科学化、精细化管理是有机的整体。科学化管理是精细化管理的前提，精细化管理是在科学化指导下，把科学化管理落实到税务管理的各个环节，落实到税务干部的岗位职责，体现集约管理、注重效益的要求。①

1. 科学化、精细化管理的基本要求

（1）牢固树立现代税务管理观念。这是有效指导税收工作实践，落实税收科学化、精细化的重要前提。要坚持与时俱进，树立现代税务管理观念。现代税务管理观念包括大局观念、法制观念、创新观念、效率观念、服务观念和责任观念。这六个观念是构成现代税务管理观念的有机整体，互相联系，互为补充。无论是决策的形式、目标的确立、措施的选择，还是具体工作的组织开展，都应该按照这六个观念的要求，进行全面权衡和综合判断，确保税收工作始终沿着正确的轨道前进。

（2）准确把握税务管理工作规律。任何事物发展都是有规律的，税务管理工作也同样如此，也有其自身的发展、变化规律。只有认识和运用这些规律，才能用于税务管理的实践，才能收到好的效果。我们应该认识和探索税务管理规律，把科学化、精细化管理的各项要求因地制宜、因时制宜地落实下去，促进税务管理水平的提高。首先要完善税务管理的法律体系，这是实施科学化、精细化管理的基本前提；其次要完善税务管理的组织体系，这是实施科学化、精细化管理的组织保障；第三要强化税源管理，这是实施科学化、精细化管理的重要内容；第四要大力加强税务管理队伍建设，这是实施科学化、精细化管理的人才基础；第五要提高内部行政管理水平，这是实施科学化、精细化管理的有力保障。

（3）明确税务管理工作目标。实施税收管理科学化、精细化管理，提高税收征管

---

① 谢旭人．中国税收管理．北京：中国税务出版社，2007：18.

的质量和效果，这是税务管理工作的基本目标。这就要求做到如下四个方面：一是执法规范，努力做到严格执法、公正执法、文明执法，确保各项税收政策落实到位；二是征收率高，就是依据税法和相关政策，通过各方面管理和服务工作，使税款实征入库数不断接近法定应征数，保持税收收入与经济协调增长；三是成本降低，既要降低税务机关征税成本，又要降低纳税人纳税成本；四是社会满意，有效发挥税收作用，为纳税人提供优质高效的纳税服务，税务形象日益改善。这四个方面是一个有机的整体，共同构成了税务管理工作的基本目标，也是衡量税收征管质量和效率的根本标准。

(4) 狠抓各项工作落实。落实各项工作制度和管理措施，是确保科学化、精细化管理取得实效的关键，也是科学化、精细化管理的内在要求。在工作中要紧紧围绕税收工作主题和总体目标，提高执行力，狠抓各项工作落实。要不折不扣地落实各项税收决策，从实际出发，坚持出实招、办实事，把科学化、精细化管理的要求全面落实到税收工作的各个环节，一个环节一个环节地抓，一个问题一个问题地解决，真正体现抓紧、抓细、抓实的要求。

2. 实行科学化、精细化税务管理的必要性

(1) 税务管理科学化、精细化是落实科学发展观的必然要求。税务部门落实科学发展观的要求，就必须在税收工作中实施科学化、精细化管理。税收是国家财政收入的主要来源，是国家实施宏观调控的重要杠杆，在实现以人为本、服务“五个统筹”的大局中发挥着重要作用。税收工作的成效，直接关系到科学发展观的贯彻落实。只有坚持科学化、精细化管理，才能做好税收工作，保证国家税收收入随着经济发展平稳增长，保证国家税收政策得到贯彻执行，保证科学发展观得以更好地贯彻落实，促进国民经济实现又好又快发展。

(2) 税务管理科学化、精细化符合现代管理发展趋势。科学化、精细化税务管理不仅强调加强管理的必要性，而且强调管理的科学、精细，符合现代管理的发展趋势和管理理论的要求，适应税收工作的实际，已经并将继续加强税务管理，提高税收征管的质量和效率以发挥更大的作用。

(3) 税务管理科学化、精细化是新形势下税收工作的迫切要求。随着我国经济社会的发展，税收征管面临的状况发生很大变化。如纳税人越来越多，纳税结构也发生变化，纳税人的组织形式、经营方式、经营业务不断更新；税源的流动性显著增强；纳税人对税务管理工作的期待也越来越高。这些变化对税务管理提出了新的要求，税务管理的工作重心、工作方法、工作制度等都要作出相应的调整和完善，所以，必须在税务工作中实施科学化、精细化管理，以便更好地适应形势发展的需要。

二、税务管理的意义

（一）有利于税收职能的实现

税收具有筹集财政资金、调节社会经济运行以及监督管理等职能。在社会主义市场经济条件下，税收职能的实现程度，对于国家用于提供公共产品的经济资源支配使用权的大小，以及贯彻社会政策、实施经济调节职能的强弱，有着决定性的作用。因此，如何最大限度地全面实现税收职能成为国家面临的重要问题。而且，税收职能作用发挥的程度如何，效果怎样也要以税务管理的质量为保证。税务管理工作越加强、越深入，税收的职能作用就越是在广度和深度上更有成效地得以发挥。税务管理只有通过科学化、精细化的税收决策，才能为税收聚财提供客观依据和标准；只有通过税收制度的制定、调整、改革和贯彻实施，才能使税收从宏观上对国民经济运行调节控制的作用得以发挥；只有通过具体的征管活动才能实现税收的监督管理职能。所以，在实现税收职能作用方面，税务管理是重要的保证，没有税务管理，所谓税收职能仅仅只能是一种潜在的职能。

（二）有利于社会主义市场经济的发展

社会主义市场经济是法制经济、竞争经济、效益经济，要求税收分配实现依法治税、公平税负、促进经济资源合理配置。但社会经济生活中仍然存在假冒伪劣、偷逃漏税等不良行为。不断整顿和规范市场秩序，是确保社会主义市场经济健康发展的必然要求。通过实施严格有效的税务管理，坚决打击偷逃骗税行为，惩罚不法分子，对于增强全社会依法诚信纳税意识，营造良好的税收环境，形成良好的税收秩序，促进社会主义市场经济发展具有重要意义。

（三）有利于协调税收分配中各方面的利益关系

税收这种分配方式是凭借政治权利的强制课征，具有无偿性，体现在分配上的具体利益矛盾显得尤为突出。税务管理通过运用其职能，对税收分配活动进行有效的决策、计划、组织、协调和监督，能够使中央与地方、国家与企业、国家与劳动者之间的具体利益矛盾达到协调和统一。同时税务机关与纳税人之间、组织收入与执行政策之间、各种税之间、税收分配与其他分配之间的相互协调与配合，也需要通过税务管理来进行协调。

随着市场经济发展，利益主体多元化，税收分配的利益矛盾必将出现更为错综复杂的局面，协调利益主体之间的矛盾关系，是我们需要正视和认真解决的重要问题。因此，不断加强和完善税务管理，提高税务管理水平，对协调税收分配中各方面的利益关系具有重要意义。

（四）有利于现代化税务管理体系的完善

随着社会主义市场经济的发展和科学技术的进步，一些新兴产业、新型部门核心的经营方式正在产生和崛起，使社会和经济的管理日趋复杂，对税务管理的要求越来越高，我国正在积极探索并完善现代化税务管理体系。如果我们拘泥于传统的管理思想，理论和方法就不可能跟上时代前进的步伐。我们要在现代管理信息的基础上，将税务管理系统内外各个方面、各个因素有机结合起来，将局部利益与整体利益结合起来，将现状与历史结合起来，将当前与长远结合起来，将定性分析与定量分析结合起来，不断完善税务管理体系，构建现代化税务管理科学体系。

第二节　税务管理体制

一、税务管理体制的概念

税务管理体制是指中央和地方各级政府之间划分税务管理权限的一种制度。它是国家财政管理体制的重要组成部分，也是国家税收制度的重要内容之一。

广义的税务管理体制一般包括如下三方面的内容：一是各级政府之间税收收入与税务管理权限的划分；二是税收执法权在政府各执法部门之间的划分；三是税务机关内部在税收征收、管理、检查等职能和权限上的划分。我们通常所说的税务管理体制是指各级政府之间税收收入与税务管理权限的划分，其核心内容是如何正确划分中央与地方各级政府之间的税务管理权限问题。这一问题解决了，税收收入划分的问题也就解决了。

税务管理权限包括税收立法权、税收执法权和税收司法权三个方面。

（一）税收立法权

税收立法权是指国家最高权力机关依据法定程序赋予税收法律效力时所具有的权力。税收立法权包括：税法制定权、审议权、表决权和公布权。这是各项税务管理权中最核心、最重要的权利。

税收立法的概念是享有立法权的国家机关制定、修改、变更和终止调整税收法律关系的法律规范的活动。我国税收立法应兼顾以下原则：确保国家稳定财政收入的原则；公平税负、合理负担的原则；促进竞争、提高效率的原则以及简便易行的原则。

在税收立法和税收政策制定方面，我国一直强调税权集中，税政统一。目前有权制定税法或者税收政策的国家机关有全国人民代表大会及其常务委员会、国务院、财政部、国家税务总局、海关总署、国务院关税税则委员会等。

税收法律由全国人民代表大会及其常务委员会制定；有关税收的行政法规由国务院制定；有关税收的部门规章由财政部、国家税务总局、海关总署、国务院关税税则委员会等部门制定。

此外，根据我国法律的规定，省、自治区、直辖市人民代表大会及其常务委员会、民族自治人民代表大会和省级人民政府，在不与国家税收法律、法规相抵触的前提下，可以制定某些地方性的税收法规和规章。

税收法律的制定要经过提出立法议案、审议、表决通过和公布四道程序，税收行政法规和规章的制定要经过规划、起草、审定和发布四道程序。上述程序都应当按照法律、法规和制度进行。

（二）税收执法权

税收执法权是指贯彻执行税法所拥有的权限，它实质上是一种行政行为，属于政府及其职能部门的权限范围。税收执法权具体划分为：税种的开征与停征权、税法的解释权、税目的增减与税率的调整权、减免税的审批权。

1. 税种的开征与停征权

税种的开征与停征权，是指对已经制定税法的税种，规定其付诸实施日期的权利；或者对已经开征的税种，因政治或经济诸方面的原因，规定其停止执行的权力。一般来说，税种的开征与停征权也可以给地方政府。

2. 税法的解释权

税法的解释权，是指对已经制定并颁布的税收基本法规作出具体说明和解释的权力。税收基本法规颁布后，为便于贯彻执行，一般还要发布实施细则对其进行解释和说明。此外，在对税收基本法规和实施细则的执行过程中，还会出现一些新情况和新问题，对这些新情况、新问题是否征税以及如何征税，也需要根据税收基本法规和变化了的新情况作出解释说明。税法的解释权一般集中在财政部和国家税务总局，地方税法的解释权也可由省、自治区和直辖市税务机关负责。

3. 税目的增减与税率的调整权

税目的增减与税率的调整权是指增加或减少课税品目的权力，以及对课税对象或课税品目的税率调高或调低的权力。虽然各种税的税法对其征税的品目及其适用税率都有明确规定，但随着客观情况的变化，有时需要扩大征税范围，增加税目，有时则需要缩小征税范围，减少税目。此外，有时还需要对原有税负进行调整，这就需要提高或降低税率。由于税目的增减与税率的调整涉及国家的财政收入和纳税人的税收负担，因此，这方面的权限应高度集中于中央。

4. 减免税的审批权

减免税的审批权是指对纳税人实施税收优惠政策的权力。减税、免税体现国家的税收政策，并且直接影响着国家的财政收入和纳税人的税收负担，因此有必要在各级政府，特别是在中央和地方政府之间明确划分减税、免税的审批权限，以保证征纳双方以及各级政府的利益不受侵犯。1994 年税制改革以后，减免税除税法（条例）规定的以外，其他减免税权一律集中到中央。

从机构设置来看，目前我国税收执法机构主要有财政部、国家税务总局、海关总署等。财政部是国务院主管财政收支、财税政策和国有资本基础工作的宏观调控部门；国家税务总局是国家的最高税务机构，是国务院主管税收工作的部级直属机构；海关总署是国务院部级直属机构，是主管全国海关工作的行政执法机构；国务院关税税则委员会是国务院的议事协调机构。

（三）税收司法权

税收司法权，是指国家司法机关在宪法和法律规定的职权范围，按照法定程序处理有关税务刑事诉讼案件和税务行政诉讼案件的权力①，有狭义和广义之分。狭义上的税收司法权，是指人民法院按照法律规范审判税收案件的权力；广义上的税收司法权，是指有关国家机关按照法律、行政法规对税收案件进行侦查、检察、审判，并使依法作出的判决、裁定得以执行的权力。

税收司法权实际上是司法权在税收领域的一项具体权力，其目的是通过行使司法权从事各项税收活动，依照法律维护纳税人和其他税务当事人合法权益，保障国家税收收入，确保税收秩序井然，促进税收事业健康发展。因此，在法律意义上，从实体到程序与一般的司法权相比没有本质上的不同，都具有独立性、公正性、保障性和终局性的特点，只不过它突出地表现出税收及税收案件的专业性、复杂性。

二、我国税务管理体制的沿革

新中国成立以来，根据各个不同时期的政治经济情况及财政管理体制的变化，我国的税务管理体制经过了几次较大的变动。由新中国成立初期的高度集中的税务管理体制逐步演化为以集中为主、适当分权的税务管理体制格局。

（一）建国初期的税收管理体制

建国初期，为了恢复由于长期战乱而遭受严重破坏的国民经济，稳定金融物价，平衡财政收支，保证国家重点建设及配合对资本主义工商业的社会主义改造，国家必须统一税政，对税收实行统一管理，建立高度集中的税务管理体制。与此相适应，1950 年中央人民政府公布了《全国税收实施细则》，统一了税收法规的制定权限，即将税收的法律、条例的制定权，税种的开征权和停征权，税目的增减和税率的调整权以及减免税权统一由中央控制。这种高度集中的税务管理体制是当时特殊的历史条件下所必须的，为建国初期国民经济的恢复与发展起到了较好的作用。

---

① 靳万军．税收司法权初论．北京：中国市场出版社，2007．

（二）建国初期至1977年的税收管理体制

1. 1958年税务管理体制的改革

1958年，我国实行了经济管理体制的重大改革，国务院颁布了《关于改进税收管理体制的规定》，相继下放了生产、物资、财政等的管理权限，同时也下放了税收管理权限，如将印花税、利息所得税、车船使用牌照税、屠宰税、城市房地产税等税种的税收管理权下放给省、自治区、直辖市掌握，并允许地方某些税种进行必要调整，自行制定征收办法。

2. 1961年中央适当收回税收管理权限

针对1958年“大跃进”中税收管理权限下放过多的情况，为了贯彻国民经济“调整、巩固、充实、提高”的八字方针，1961年不得不进行国民经济的调整，以克服当时的经济困难。在这一时期，为集中有限的财力，中央重申了有关集权的规定，并将一部分已下放的税收管理权限重新集中于中央，这其中包括工商统一税项目的增减和税率的调整权等，这对于促进国民经济调整、加强中央对税收的统一领导、增加国家财政收入起到了积极作用。

3. 1970－1973年再次下放税收管理权限

这一时期，我国正处于“文化大革命”时期，为了适应当时的政治经济情况，1970年国家针对当时大批中央企业下放给地方的新的形势，对税务管理体制作出了相应的调整，即将部分减免税权以及对农村征税办法的制定权限下放给了省、自治区、直辖市一级政府。1973年的工商税制全面改革，进一步扩大了放权的范围，一定程度上调动了地方税收管理的积极性。但是，由于权力过于分散，各地对规定的解释、理解不尽一致，在具体执行中产生了许多问题，减免税失控，国家收入无法保证，严重影响了国民经济的正常发展。

（三）1977年至1994年的税收管理体制

1977－1993年这十几年间，我国经历了从计划经济体制向市场经济体制过渡的伟大变革。这一时期的税收管理体制主要是以1977年国务院批转财政部的《关于税收管理体制的规定》为基础，并根据经济体制改革的需要加以调整而成。其主要内容如下：

（1）税收政策的改变、税法的颁布和实施、税种的开征与停征、税目的增减和税率的调整等权都属于中央。

（2）凡在一个省、市、自治区范围内，对某一种应税产品、某一个行业减税免税，以及对烟、酒、糖、手表四种产品减税免税，都须报财政部批准。

（3）个别纳税单位生产的产品或经营业务，因生产、经营、价格等发生较大变化，需要给予照顾的；为农业生产服务的县办“五小企业”、社队企业纳税有困难，需要给予照顾的；对于从事违法故意的单位或个人，需要运用税收加以限制的；对于投机倒把活动，需要通过税收进行打击的，都由省级人民政府掌握。

(4) 少数民族地区自治区人民政府可根据全国统一税法规定的原则，自行制定税收办法，报国务院备案。

(5) 任何地方、部门和单位，无权超越税收管理权限自行决定减税免税，无权下达与税收相抵触的文件。

上述规定是在十年浩劫刚刚结束之后制定实施的，这对于保证新时期税收工作的正常进行起到了重要作用。但是在该体制实施过程中，我国全面经济改革已经开始出现了新旧体制转换过程中的新问题、新矛盾。针对税收管理体制执行中日益严重的擅自越权、任意减免的问题，并考虑到经济体制改革中的新情况，国务院先后对《关于税收管理体制的规定》进行调整。主要有：

(1) 1988 年财政部将 13 个税种划作地方固定收入，尽管没有明确规定其税务管理权限，但事实上已经下放。

(2) 1989 年国务院批转国家税务总局的决定，对烟、酒等 30 种国家需要限制生产的产品以及 8 类需要限制发展的小型企业，地方一律不得减免流转税，确实需要减免的，必须报国家税务总局批准。

(3) 对一些新开征的税种和在制定某一新的税收政策时，对其管理权限作出了较为明确的规定。

(4) 1987 年 8 月国务院作出《关于严肃税收法纪加强税收工作的决定》，1988 年 12 月国务院发布的《关于调整税收秩序加强税收管理的决定》和 1991 年 12 月国务院批转的国家税务总局《关于进一步推进依法治税加强税收管理的报告》等文件，都强调统一税法的原则必须始终如一地坚持，要求坚决维护税法的统一性、严肃性，任何地区、部门和个人都无权变更国家税法。

总的来看，分税制之前的税务管理体制有这样几个特点：一是立法权全部集中在中央，二是行业性的减税免税，较大范围内对某个产品的减税免税，管理权限集中在中央，三是在某些情况下对个别企业和个别企业生产的产品，地方拥有一定的减免税权，四是税务管理权限主要集中在中央和省两级。因此，过去的税务管理体制已经很难适应社会主义市场经济发展的要求。

(四) 1994 至今的税收管理体制

1994 年我国全面推行分税制财政管理体制改革。分税制是指在划分中央与地方政府事权的基础上按照税种划分中央与地方财政收入的一种财政管理体制。为适应分税制的要求，我国税务管理体制也作出了相应的改革。改革的重点主要放在税务管理机构设置和征管权限的划分上。

1. 税收立法权的划分

(1) 全国性税种的立法权，即包括中央税、中央与地方共享税和在全国范围内征收的地方税税法的制定、公布和税种的开征、停征权，属于全国人民代表大会及其常务委员会。

(2) 经全国人大代表大会及其常务委员会授权，全国性税种可先由国务院以“条例”或“暂行条例”的形式发布实行。经一段时期后，再行修改并通过立法程序，由全国人民代表大会及其常务委员会正式立法。

(3) 经全国人大及其常务委员会授权，国务院有制定税法实施细则、增减税目和调整税率的权利。

(4) 经全国人大及其常务委员会授权，国务院有税法的解释权；经国务院授权，国家税务主管部门（财政部和国家税务总局）有税收条例的解释权和制定税收条例实施细则的权力。

(5) 省级人民代表大会及其常务委员会有根据本地区经济发展的具体情况和实际需要，在不违背国家统一税法，不影响中央的财政收入，不妨碍我国统一市场的前提下，有开征全国性税种以外的地方税种的税收立法权。税法的公布，税种的开征、停征，由省级人大及其常务委员会统一规定，所以税法在公布实施前必须报全国人大及其常务委员会备案。

(6) 经省级人民代表大会及其常务委员会授权，省级人民政府有本地区地方税法的解释权和制定税法实施细则、调整税目、税率的权力，也可在上述规定的前提下，制定一些税收征收办法，还可以在全国性地方税条例规定的幅度内，确定本地区适用的税率或税额。上述权力除税法解释权外，在行使后和发布实施前报国务院备案。

(7) 地方性的地方税收的立法权应只限于省级立法机关或省级立法机关授权同级政府，不能层层下放。所以立法或条例可在全省（自治区、直辖市）范围内执行，也可只在部分地区执行。

2. 税收管理权的划分

(1) 按收入归属的原则，属于中央收入、中央和地方共享收入的税种，其税收管理权由国务院及其国家税务机关掌握；属于地方收入的税种，其管理权限由省级人民政府及其地方税务机关掌握。

(2) 地方自行立法的地方性税种，其管理权由省级人民政府及其税务主管部门掌握。

(3) 属于地方税收管理权限，在省级及其以下地区、单位之间如何划分，由省级人民代表大会或省级人民政府决定。

(4) 除少数民族自治区和经济特区外，各地均不得擅自停征全国性的地方税种。

(5) 经全国人民代表大会及其常务委员会或国务院批准，民族自治地方可以拥有某些特殊的税收管理权。

(6) 少数民族聚居区（自治州、县）的税收管理权，由省级人民代表大会和省级人民政府确定。可以根据全国统一税法，报全国人民代表大会及其常务委员会和国务院备案。

(7) 经全国人民代表大会及其常务委员会和国务院批准，经济特区也可以在享有一般地方税收管理权之外，拥有一些特殊的税收管理权。

(8) 上述地方（包括少数民族自治地区和经济特区）的税收管理权的行使，必须以不影响国家宏观调控和中央财政收入为前提。

(9) 涉外税收必须执行国家的统一税法，涉外税收政策的调整权集中在全国人民代表大会及其常务委员会和国务院，各地一律不得自行制定涉外税收的优惠措施。

(10) 为了更好地体现公平税负，促进竞争的原则，保护社会主义统一市场的正常发展，在税法规定之外，一律不得减税免税。

三、税务管理体制的原则

（一）统一领导、分级管理的原则

统一领导、分级管理的原则是我国建立税务管理体制的基本原则，是由我国的政治经济体制以及决定这种体制的发展模式和战略目标所决定的。统一领导是解决集权方面的问题，凡涉及全国性的各项税收政策、税收制度以及关系到全局的税收减免等，必须由中央统一规定，地方不得违反。分级管理是解决分权方面的问题，就是根据分税制划分的中央税和地方税的具体税种分别由中央和地方行使管理权限。统一领导和分级管理，是集权与分权的辩证统一，两者之间具有统一性，但也存在着非对抗性矛盾。在实践中要做到分级管理是在统一领导下的分级管理，统一领导是有分级管理的统一领导，真正做到大权集中、小权分散、统而不死、活而不乱，推动我国社会主义现代化事业又好又快地发展。

（二）责、权、利相结合的原则

税务管理体制中的责、权、利是相互联系、不可分割的有机整体，这是制定税务管理体制必须格外重视的原则。责，就是责任；权，就是权力；利，就是利益。责、权、利相结合的原则，是指国家税务管理体制的确立及调整改革过程中，把国家或地方政府应负担的责任和赋予的一定权力及享受相应的利益密切结合起来，即国家在划分给各级政府职能机构一定权力的同时，亦要求其承担保证完成相应的事业发展任务的责任，并且是完成任务的好坏同本地的物质利益挂钩，只有这样才能调动各级政府及其职能机构的积极性；反之，如果只规定各级政府职能机构应享有的权力和利益，而缺乏行使这些权力的责任和目标约束，必然导致权力效应的扭曲。所以确立税务管理体制必须遵循责、权、利相结合的原则。

（三）按收入归属划分税务管理权限的原则

按收入归属划分税务管理权限是指凡属于中央财政的固定收入以及共享收入，管理权限在中央；凡属地方财政的固定收入，管理权限在地方。税务管理权限的明确划分，是税务管理体制的首要问题。如果划分不清，在税务管理上责、权、利统一的原则就不可能完整、准确地体现出来，统一领导、分级管理就成了一句空话。哪些管理权限由中央行使，哪些由地方行使，都应规定清楚，避免越权行使和相互扯皮现象的发生。

（四）有利于社会主义市场经济的原则

我国经济体制改革的目标是建立社会主义市场经济。这一改革取向决定了经济基础和上层建筑的许多领域都要随之进行一系列相应体制改革和政策调整。税务管理体制的建立，要尊重市场经济发展的客观规律，充分发挥税收宏观调控的作用，对关系国民经济全局的税收问题，划分管理权限时要相对地予以集中；对涉及局部地区经济利益的税收问题，划分管理权限时要大胆地下放给地方；对某些比较重要的税务管理权限，要逐步缩小以至取消地区间的差别，促进统一市场的形成，以利于公平税负，平等竞争；对于国家发挥宏观调控作用，体现国家产业政策，而又确需运用减免税方式来扶持的产业、行业、产品和项目，应统一由税种立法机关统筹确认并监督实施。

第三节 税收征收成本

一、税收征收成本的内涵

（一）税收成本的概念

税收成本的涵义是随着税收活动乃至整个社会经济活动的不断发展而发展变化的，最早提出税收成本观点的是亚当·斯密。他在《国民财富的性质和原因的研究》中提出的赋税四大原则，即“平等、确实、便利和最少征收费用”。① 这就是说税收征管成本应该最少，这里的税收征管成本就是税收成本的最初涵义。以后西方经济学家大都继承了斯密关于税收征管成本最小的原则，在税收成本上并没有多大的创新。直到20世纪二三十年代，拉姆齐导出了一些关于最适合商品课税的公式，著名经济学家哈伯格于60年代又提出了额外税负“三角形”，税收成本的涵义和内容才又大大前进了一步，既包括了税务系统范围内的征税成本，又考虑了由于课税形成的税收社会成本。它涵盖了

---

① 亚当·斯密．国民财富的性质和原因的研究：下卷．北京：商务出版社．1974：384－386.

从税收政策的制定、税务机关的征管到纳税人交纳税收所带来的一切费用支出以及由于征税给社会造成的超额负担。

总的来说，人们关于税收成本的理解主要有以下三种：一种是小口径的税收成本即征管成本，是指税务机关为组织税收收入所支付的费用，一般只限于税务系统本身的直接征收成本；一种是中口径的税收成本，即包括征管成本和纳税成本，是税务部门组织税收收入以及纳税人为缴纳税款所要支付的费用；一种是大口径的税收成本，除了包括征管成本和纳税成本外，还包括在组织收入的过程中，由于征税机构放弃对一部分纳税人的管理或者部分纳税人逃避纳税而发生的税收收入损失，即税收征管的机会成本。本书主要研究的是狭义的税收征收成本即税收征管成本。①

（二）税收征管成本的概念

具体来说，征管成本是指税务当局为保证税法顺利实施和及时、准确、足额地稽征税款所需要花费的费用，由政府承担。即政府为取得税收收入而支付的各种费用。国家取得税收收入的过程包括制定税收制度、组织征税活动、开展纳税检查并处理违章案件三个阶段，与此相对应，征管成本也由立法成本、征收成本和查处成本三个部分构成。其中，国家权力机关和行政机关为税收立法而支付的费用包括在国家管理费用之中，一般无法单独成立预算，所以，征管成本一般是指税务机关为组织征收活动、检查纳税情况及处理违法案件而支付的征收管理费用，即征收成本与查处成本。

二、影响税收征管成本的因素

（一）社会经济发达水平

一个国家的社会经济发达水平，是影响该国税收管理成本和效率的根本和决定性因素。在西方经济发达国家，社会生产力发展水平高，经济规模和经济总量较大，经济税源雄厚，经济管理水平较高。在税收管理过程中，全面推行信息技术和网络技术，故单位成本所征收的税收总量大，税收征管成本相对较小，税收征管效率较高。

据有关资料显示，发达国家的征税成本率一般都在2%以下，如在1960－1990年的三十年间，美国的征税成本率为0.4%～0.6%，加拿大的为0.7%～1.2%，日本的为0.8%～1%，英国的为1%～2%。

我国是发展中国家，相对于发达国家来说，社会生产力水平较低，经济总量和经济规模较小，国民经济管理水平也不高。近几年，各地推进征管改革，税收管理质量和征管效率有所提高，但总体税收征管成本依然居高不下，全国平均水平大概在5%～6%左右，有些偏远山区和经济落后的地区甚至高达20%左右。因此，和发达国家相比，我

① 梁俊娇．税收征管效率研究．北京：中国财政经济出版社，2006：36.

们还有很长的路要走。

（二）税收制度

税收制度直接决定着税收收入的总量以及税收的来源、组织方式，而税制构成模式、税制繁简程度、税源集中程度、税种构成、税率高低、征管环节等直接影响税收征管成本。

1. 税制的复杂性对税收征管成本的影响

我国税制过于复杂及频繁变更不可避免地导致了税收征管成本的增加。新中国成立以来，我国税收制度先后经历了五次重大的变革，这样导致税收制度连续性不强且变化频繁，造成大量人力物力的浪费及征管成本的上升。再加上税收立法不集中，税收政出多门，增加了宣传、计算等税收征管成本。

另外，国家出台的税收优惠政策过多过滥也增加了我国的税收征管成本。改革开放以来，我国的税收优惠政策主要以低税率的减免税为主，但这些优惠政策的实施效果并不明显。具体表现为：第一，税收优惠过多和不规范导致税收制度复杂化，税务机关要花费大量的时间和精力完成征管任务，提高了税收征管成本；第二，税收优惠过多引发的税收制度复杂化和差异性很容易产生税收漏洞，为纳税人逃税提供了机会，税务部门为此需要加大堵漏力度，从而提高了税收征管成本。

2. 税基确定对税收征管成本的影响

从目前的税基确定来看，我国在设立税种时对税基的覆盖范围和可监测性考虑不周。如我国增值税覆盖范围至今未包括建筑安装等行业，加大了纳税人避税的概率，迫使税务机构增加稽查概率和配备相应的税务人员进行监管，增加了税收征管成本。在增值税的可监测性方面，由于增值税分为一般纳税人和小规模纳税人，而小规模纳税人不用建立账簿，可监测性差，政府对税源不易控制，为了征收到必要的税收，势必加大税收征管力度，进一步加大税收征管成本。

3. 税种结构对税收征管成本的影响

从税制结构来看，我国目前实行的增值税、土地增值税以及企业所得税的计算和申报缴纳制度都非常繁琐，房产税、印花税等具有一定的隐蔽性，征收难度较大，有的还需要聘用协税人员，税收征管成本较高。据测算，房屋出租税收的直接成本高达20%～30%。在各个税种中，增值税对我国税收征管成本影响相对较大，虽然增值税专用发票把纳税人与税务人员有机地联系起来，形成了独特的自我监控机制。但是增值税内在的自我监控机制的正常运作也需要外部条件与之配套。其中，最基本的两个条件：一是经济交往应发生在已登记的增值税纳税人之间；二是税务机关应有较高的审计频率。缺乏前者将因增值税征收链条的中断而无法进行勾稽审计，缺乏后者则极易导致增值税发票体外循环而使勾稽审计形同虚设。我国增值税范围偏窄、税率偏多、计算机管理起步较晚等使得增值税开征的配套条件不完善，税收征管成本在短期内大大提高。

（三）税收征管制度

1. 税收征管法律立法水平对税收征管成本的影响

改革开放之后，由于经济社会环境发生了巨大的变化，我国各方面改革不断推进，作为规范我国税收征纳双方基本关系的程序法律《中华人民共和国税收征管法》于1992年通过，并于2001年修订。但受当时立法水平所限，以及近年来我国在税收征管实践中不断面临的新情况、新问题，《税收征管法》已经到了必须尽快修改的时刻。

例如，在税务检查搜查权方面，由于《税收征管法》没有赋予税务人员在税务检查中的搜查权，所以税务检查取证难已经成为税务行政执法的瓶颈；在税收保密规定方面，《税收征管法》对税收保密的规定显得很笼统，不便于税务人员实际操作；在清理欠税方面，《税收征管法》只赋予税务机关划缴存款的权力，并没有赋予税务机关冻结银行存款清理欠税的权力；在税务行政处罚方面、税务机关管辖权方面、税收优先权规定方面等等都存在着问题。这些都会导致实际操作时效率低下，征管成本大大上升。

2. 税务机构设置对税收征管成本的影响

税务机构的设置是保证税收征管工作正常运行的前提，其机构多少或合理与否直接影响税务工作支出总量，进而直接影响税收征管成本的高低。我国税收征管成本偏高是由于税务机构设置不合理的体制性因素导致的。长期以来，我国的税务机构设置与其他政府部门一样按照行政区域设置，不论经济发达地区，还是经济落后的地区，都以行政级别为标准，有一级政府就要设置一级税务机关，造成征管机构过于庞大。不同地区的税源分布及经济状况不同，但税务机构设置完全一样，这样就使税源少、经济落后地区税收征管力量闲置，机构、人员、经费开支过多，税收成本高居不下，甚至个别地区的税务经费超过了当地的税收收入。相反，经济发达地区、税源充裕的地区税收征管力量不足，征管工作难以到位，税务机构布局不合理，在一定程度上降低了税收效率。另外，国、地税机构分设以来，各地税务机关各类基本建设支出逐年上涨，两套税务机构重复管理、征收、检查，加大了税收征管成本。

3. 税收服务对税收征管成本的影响

自从2005年10月16日我国国家税务总局印发的《纳税服务工作规范（试行）》首次明确提出“税收服务”的概念以后，我国的纳税服务取得了一定的进展，有力地推动了税收征管质量和效率的提高，但与发达国家相比，我国纳税服务在观念、制度、措施等方面都还存在着很大的差距，并没有真正确立起以纳税人需求为导向的有机纳税服务体系。其不足主要表现在：首先，税务机关纳税服务意识欠缺。如税务机关在税收征管过程中为了完成上级下达的任务，对一些规模大的纳税人提供了超额甚至超位的税收服务，而为一些规模小的纳税人提供的税收服务则往往显得不足，这就更加加剧了规模小的纳税人逃税现象。其次，纳税服务内容不足。目前我国税务机关在税收专业服务，如税收信息服务、纳税技能服务、纳税环境服务、纳税救济服务等方面，存在许多不到位的现象，在服务中不能完全实现规范、统一、无偿服务。第三，纳税服务手段落后。现行的纳税服务手段对信息化技术的利用率不高，不能为纳税人提供足够的便利和高效的服务。

由于我国税务机关纳税服务理念、制度、措施的不完善，纳税人并没有真正享受到税务机关纳税服务所带来的益处，相反有时还会增加纳税成本，因此对税收不遵从的行为广泛存在，这就增加了税务机关的征管难度，加大了税收征管成本。

（四）税收环境制度

1. 社会环境对税收征管成本的影响

政治体制环境、社会信用体系完善程度都影响着税收征管成本。

从政治体制环境来看，各级政府对税收工作的重视和支持程度、相关部门协作配合的密切与否都影响到税收征管成本。目前存在的地方保护主义、部门本位主义，为税务机关依法治税、纳税人公平纳税制造了行政障碍，进一步增加了我国的税收征管成本。

健全的社会信用体系是市场经济有效运转的推动剂，能有效降低税收征管成本。我国目前个人所得税征管成本较高的一个重要原因就在于社会信用体系不健全，信息不对称。

2. 税收的社会服务体系对税收征管成本的影响

税收社会服务体系包括中介部门的代理服务和其他社会服务，健全的税收社会服务体系有助于降低税收征管成本。我国目前的税务代理有了一定的发展，但还不完善。由于我国税务代理事业出现的时间不长，代理行为尚不规范，税务代理机构和税务机关未实现实质性的脱钩，强制代理和指定代理的行为还在一定范围内存在，所以，我国的税务代理业没有发挥其应有的降低税收征管成本、纳税成本和经济成本的功能和作用，反而在一定程度上加重了纳税人的负担，造成了纳税人的税收不遵从行为，进一步加大了税收征管工作的难度，提高了税收征管成本。

三、税收征管成本控制的路径选择

由于税收征管成本层次的多样性和内涵的丰富性，控制税收征管成本、提高税收效率是一项复杂的系统工程。

（一）完善税制，健全税收征管制度

1. 进一步完善税制

有效降低税收征管成本需要优化税种结构，走一条“低税率、宽税基、少减免、无歧视、简税制、严征管”的道路。对现行税制进行有增有减的优化调整，为降低税收征收成本提供一个良好的制度环境。

（1）在流转税方面，增值税改革的主要内容是规范税制，着力于增值税链条的完整和最大限度地发挥增值税的优越性，扩大征收范围，将应当纳入增值税范围的行业，最大限度地纳入增值税的征税范围。例如，建筑业、房地产业、交通运输业、邮电通信业以及为生产服务的劳务服务性的第三产业，都是国民经济中极其重要的行业。将它们纳入增值税范围，最大的好处是可以将增值税从企业成本中分离出来，彻底消除因按全值征税导致重复征税的不合理因素，同时也降低税收征管成本，有利于增强这些企业的活力，促进其发展。

（2）2008 年企业所得税的“两税合一”是良好的举措，对所有企业实行统一税制有利于简化税制，对消除内资企业纳税的不公平感、降低税收征管成本都有积极意义。

（3）建立合理的电子商务税收制度。电子商务这种新的商务形式的出现以及它的全球性、流动性、隐蔽性、数字化等特性对传统的税收制度和税收征管提出了挑战。根据我国的现实情况，可以通过基本信息流的方式对电子商务进行课税。这种方式的重点在于控制“信息流”进行课税，其主要问题在于对税制要素的确定上（比如对税收常设机构的判定），随着相关法律的健全和国际税收制度的协调，这种课税方式会逐渐趋于完善。

2. 建立“低效税收舍弃制度”

以税收征管成本效率为原则适当地舍弃一部分高成本低效率的税收和服务机构，舍弃的范围应当包括那些经济不发达、相对贫困、税源分布分散、征收难度大的地域。在方法上可以采用抬高征税门槛，或由当地政府申请，省、市政府根据中央授权调查审批，定期给予小区域范围的税收豁免。目前，一方面，国家对贫困地区征多种税；另一方面，国家又要给予这些地区各种财政补贴和实施各种扶贫政策，但各种行政方式的补贴和扶贫措施治标不治本，只能解决一时的温饱。税收舍弃的方式能降低税收征管成本，同时，零散低效税收的舍弃具有税收优惠的作用，把国家的行政补贴变为具有市场经济意义的税收鼓励措施，让政府的补贴融化在充满竞争的市场中，激励当地群众发展生产、发展经济，尽快脱贫。

（二）推进税收征管法制化进程

降低税收征管成本，必须有健全的税收法制。健全税收法制，才能明确征税规定，减少税法漏洞，增强税法的刚性，降低执法成本；健全税收法制，才有税法的稳定性，才能提高税法的透明度，增强社会的监督力度，减少执法的随意性，避免越权减免和收“人情税”；健全税收法制，才能落实“简税制、宽税基、低税率”的原则，使税收负担公平、合理，才能避免纳税人的逃税心理，减少偷逃税现象，有效降低税收征管成本。

（三）提升税务人员自身素质，提高征税效率

提高税务人员自身素质是税收征管制度有效实施的保证，能有效地降低税收征收成

本。因此，税务机构必须随着经济形势的发展，进一步优化人力资源的配置和组合，提高税务干部的综合素质。具体而言，应采取以下措施：

（1）明确重点，强化干部的培训机制。干部培训不但要重视学历教育，还要加强对干部综合能力的培养，加大税务干部知识更新的培训力度，激发和调动每一名税务干部的工作潜力，提高税收管理水平。

（2）优化人员组合，形成宝塔形的人力资源配备结构。通过考试选拔、竞争上岗、能级管理、末位淘汰等措施促进人才竞争，推动人才队伍结构优化，实现人才科学配置。

（3）税务机构应主动提供服务，加强对纳税人员的培训教育，使办税人员熟悉税收政策，掌握税收法律知识，做到依法纳税、应收尽收，提高办税纳税事物的准确性，降低纳税成本。

需要强调的是，税务人员的素质还是纳税服务水平的决定因素。提高纳税服务水平，税务人员除了掌握、熟悉专业业务知识，按要求搞好服务外，还要运用心理学、社会学等知识，去揣摩纳税人的心理和感受。凡事要多站在纳税人的角度考虑问题，使纳税服务在“质”的方面真正上台阶，让纳税人真正满意，这样才能真正有效地降低税收征收成本。

（四）加强信息化税收征收管理，降低税收征管成本

信息化建设成为信息社会降低成本的主要方式，同样，税收信息化建设也成为降低税收征管成本的主要方式。依托税收信息化建设起来的新的税收征管模式，能够改善税收征收成本结构，大幅度地提高征管效率，降低税收征管成本。从较长时期看，信息化建设越好，税收征管成本的降低就越显著。

1. 坚持信息化建设的一体化，实现信息的共享和系统的整合

一体化的税收征管信息系统包括统一标准配置的硬件环境、统一的网络通讯环境、统一的数据库及其结构、统一的业务需求与统一的应用软件。当前信息化建设的重点在信息网络建设上，加快建立覆盖省、市、县的地税城域网、广域网，加快统一征管软件应用的步伐，以降低税收征收成本，提高征收效率。具体而言，一是在全国范围内推行使用的应用系统的规划、设计、开发和管理工作只能由税务总局来做，当前要开发相应的软件，把 CTAIS 与金税工程链接起来，实现信息共享；二是各地可以结合当地实际情况，在总局统一应用平台上外挂一些个性软件，也可以设计一些小的应用软件供自己灵活使用。

2. 建立数据处理中心

数据的集中是实现税收征管信息化管理的重要保证，是实施科学管理的基础。纳税人信息是一切税收管理和税收业务的基础，对纳税人的相关资料实行“一户式”储存，

实现信息共享，不仅可以避免纳税人重复报送，减轻纳税人负担，而且有利于税务机关全面、快速、准确地查询和掌握纳税人信息，满足管理工作的需要。要不断完善技术支持体系，做好各类信息的接收、储存工作，并经常进行清理，提高数据质量，实行动态管理。纳税人的各项涉税信息通过计算机网络集中到税务机关进行处理，税务机关在准确掌握纳税人涉税信息的基础上，为纳税人提供方便、快速的涉税服务；税务机关通过数据处理中心可以获得政府管理部门的各种经济信息与情报，可以监控各项税收征管与职能的执行情况；税务征管内部各部门、各单位的信息管理，通过网络能够自动、准确地汇总到数据库，实现税务机关内部资源的共享。

第二章
税 源 管 理

内容提要

本章介绍税务管理的基础——税源管理，主要内容包括：税务登记管理，账簿、凭证管理，纳税申报管理，发票管理，纳税评估和税收管理员制度等。通过本章的学习，读者应了解税务管理的基础工作，熟悉税源管理的基本内容并掌握相关要点。

第一节 税务登记管理

一、税务登记的概念和意义

（一）税务登记的概念

税务登记，又称纳税登记，是税务机关对纳税人的生产、经营活动实行法定登记的一项管理制度，也是纳税人、扣缴义务人纳入税务机关监督管理的一项证明。

（二）税务登记的意义

税务登记是整个税收征收管理工作的首要环节和基础工作，是征纳双方法律关系成立的依据和证明，也是纳税人必须依法履行的义务。建立税务登记制度，对于税务机关依法征税和纳税人依法纳税都具有重要意义。

1. 税务登记是税务机关掌握税源情况，防止漏管漏征的基本工作环节

通过税务登记，税务机关可以全面了解管辖范围内纳税人的基本情况，掌握税源的分布状况，合理地调配征管力量，建立科学、严密的征管组织。同时有利于对税收实行源泉控制，防止漏管漏征，打击偷逃税行为，为加强申报征收管理工作创造条件。此外，还有利于税务机关掌握纳税人的生产经营情况，为编制税收计划研究制定税收政策，进行税收决策提供客观依据。

2. 税务登记是对税收法律关系的内容即征纳双方权利与义务关系的确认

税务登记证件的颁发和领取，以书面形式确认了税务机关享有依法征税、管理、检

查和处罚的权利，同时负有接受纳税人监督、正确行使权利的义务；另一方面，纳税人则必须履行依法纳税、接受税务机关管理的义务，同时也享有税法规定的权利。

3. 税务登记是纳税人依法履行纳税义务，获得税收权益的证明

税务登记证件作为一种许可证，是国家税务机关颁发给符合法定条件的纳税人允许其从事生产经营活动的法律文书。纳税人自领取税务登记证件后，就明确了纳税地点、纳税人的法定代表人及直接负责人等。同时税务登记证件还是一种权利证明，纳税人凭税务登记证件，可以办理一系列的税务事项，如申报办理减免税、退税，领购发票，领取外出经营税收管理证明等，并有权对税务机关的办理情况进行监督。

另外，通过税务登记这项基础性工作的实施，还有利于加强税收征管和增强纳税人依法纳税的观念。

二、税务登记的种类和内容

我国税务登记的种类包括设立税务登记，变更税务登记，注销税务登记和其他税务登记。具体由图 2－1 所示：

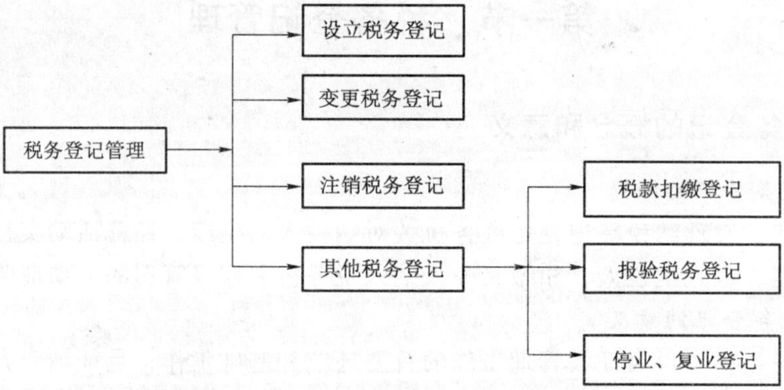

图 2－1　税务登记管理种类划分图

（一）设立税务登记

1. 设立税务登记的范围

设立税务登记又称开业税务登记，是指企业、单位和个人经国家工商行政管理部门或有关部门批准设立之后所需要办理的税务登记。设立税务登记有以下几种情况：

（1）企业以及企业在外地设立的分支机构和从事生产、经营的场所。也就是说，不仅企业的总机构要办理税务登记，而且与企业总机构不在一地的分支机构和从事生产、经营活动的场所（如办公室、工地、矿井等）也要办理税务登记。

（2）个体工商户。个体工商户是依法在县以上工商行政管理机关注册登记、取得

营业执照、以个人或家庭为单位从事工商业经营的自然人。

（3）从事生产经营的事业单位。在我国，事业单位是经过登记管理机关核报登记的非营利性的法人组织。按照税法规定，事业单位从事生产经营活动也要缴纳增值税、营业税、企业所得税等税种，因此也要办理税务登记。

（4）有独立的生产经营权、在财务上独立核算并定期向发包人或者出租人上交承包费或租金的承包人或承租人。

（5）在中国境内承包建筑、安装、装配、勘探工程和提供劳务的境外企业。

同时负有扣缴税款义务的扣缴义务人（不包括国家机关），则需要办理扣缴税款登记。

根据《税务登记管理办法》，目前不需要办理税务登记的只有国家机关、个人（自然人，不包括个体工商户）和无固定生产、经营场所的流动性农村小商贩。

2. 设立税务登记的地点和时间

（1）从事生产、经营的纳税人应当自领取营业执照之日起30日内，向生产、经营地或者纳税义务发生地的主管税务机关申报办理税务登记，如实填写税务登记表并按照税务机关的要求提供有关证件、材料。

（2）除上述以外的其他纳税人、国家机关和个人，应当自纳税义务发生之日起30日内持有关证件向所在地主管税务机关申报办理税务登记。

（3）扣缴义务人，应当自扣缴义务发生之日起30日内，向所在地的主管税务机关申报办理扣缴税款登记，领取扣缴税款登记证件；税务机关对已办理税务登记的扣缴义务人，可以只在其税务登记证件上登记扣缴税款事项，不再发给扣缴税款登记证件。

（4）跨地区的非独立核算分支机构应当自设立之日起30日内，向所在地税务机关办理注册税务登记。

（5）从事生产、经营的纳税人外出经营，在同一个地区连续12个月内累计超过180天的，应当自期满之日起30日内，向生产、经营所在地税务机关申报办理税务登记，税务机关核发临时税务登记证及副本。

3. 设立税务登记需提供的材料

纳税人办理税务登记时，应当根据情况向税务机关如实提供以下证件和材料：

（1）工商营业执照或其他核准执业营业执照证件及工商登记表；

（2）有关机关、部门批准设立的文件；

（3）有关合同、章程、协议书；

（4）法定代表人和董事会成员名单；

（5）组织机构统一代码证书；

（6）法人代表（负责人）或业主居民身份证、护照或者其他证明身份的合法证件；

(7) 住所或经营场所证明；

(8) 委托代理协议书；

(9) 企业的分支机构提交总机构所在地税务机关提供的在外地设立分支机构的证明；

(10) 主管税务机关所需要的其他材料、证明。

4. 设立税务登记的管理程序

设立税务登记的业务流程如图 2－2 所示：

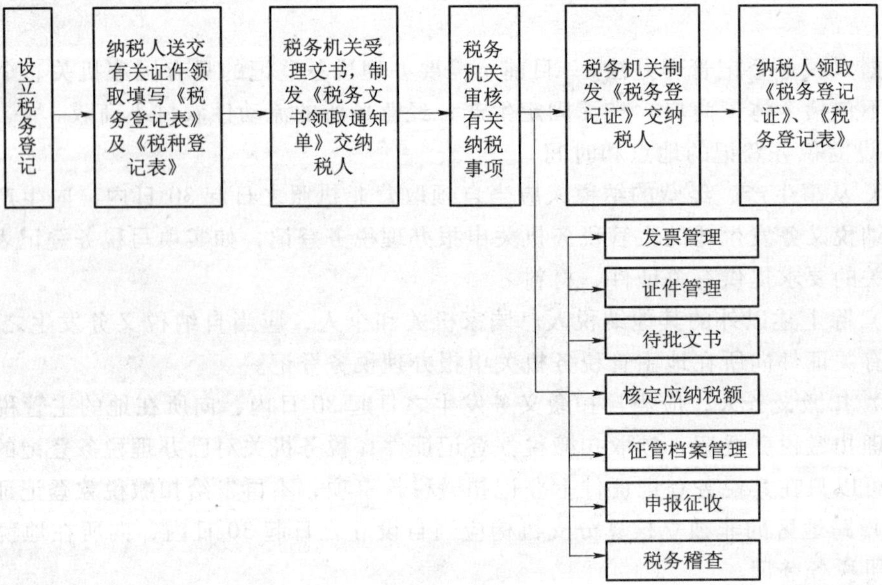

图 2－2　设立税务登记业务流程图

(1) 设立税务登记的申请。

纳税人应自领取工商营业执照之日起 30 日内，持营业执照向税务机关提出办理税务登记的书面申请，领取并如实填写《税务登记表》、《纳税人税种登记表》。需要办理资格认定的，申报填写相应的表格，同时附送有关证件和资料，包括营业执照，组织机构代码证，有关合同、章程、协议书，住所或营业场所证明等相关资料。

(2) 设立税务登记的受理。

税务机关受理纳税人提交的申请资料时，需检查纳税人填写的表格是否符合要求，附送的资料是否齐全，原件与复印件内容是否一致等。对于符合要求的在复印件上加盖“与原件核对无误”的字样，并签上受理人的名字，同时把原件退还纳税人后，制发

《税务文书领取通知书》交与纳税人。

（3）设立税务登记的审核。

税务机关对申请人填报的税务登记表等表格及申请人提供的相关证件、资料，应当自收到之日起30日内审核完毕，对不符合规定的，税务机关不予登记，并应当在15日内退回纳税人要求补正。

（4）税务登记证的核发。

税务机关应自收到纳税人填报的《税务登记表》及有关证件、资料之日起30日内审核完毕，对符合条件的纳税人予以登记，核发税务登记证或注册税务登记证。对于不符合规定的不予登记，但也应在30日内予以答复。

（二）变更税务登记

1. 变更税务登记的范围

变更税务登记是指纳税人办理税务登记后因登记内容发生了变化，需要对原登记内容进行更改，而向税务机关申报办理的税务登记。纳税人办理税务登记后，发生以下情形的，应当办理变更税务登记：

（1）改变名称或法定代表人；

（2）改变经济性质或经济类型；

（3）改变住所或经营地点（不涉及主管税务机关的变动）；

（4）改变生产经营或经营方式；

（5）增减注册资本；

（6）改变生产、经营期限；

（7）改变隶属关系；

（8）改变或增减银行账号；

（9）改变其他税务登记内容的。

2. 变更税务登记的要求

（1）纳税人已在工商行政管理机关办理变更登记的，应当自工商行政管理机关变更登记之日起30日内，向原税务登记机关如实提供下列证件、资料，申报办理税务登记。

① 变更税务登记申请书；

② 工商变更登记表及工商营业执照；

③ 纳税人变更登记内容的决议及有关证明文件；

④ 税务机关发放的原税务登记证件（登记证正、副本和税务登记表等）；

⑤ 其他有关材料。

（2）纳税人按照规定不需要在工商行政管理机关办理变更登记，或者其变更登记内容与工商登记内容无关的，应当自税务登记内容实际发生变化之日起30日内，或者自有关机关批准或者宣布变更之日起30日内，持下列证件到原税务登记机关申报办理变更税务登记。

① 纳税人变更登记内容的有关证明文件；

② 税务机关发放的原税务登记证件（登记证正、副本和税务登记表等）；

③ 其他有关材料。

3. 变更税务登记的程序

（1）变更税务登记的申请。

纳税人应持税务登记证副本到税务登记窗口领取《税务登记变更表》，按填表要求填写表格，经负责人签字并加盖公章后将表交税务登记窗口。

（2）变更税务登记的受理与审核。

纳税人提交的有关变更登记证件、资料齐全的，应如实填写税务登记变更表，经税务机关审核，符合规定的，税务机关应予以受理；不符合规定的，税务机关应通知其补正。

（3）换发税务登记证件。

税务机关应当自受理之日起30日内，审核办理变更税务登记。纳税人税务登记表和税务登记证件中的内容都发生变更的，税务机关按变更后的内容重新核发税务登记证件；纳税人税务登记表的内容发生变更而税务登记证中的内容未发生变更的，税务机关不需重新核发税务登记证件。

（三）注销税务登记

1. 注销税务登记的范围

注销税务登记是指纳税人税务登记内容发生了根本性变化，需终止履行纳税义务时向税务机关申报办理的税务登记手续。纳税人办理税务登记以后，发生以下情形的，应当办理注销税务登记：

（1）纳税人住所或生产、经营场所变动因而涉及改变主管税务机关；

（2）纳税人被工商行政管理部门吊销营业执照；

（3）纳税人发生解散、破产、撤销以及其他情形而依法终止纳税义务。

2. 注销税务登记的要求

（1）纳税人因住所、生产、经营场所变动而涉及改变主管税务登记机关的，应当在向工商行政管理机关申请办理变更或注销登记前，或者住所、生产、经营场所变动前，向原税务登记机关申报办理注销税务登记，并在30日内向迁入地主管税务机关申报办理税务登记。

（2）纳税人被工商行政管理机关吊销营业执照的，应当自营业执照被吊销之日起

15 日内，向原税务机关申报办理注销税务登记。

（3）纳税人发生解散、破产、撤销以及其他情形而依法终止纳税义务的，应当在向工商行政管理机关办理注销登记前，持有关证件向原税务登记管理机关申报办理注销税务登记；按照规定不需要在工商行政管理机关办理注销登记的，应当自有关机关批准或者宣告终止之日起 15 日内，持有关证件向原税务登记管理机关申报办理注销税务登记。

3. 注销税务登记的程序

（1）注销税务登记的申请。

纳税人应按规定的期限向税务机关办理申请注销税务登记申报，填报《注销税务登记申请书》，并附送上级主管部门批文或董事会、职代会的决议以及其他有关证明文件等。

（2）税务登记的受理、审核和注销。

纳税人在办理注销登记前，应当向税务机关结清应纳税款、滞纳金、罚款，缴销发票和其他税务证件。依法进入破产程序的企业，应向税务机关提供批注进入破产程序的书面报告，并由为其办理税务登记的税务机关参与破产清算。

纳税人因生产、经营场所发生变化而变更主管税务机关的，在办理注销税务登记时，原税务机关在对其注销税务登记的同时，应向迁入地税务登记机关递交《纳税人迁移通知书》，并附送《纳税人档案资料移交清单》，由迁入地税务登记机关重新办理税务登记。如果纳税人正享受税收优惠待遇，迁出地税务登记机关还应当在《纳税人迁移通知书》上注明。

[案例 2－1] 某私营企业从事服装经营，因经营管理不善，于 2010 年 3 月停业，并将厂房转让给他人。4 月份，税务机关检查时发现事情真相后，找到该私营企业原经理林某，令其按规定期限到税务机关办理注销税务登记，林某认为自己已经停止营业了，注销税务登记与否没有多大关系，对税务机关的要求也就没有放在心上。请问该私营企业是否要办理注销税务登记？[①]

[解析] 该私营业主是要办理注销税务登记的，根据税法有关规定纳税人发生解散、破产、撤销以及其他情形而依法终止纳税义务的，应当在向工商行政管理机关办理注销登记前，持有关证件向原税务登记管理机关申报办理注销税务登记；按照规定不需要在工商行政管理机关办理注销登记的，应当自有关机关批准或者宣告终止之日起 15 日内，持有关证件向原税务登记管理机关申报办理注销税务登记。因此即使已经停止营业，但仍然要办理注销税务登记。

---

① 安仲文．税务管理．北京：经济科学出版社，2010：40.

（四）其他税务登记

其他税务登记，是指除设立税务登记、变更税务登记、注销税务登记以外的其他事项的税务登记，包括税款扣缴登记、外出经营报验登记和停业、复业登记等。

1. 税款扣缴登记

（1）税款扣缴登记的范围。

根据税法和有关行政法规的规定，负有扣缴义务的扣缴义务人（国家机关除外），应当按照《税收征管法》及其实施细则和《税务登记管理办法》的规定办理税款扣缴登记。

（2）办理扣缴税款登记的要求。

已办理税务登记的扣缴义务人应当自扣缴义务发生之日起30日内，向税务登记地税务机关申报办理税款扣缴登记。税务机关在其税务登记证件上登记扣缴税款事项，税务机关不再发给税款扣缴登记证件；根据税法和有关行政法规的规定，可以不办理税务登记的扣缴义务人，应当自扣缴义务发生之日起30日内，向机构所在地税务机关申报办理税款扣缴登记。税务机关核发税款扣缴登记证件，包括税款扣缴登记证及其副本。

2. 外出经营报验登记

（1）外出经营报验登记的范围。

根据税法和有关行政法规的规定，从事生产、经营的纳税人外出经营，应当持税务登记证副本和所在地税务机关填开的外出经营活动税收管理证明，向营业地税务机关报验登记，接受税务管理。同时，《税收征管法实施细则》也指出，从事生产、经营的纳税人外出经营，在同一地连续的12个月内累计超过180天的，应当在营业地办理税务登记手续。

（2）外出经营报验登记的要求。

纳税人应当在《外出经营活动税务管理证明》（简称《外管证》）有效期满后10日内，持该证回原税务登记地税务机关办理《外管证》缴销手续；纳税人外出经营活动结束后，应当向经营地税务机关填报《外出经营活动情况申报表》，并结清税款、缴销发票；经营地税务机关应当在《外管证》上注明纳税人的经营、纳税及发票使用情况。

3. 停业、复业登记

（1）停业、复业登记的范围。

根据税法和有关行政法规的规定，实行定期定额征收方式的个体工商户需要停业的，应当在停业前向税务机关申报办理停业登记。纳税人的停业期限不得超过一年。停业期限将满，应于恢复生产、经营之前，办理复业登记。

（2）停业、复业登记的要求。

① 办理停业登记。纳税人需办理停业登记的，应当向税务机关提出停业申请，说

明停业的理由、时间、停业前的纳税情况和发票的领、用、存情况，并如实填写停业申请审批表。纳税人停业期间发生纳税义务的，应当及时向主管税务机关申报，依法补缴应纳税款。② 办理复业登记。纳税人应当于恢复生产、经营之前，向税务机关提出复业申请，经确认后，办理复业登记。纳税人停业期满不能及时恢复生产、经营的，应当在停业期满前向主管税务机关提出延长停业的申请。纳税人停业期满未按期复业又不申请延长停业的，税务机关应视其为已恢复营业，实施正常的税收征收管理。

三、税务登记证件的使用和管理

税务登记证件是纳税人已办理税务登记手续，接受税务管理的一项证明，应当正确的使用和管理。

（一）税务登记证件的使用

按照《税收征管法》的有关规定，除规定不需要发给税务登记证件的纳税人以外，其他纳税人办理下列税务事项时，必须持税务登记证件：

(1) 开立银行账户；

(2) 申请减税、免税、退税；

(3) 申请办理延期申报、延期缴纳税款；

(4) 领购发票；

(5) 申请开具外出经营活动税收管理证明；

(6) 申请办理停业、歇业；

(7) 申请办理其他有关税务事项。

纳税人领取的税务登记证和扣缴义务人领取的代扣代缴税款凭证书，只限本人使用，不得转借、涂改、毁损、买卖和伪造。

（二）税务登记证件的管理

1. 税务登记证件的验证和换证

税务机关对税务登记证件实行定期的验证和换证制度，纳税人应当在规定的期限内持有关证件到主管税务机关办理验证或者换证手续。验证和换证工作既是税务机关对税务登记情况的检查，也是对税源基本情况的调查，有利于加强税源的控制。

验证时主管税务机关按照税务登记证件使用管理的有关规定，对纳税人的有关税务登记情况进行检查，包括纳税人的税务登记证件中的登记情况与纳税人的实际生产经营情况是否一致，纳税人是否按照规定使用税务登记证件，是否有转借、毁损、涂改、伪造、变造税务登记证件的行为等。

换证分为两种情况，即对所有办理税务登记的纳税人统一进行换证，统一换证由国家税务总局规定；对个别的纳税人，按照税务登记证件的有效期规定，实行个别换证，纳税人应该在税务登记证件的有效期满前，向原税务登记机关申报办理换发税务登记证件。

2. 税务登记证件的遗失处理

纳税人、扣缴义务人遗失税务登记证件的，应当自遗失税务登记证件之日起15日内，书面报告主管税务机关，如实填写《税务登记证件遗失报告表》，并将纳税人的名称、税务登记证件名称、税务登记证件号码和有效期、发证机关名称在税务机关认可的报刊上作遗失声明，凭报刊上刊登的遗失声明向主管税务机关申请补办税务登记证件。

3. 违章处理

《税收征管法》第60条规定，纳税人未按照规定的期限申报办理税务登记、变更或注销税务登记的，税务机关有权责令其限期改正，并处以2 000元以下的罚款；情节严重的，可处以2 000元以上10 000元以下的罚款。纳税人未按照规定使用税务登记证件的，或者转借、涂改、毁损、买卖和伪造税务登记证件的，处以2 000元以上10 000元以下的罚款；情节严重的，处以10 000元以上50 000元以下的罚款。

[案例2-2] 某私营业主张某2010年3月将自己的企业承包给其朋友林某经营。双方在合同中明确：承包人林某每年上缴承包费10万元，经营期间可使用发包方张某提供的营业执照和税务登记证件。请问张某、林某的上述做法是否合法？[①]

[解析] 张某、林某的上述做法是不正确的，纳税人领取的税务登记证和扣缴义务人领取的代扣代缴税款凭证书，只限本人使用，不得转借、涂改、毁损、买卖和伪造。因此，双方合同中规定承包方可以使用发包方的营业执照和税务登记证件的做法是错误的。

第二节　账簿、凭证管理

一、账簿、凭证管理的概念和意义

（一）账簿、凭证管理的概念

账簿、凭证管理是指税务机关根据税收征管的实际需要，依据《税收征管法》的规定，对纳税人、扣缴义务人的账簿、凭证进行税务管理活动的总称。其中账簿是指纳税人、扣缴义务人以会计凭证为依据，全面、连续、系统地记录各种经济业务的账册或簿籍，包括总账、明细账、日记账及其他各种辅助账簿。凭证一般是指会计凭证，是纳税人、扣缴义务人用来记录经济业务，明确经济责任，并据以登记账簿的书面证明，包

① 安仲文．税务管理．北京：经济科学出版社，2010：41．

括原始凭证和记账凭证。

账簿、凭证管理，包括财务会计制度的管理，会计凭证的取得、填制与审核管理，账簿的设置与登记管理。对账簿、凭证的管理就是全面、系统地对纳税人的经济活动进行管理。

（二）账簿、凭证管理的意义

账簿、凭证管理既是纳税人进行财务会计核算的基本手段，又是征纳双方稽征和缴纳税款的重要依据。纳税人必须依照税收法规和财务会计法规的规定设置账簿，根据合法有效的凭证记账，进行核算，依法办理和履行纳税事宜。纳税人建立健全账簿、凭证管理制度，是《税收征管法》的一项重要工作。在社会主义市场经济条件下，纳税人只有不断努力提高经济效益，才能在市场竞争中不被淘汰。因而，纳税人必须建立健全财务会计制度，正确使用账簿、凭证和会计报表进行会计核算，以保证及时准确地反映计税依据，真正达到加强经济核算，提高经济效益的目的，如果纳税人不建立账证或在账证上弄虚作假，进行偷税漏税等非法经营活动，不仅侵犯了国家税收权益和其他经营者或消费者的合法权益，不利于纳税人的公平竞争，违背了公平税负的原则，而且由于弄虚作假所受到的处罚也损害了自身的正常经济利益。所以，加强对纳税人的账证管理，对于加强纳税人经济核算，提高管理水平和经济效益，增强市场竞争力，维护国家税收权益，保证财政收入等，都具有十分重要的意义。

二、账簿、凭证管理

（一）账簿、凭证设置的管理

1. 设置账簿的范围

（1）从事生产、经营的纳税人应当自领取营业执照或者发生纳税义务之日起15日内，按照国家有关规定设置账簿。

（2）扣缴义务人应当自税收法律、行政法规规定的扣缴义务发生之日起10内，按照所代扣、代收的税种设置代扣代缴、代收代缴税款账簿。

（3）生产、经营规模小，又确无建账能力的纳税人，可以聘请经批准从事会计代理记账业务的专业机构或者经税务机关认可的财会人员代为建账和办理账务；聘请上述机构或者人员有实际困难的，经县以上税务机关批准，可以按照税务机关的规定，建立收支凭证粘贴簿、进货销货登记簿或者使用税控装置。

2. 设置账簿的原则

账簿设置的原则是“按照法律、行政法规的规定或国务院财政、税务主管部门的规定设置账簿”。这里需要注意的是税务主管部门有权规定纳税人、扣缴义务人应设置的账簿，比如对增值税一般纳税人，税务机关规定，必须设置“应缴增值税明细账”；

对扣缴义务人，税务机关规定，必须设置与代扣代缴、代收代缴税款有关的账簿。

3. 对会计核算的要求

纳税人、扣缴义务人应按照有关法律、行政法规和国务院财政、税务主管部门的规定设置账簿，根据合法、有效的凭证记账，进行核算。

纳税人、扣缴义务人采用电子计算机记账的，应当在使用前将其记账软件、程序和使用说明书及有关资料报送主管税务机关备案。纳税人、扣缴义务人会计制度健全，能够通过电子计算机正确完整地计算其收入或者所得的，其电子计算机储存和输出的会计记录，可视同会计账簿，但应打印成书面记录并完整保存；会计制度不健全，不能通过电子计算机正确完整地反映其收入或者所得的，还应当建立总账和与纳税或者代扣代缴税款有关的其他账簿。

（二）对财务会计制度的管理

财务会计制度包括两方面的内容，即备案制度和冲突处理的规定。

1. 备案制度

备案制度是指从事生产、经营的纳税人必须自领取税务登记证件之日起15日以内，将其财务、会计制度或财务、会计处理办法和会计核算软件，按照税务机关的规定，及时报送主管税务机关备案。

（1）纳税人采用计算机记账的，应当在使用前将会计电算化系统的会计核算软件、使用情况说明书及有关资料报送主管税务机关备案。

（2）扣缴义务人应当自税收法律、行政法规规定的扣缴义务之日起10日内，按照所代扣、代收税种，分别设置代扣代缴、代收代缴税款账簿。

（3）纳税人、扣缴义务人会计制度健全，能够通过计算机正确、完整计算其收入和所得或者代扣代缴、代收代缴税款情况的，其计算机输出的书面会计记录，可视同会计账簿；会计制度不健全，不能通过计算机正确、完整计算其收入和所得或者代扣代缴、代收代缴税款情况的，应当建立总账及与纳税或者代扣代缴、代收代缴税款有关的其他账簿。

备案制度不同于审批，即只要纳税人的会计处理制度或者办法符合会计法的规定且不与税收的有关规定相抵触，纳税人就具有选择使用财务会计处理制度或者办法的权利。

2. 冲突处理

冲突处理是指纳税人、扣缴义务人的财务会计处理制度或者处理办法与税收规定不一致时的处理。纳税人、扣缴义务人的财务会计制度或者处理办法与国务院或者国务院财政、税务主管部门关于税收的规定相抵触的，依照国务院或者国务院财政、税务主管部门有关税收的规定计算应纳税款、代扣代缴和代收代缴税款。

考虑到各类纳税人、扣缴义务人在具体的财务会计处理上的特殊需要，国家允许纳税人、扣缴义务人在不违反国家财务会计制度规定的前提下，制定本部门、本单位的财务会计处理制度或者办法，但是这些制度、办法不得与国家关于税收的法律法规或者税务机关依照税收法律法规作出的规定相抵触。

(三) 账簿、凭证的保管

纳税人、扣缴义务人的凭证、账簿、报表等资料是企业的经济业务记录，也是进行税务检查、财务检查、审计检查的主要依据，因而必须妥善保管。各单位都必须将这些资料整理立卷或装订成册，进行分类保存。

从事生产经营的纳税人，扣缴义务人必须按照国务院财政、税务主管部门规定的保管期限保管账簿、记账凭证、完税凭证及其他有关资料。账簿、记账凭证、完税凭证及其他有关资料不得伪造、变造或者擅自损毁。

除法律、行政法规另有规定外，账簿、记账凭证、报表、完税凭证、发票、出口凭证以及其他有关涉税资料保存期限为10年。

(四) 违章处理

(1) 纳税人有下列行为之一的，由税务机关责令限期改正，同时可处以2 000元以下的罚款；情节严重的，处以2 000元以上10 000元以下的罚款：

① 未按照规定设置、保管账簿或者保管记账凭证和有关资料的；

② 未按照有关规定将财务、会计制度或者财务、会计处理办法和会计核算软件报送税务机关备查的；

③ 外商投资企业、外国企业的会计记录不使用中文的。

(2) 扣缴义务人未按照规定设置、保管代扣代缴、代收代缴税款账簿或者保管代扣代缴、代收代缴税款记账凭证及有关资料的，由税务机关责令限期改正，同时可处以2 000元以下的罚款；情节严重的，处以2 000元以上5 000元以下的罚款。

(3) 非法印制、转借、倒卖、变造或伪造完税凭证的，由税务机关责令改正，同时可处以2 000元以上10 000元以下的罚款；情节严重的，处以10 000元以上50 000元以下的罚款；构成犯罪的，要依法追究其刑事责任。

第三节 纳税申报管理

一、纳税申报的概念和意义

(一) 纳税申报的概念

纳税申报是纳税人发生纳税义务后，依照税法规定，就有关纳税事项向税务机关提交书面报告的制度。它既是纳税人依法履行纳税义务的一项法定手续，也是税务机关办理税款征收业务的法定规程，在税收管理体系中占有重要地位。

(二) 纳税申报的意义

纳税申报制度明确了纳税申报是纳税人、扣缴义务人必须履行的一项法定义务。2001 年 5 月 1 日起实施的新《税收征管法》进一步明确了纳税申报的要求，提高了纳税申报制度的法律地位和执法的可操作性。实行纳税申报制度，对于明确税收法律责任，强化税收征管，杜绝税收违规现象，提高税收征管效率，保证应征税款及时足额收缴入库，具有重要意义。

1. 有利于加强税收征管，提高征管效率

纳税申报是纳税征管的基础环节，是税款征收和税务稽查的前提。建立和完善纳税申报制度，有利于推行“以纳税申报和优化服务为基础，以计算机网络为依托，集中征收，重点稽查”的新征管模式，把税务人员从过去繁琐的纳税事务中解脱出来，转向强化税收征管和监督检查的各项工作中去，使税收征管走上良性循环的轨道。另外，实行纳税申报制度后，纳税人往往会出于专业知识、办税能力、纳税成本和税收法律责任等方面的考虑，开始寻求社会中介服务，以维护自身的合法权益，从而推动了税务代理业的发展。税务代理的开展，将会极大地提高纳税申报效率和申报准确率，有利地配合税收征管工作，提高税收征管效率。

2. 有利于培养纳税人主动申报纳税的意识

新征管模式的内容之一是实行纳税人自行申报制度，其基础是认为纳税人的经济活动和资金运营情况，只有纳税人最清楚，由纳税人自行申报可以减少税收成本，充分调动纳税人在税务管理中的能动作用，是尊重纳税人，保证纳税人权益的重要措施。长期以来，我国纳税人主动申报纳税的意识淡薄，征纳双方权利和义务含混不清。纳税申报制度明确了纳税人的申报义务和征纳双方的法律责任，并对不依法申报的行为予以处罚，从而通过法律手段强化了纳税申报，创造一个纳税人自觉申报纳税的社会环境。

3. 有利于税务机关及时掌握分析税源情况

纳税申报资料是纳税人提供给税务机关的第一手税源资料，有利于实现应征税款的准确性。税务机关在根据纳税申报资料办理征收业务过程中，通过审核计算应收税额，开具完税凭证等，了解纳税人的经济活动情况，掌握和分析税源的变化情况。税务机关通过对纳税资料的分析可以了解纳税人涉税行为的正确性和趋势，及时、准确地征收税款，及时发现涉税违法行为的线索和方向，防止税款流失。通过对纳税资料的综合分析可以全面掌握经济运行状况，把握国家经济运行的趋势，积极运用税收杠杆调节经济，促进经济和社会发展。

二、纳税申报制度

（一）纳税申报的对象

根据《税收征管法》第25条规定，纳税申报的对象为纳税人和扣缴义务人。具体来说，主要包括以下两类：

1. 依法负有纳税义务的单位和个人

包括从事生产、经营活动的负有纳税义务的企业、事业单位、其他组织和个人；临时取得应税收入或者发生应税行为的单位和个人；其他不从事生产、经营活动，但依法负有纳税义务的单位和个人。

2. 依法负有代扣代缴、代收代缴义务的单位和个人

扣缴义务人必须在法律、行政法规规定的或者税务机关依照法律、行政法规的规定确定的申报期限、申报内容报送代扣代缴、代收代缴税款报告表以及税务机关根据实际需要要求扣缴义务人报送的其他有关资料。

另外，《税收征管法实施细则》第32条特别规定，纳税人在纳税期内没有应纳税款的，也应当按照规定办理纳税申报。纳税人享受减税、免税待遇的，在减税、免税期间应当按照规定办理纳税申报。

（二）纳税申报的内容

纳税申报的内容主要明确在各税种的纳税申报表和代扣代缴、代收代缴税款报告内。纳税人、扣缴义务人发生纳税义务、税款扣缴义务后，应在规定的申报期限内，如实填报纳税申报表，代扣代缴、代收代缴税款报告表，并附送财务会计报表和税务机关要求提供的有关纳税资料。

我国各税种都有相应的纳税申报表，实行源泉控制的税种有代扣代缴、代收代缴税款报告表。不同税种的计税依据、计税环节、计税方法不同，纳税申报表的格式也不同，但各税种的纳税申报表或者代扣代缴、代收代缴税款报告表的主要内容一般包括：

（1）税种、税目；

（2）应纳税项目或者应代扣代缴、代收代缴税款项目；

（3）适用税率或者单位税额；

（4）计税依据；

（5）扣除项目及标准；

（6）应退税项目及税额、应减免税项目及税额；

（7）应纳税额或者应代扣代缴、代收代缴税额；

（8）税款所属期限等；

（9）延期缴纳税款、欠税、滞纳金等。

为了便于税务机关审核纳税申报表，纳税人在办理纳税申报时，应当如实填写纳税申报表，并根据不同的情况相应报送下列有关证件、资料：

（1）财务会计报表及其说明材料；

（2）纳税有关的合同、协议书及凭证；

（3）税控装置的电子报税资料；

（4）外出经营活动税务管理证明和异地完税凭证；

（5）境内或者境外公证机构出具的有关证明文件；

（6）税务机关规定应当报送的其他有关证件、资料。

享受减免税优惠的纳税人，其减免税期纳税申报表要分两部分进行填报：一是按正常纳税年度进行填报，并据以计算应纳税额；二是按其享受的税收优惠待遇，依据税收优惠规定计算应纳税额。

扣缴义务人办理代扣代缴、代收代缴税款报告时，应当如实填写代扣代缴、代收代缴税款报告表，并报送代扣代缴、代收代缴税款的合法凭证以及税务机关规定的其他有关证件、资料。

（三）纳税申报的方式

《税收征管法》第26条规定："纳税人、扣缴义务人可以直接到税务机关办理纳税申报或者报送代扣代缴、代收代缴税款报告表，也可以按照规定采取邮寄、数据电文或者其他方式办理上述申报、报送事项。"根据纳税人的不同情况可以采取不同的纳税申报方式，主要包括以下几种：

1. 直接申报

直接申报是指纳税人、扣缴义务人在规定的申报期限内，直接到主管税务机关办理纳税申报或者代扣代缴、代收代缴税款报告手续。直接申报也是我国普遍采用的一种方式。

2. 邮寄申报

邮寄申报是指纳税人、扣缴义务人经主管税务机关审核认定后，在规定的申报期限内，通过邮寄方式向主管税务机关报送纳税申报表或者代扣代缴、代收代缴税款报告及有关纳税资料，办理申报手续的一种申报方式。

邮寄申报是国际上通行的做法，既方便了纳税人，又提高了税务机关工作效率。为了规范和推广邮寄申报，早在1997年国家税务总局和邮电部门联合制定了《邮寄纳税申报办法》，对邮寄申报作了具体规定：

（1）适用范围。

邮寄申报适用于财务制度、核算水平较高、纳税比较规范的纳税人及扣缴义务人，在自核自缴的基础上实行邮寄申报。

（2）邮寄申报的内容。

邮寄申报的邮件内容包括纳税申报表、财务会计报表以及税务机关要求纳税人报送的其他纳税资料。

（3）办理邮寄申报的程序。

纳税人、扣缴义务人在法定的申报期限内，按照税务机关的要求填写各类申报表和纳税资料，经主管税务机关审核批准后，方可实行邮寄申报方式。

（4）邮寄申报方法。

纳税人、扣缴义务人使用统一规定的纳税申报特快专递专用信封，可以根据约定时间由邮政部门人员上门收寄，也可以到指定的邮政部门办理交寄手续。无论是何种方式，邮政部门均应向纳税人开具收据，并以此作为纳税申报的凭据，以备查核。邮政部门办理纳税申报特快专递邮件参照同城特快邮件方式交寄、分发处理，按照与税务机关约定的时限投递，保证传递服务的质量。

（5）申报日期的确认。

邮寄申报的具体日期以邮政部门收寄邮戳日期为准。

3. 数据电文

数据电文申报，又称为电子申报，是指纳税人、扣缴义务人经税务机关批准在规定的申报期限内，通过税务机关确定的电话语音、电子数据交换和网络传输等电子方式，向主管税务机关办理纳税申报或者代扣代缴、代收代缴税款报告的一种申报方式。数据电文申报是利用现代化手段完成纳税申报的有效途径。推行数据电文申报，将会极大地方便纳税人和提高税收征管效率。

上述三种纳税申报方式中，直接申报是目前全国各地普遍采用的一种主要方式，邮寄申报和数据电文申报仅在部分地区施行。随着税收征管改革的深入进行和纳税申报制度的不断完善，邮寄申报和数据电文申报将会成为主要的纳税申报方式。根据我国目前的实际条件，各地应当重视推行邮寄申报，并逐步试行数据电文申报。

此外，按纳税申报表，代扣代缴、代收代缴税款报告表的填报人划分，纳税申报又可划分为自行申报和代理申报两种方式：

第一，自行申报。

自行申报是指纳税人、扣缴义务人自行填写纳税申报表，代扣代缴、代收代缴税款报告表，自行办理申报手续的一种申报方式。

第二，代理申报。

代理申报是指纳税人、扣缴义务人委托具有代理执业资格的税务代理人代为填写纳税申报表，代扣代缴、代收代缴税款报告表，代为办理申报手续的一种申报方式。

根据《税收征管法实施细则》第36条的规定，实行定期定额缴纳税款的纳税人，可以实行简易申报、简并征期等纳税申报方式。

（四）纳税申报的期限

不同税种的纳税期限因其征收对象、纳税环节和计税依据的不同而有所不同。即使同一税种，由于纳税人所从事的生产经营活动及其规模有较大差异，财务会计核算难易程度也不一，因此纳税期限会有很大的不同。

确定纳税期限，包含以下两个方面的含义：

1. 确定结算应纳税款的期限，即多长时间缴纳一次税

结算应纳税款的期限一般有 1 日、3 日、5 日、10 日、15 日、一个月等。增值税、消费税的纳税期限分别为 1 日、3 日、5 日、10 日、15 日、一个月或者一个季度，纳税人的具体纳税期限，由主管税务机关根据纳税人应纳税额的大小分别核定。

缴纳企业所得税的纳税人应当在月份或季度终了后 15 日内，向其所在地主管税务机关办理预交所得税申报，在年度终了后 5 个月内向其所在地主管税务机关办理所得税申报。

其他税种，税法已明确规定纳税申报期限的，按税法规定的期限申报；没有明确规定纳税申报期限的，由主管税务机关视具体情况确定申报期限。

2. 确定缴纳税款的期限，即纳税期满后税款多长时间必须入库

不同税种，其税款入库时间不同。如《增值税暂行条例规定》纳税人以一个月或者一个季度为一个纳税期的，应当自期满之日起 15 日内申报纳税；以 1 日、3 日、5 日、10 日或者 15 日为一个纳税期的，应当自期满之日起 5 日内预缴税款，于次月 1 日起 15 日内申报纳税并结清上月应纳税款。《个人所得税法》中规定，工资、薪金所得应纳税款，按月计征，由扣缴义务人或者纳税人在次月 7 日内缴入国库，并向税务机关报送纳税申报表。

（五）延期申报

纳税人、扣缴义务人按照规定的期限办理纳税申报或者报送代扣代缴、代收代缴税款报告表确有困难，需要延期的，可以根据《税收征管法》第 27 条和《实施细则》第 37 条的规定，在规定的期限内向税务机关提出书面延期申请，经税务机关核准，在核准的期限内办理。但是，其应纳税款应在纳税期内按照上期实际缴纳的税额或者税务机关核定的税额预缴，并在核准的延期内办理税款结算。

纳税人、扣缴义务人因不可抗力，不能按期办理纳税申报或者报送代扣代缴、代收代缴税款报告表的，可以延期办理；但是，应当在不可抗力情形消除后立即向税务机关报告。税务机关应当查明事实，予以核准。

（六）纳税申报的受理与审核

目前，我国税收征管工作已经实现了从管户到管事的转变，提高了税收工作效率，

1996年以来，各地税务机关相继建立了集税款征收监控与管理服务为一体的多功能办税服务厅。税务人员在办税服务厅直接受理、审核纳税人、扣缴义务人填报的纳税申报表、代扣代缴、代收代缴税款报告表及有关资料，办理税款征收业务。

税务机关收到纳税人、扣缴义务人填报的申报资料后，应按规定办理受理、签收手续，并对申报资料的合法性、真实性、完整性进行审核。审核内容主要包括：申报时间是否及时、申报资料是否齐全、申报内容是否真实、税款计算是否准确、填报手续是否完备等。审核一般有缴税前审核和缴税后审核两种。目前大多数地区采用缴税前审核，审核后开票征收。有的地区对某些纳税人实施缴税后审核，即先缴税后审核。通过对申报资料的审核，可以及时发现和纠正纳税申报中存在的问题，提高申报的准确率。

税务机关应该加强对纳税申报环节的管理，对不申报、不按期申报或不实申报的纳税人和扣缴义务人，依照《税收征管法》的规定严肃处理，促使纳税人和扣缴义务人按期如实申报纳税，确保国家税收收入。

三、主要税种的申报

（一）增值税的纳税申报

1. 申报对象

增值税的申报对象分为两类：

（1）增值税的纳税义务人。即在我国境内销售货物或者提供加工、修理修配劳务以及进口货物的单位和个人。

（2）增值税的扣缴义务人。境外单位或者个人在境内销售应税劳务而未设有经营机构的，其应纳税款以代理人为扣缴义务人，没有代理人的，以购买者为扣缴义务人。

2. 申报地点

固定业户应当向其机构所在地主管税务机关申报，总机构和分支机构不在同一县（市）的，应当分别向各自所在地主管税务机关申报；经国家税务总局或其授权的税务机关批准也可汇总向总机构所在地主管税务机关申报。

固定业户到外县（市）销售货物的，应当向其机构所在地主管税务机关申报开具外出经营活动税收管理证明，向其机构所在地主管税务机关申报。未持有其机构所在地主管税务机关核发的外出经营活动管理证明，到外县（市）销售货物或应税劳务的，应当向销售地主管税务机关申报。

非固定业户销售货物或者应税劳务，应当向销售地主管税务机关申报。非固定业户到外县（市）销售货物或者提供应税劳务未向销售地主管税务机关申报纳税的，由其所在地主管税务机关补征税款。

进口货物，应当由进口人或其代理人向报关地海关申报。

3. 申报内容

(1) 增值税的纳税申报表;

(2) 增值税销项税额及进项税额明细表;

(3) 增值税纳税申报表附列资料;

(4) 发票领用存月报表;

(5) 分支机构销售明细表;

(6) 增值税税负增加报告表;

(7) 自核自缴税款的税收通用缴款书报查联;

(8) 其他相关资料。

4. 申报审核重点

各栏目填写是否齐全(特别是各责任单位或责任人签章及日期);表内数据之间逻辑关系是否正确;征收品目与税率对应关系是否正确;上下期数据是否衔接(特别是上期留抵税额);有免税货物或出口货物的还应重点审核其申报内容或出口预缴等情况;附报资料是否齐全;申报表与附报资料数据是否一致。

(二) 企业所得税的纳税申报

1. 申报对象

企业所得税的申报对象是指取得应税所得的企业、事业单位、社会团体以及其他取得应税所得的组织。

2. 申报地点

(1) 企业所得税由纳税人向其所在地主管税务机关申报纳税。所在地是指纳税人的实际经营管理所在地。企业注册地或实际经营管理地不一致时,以实际经营地为申报纳税地点。

(2) 联营企业、股份制企业实行先税后分的原则,在其经营所在地就地缴纳。

3. 申报内容

(1) 企业所得税纳税申报表;

(2) 企业所得税年度纳税申报表;

(3) 自核自缴税款的税收通用缴款书报查联;

(4) 其他相关资料。

4. 申报审核重点

各栏目填写是否齐全(特别是各责任单位或责任人签章及日期);表内数据之间逻辑关系是否正确;各调整项目是否按规定调整;适用税率是否正确;已预缴税款是否正确;附报资料是否齐全;申报表与附报资料数据是否一致。

[**案例 2-3**] 某食品加工厂财会人员到韩国出差未归,没能够及时处理账务,无法

按期进行纳税申报。该厂经理李先生因此到县国税局申请办理延期申报。国税机关核准该厂可以延期申报，但要求必须按照上期实际缴纳的税额预缴税款。请问主管税务机关要求其预缴税款是否合法？[①]

［**解析**］税务机关要求其预缴税款的做法是合法的，根据《税收征管法》第 27 条和《实施细则》第 37 条的规定，纳税人、扣缴义务人在规定的期限内向税务机关提出书面延期申请，经税务机关核准，在核准的期限内办理。但是，其应纳税款应在纳税期内按照上期实际缴纳的税额或者税务机关核定的税额预缴，并在核准的延期内办理税款结算。

第四节 发票管理

一、发票管理概述

（一）*发票管理概念和意义*

1. 发票管理的概念

发票管理，是国家税收征管的重要组成部分，主要是指税务机关依法对发票印制、领购、开具、取得、保管和缴销的全过程所进行的组织、协调、监督等各项活动。其中，发票是指购销商品、提供或者接受服务以及从事其他经营活动过程中，开具、收取的收付款凭证。它是确定经济收支行为发生的法定凭证，是会计核算的原始凭证，也是税务稽查的重要依据。

2. 发票管理的意义

（1）有利于正确组织会计核算，加强财务收支监督。一切企事业单位或个人对外发生经济交往活动，均须填开或取得发票，作为会计核算的原始凭证。发票的填开或取得是否合法，填开的内容是否真实、准确，对会计核算质量影响极大。因此，加强发票管理，保证发票的正确使用，可以促使企事业单位有效地组织会计核算，保证会计核算资料的正确性。同时，通过发票审查，可以审核各项财务收支是否符合国家政策法规，制止各种违法违纪行为，加强财务监督，严肃财经纪律。

（2）有利于加强税务管理，确保国家税收收入。在商品交易和劳务服务过程中，发票一经开出，就标志着纳税人收入的实现和纳税义务的发生。发票中记载的品名、数量、金额或是提供劳务服务的种类、金额，是进行税源控制和计算纳税的依据。因此，加强发票管理，正确使用各类发票，可以有效防止纳税人利用发票进行偷税、骗税等违

---

① 安仲文．税务管理．北京：经济科学出版社，2010：85.

法行为的发生，保证税款的正确计算与缴纳，确保国家税收收入。

(3) 有利于保障合法经营，维护社会经济秩序。发票的应用范围十分广泛，涉及经济生活的各个方面。一些不法分子往往利用发票这种最通用的经济交往凭证从事非法活动，谋取不正当的收益。通过加强发票管理，严把发票印制、领购、填开、缴销等各个关口，就可以有效遏制上述违法犯罪行为的发生，打击非法活动，保护合法经营，维护社会经济秩序，保证经济交往活动的正常进行。

(二) 发票管理的基本原则

1. 依法管理的原则

发票的管理首先必须遵循《中华人民共和国发票管理办法》的规定，依法进行发票的管理工作。

2. 管理全面公平原则

凡是在中华人民共和国境内印制、领购、开具、取得、保管、缴销发票的单位和个人，都要接受发票管理法规的制约。税务机关在管理过程中要一视同仁，确保发票管理的全面公平。

(三) 发票的种类和适用范围

常见的发票种类有三种，即增值税专用发票、普通发票和专业发票。不同的发票种类具有不同的适用范围。

1. 增值税专用发票的适用范围

增值税专用发票只限于增值税一般纳税人领购适用；一般工业和商业企业用此类发票来结算销售货物和加工、修理、修配劳务。

2. 普通发票的适用范围

主要由营业税纳税人和增值税小规模纳税人使用，增值税一般纳税人在不能开具专用发票的情况下也可使用普通发票。普通发票由行业发票和专用发票组成。前者适用于某个行业的经营业务，如商业零售统一发票、商业批发统一发票、工业企业产品销售统一发票等；后者仅适用于某一经营项目，如广告费用结算发票，商品房销售发票等。

3. 专业发票的适用范围

专业发票可由政府主管部门自行管理，不套印税务机关的统一发票监制章，也可以根据税收征管的要求纳入统一发票管理。主要用于国有金融、保险、邮政、电信、铁路、民用航空企业和交通部门、国有公路、水上运输企业等。

二、发票管理的主要内容

(一) 发票的印制

发票印制是发票管理的首要环节。加强发票印制管理，有利于从源泉上对发票进行控制。税务机关对发票的印制实行统一管理的原则。其具体规定如下：

（1）增值税专用发票由国家税务总局指定的企业印制；其他发票由省、自治区、直辖市税务机关指定的企业印制。

（2）发票应当套印全国统一发票监制章。

（3）省、自治区、直辖市税务机关对发票实行统一管理，严格审查印制发票企业和生产发票防伪专用品企业的资格，对指定的印制发票企业发给发票准印证，对指定的生产发票防伪专用品企业发给发票防伪专用品准产证。

（4）印制发票企业和生产发票防伪专用品企业应按照税务机关的统一规定，建立发票印制管理制度和保管措施。

（5）发票印制或发票防伪专用品生产前，主管税务机关应下达发票印制或发票防伪专用品生产通知书，被指定的印制或生产企业必须按照要求印制或生产。

（6）发票应当使用中文印制。民族自治地方的发票，可以加印当地一种通用的民族文字。

（7）各省、自治区、直辖市内的单位和个人使用的发票，除增值税专用发票外，应当在本省、自治区、直辖市范围内印制。

（二）发票的领购

1. 发票领购的对象

发票领购的对象是指依法具有领购发票资格的单位和个人。根据发票管理办法及其实施细则的规定，领购发票的对象主要有以下三类：

（1）依法办理税务登记的单位和个人，在领取税务登记证件后，可以领购发票，属于法定的发票领购对象。

（2）依法不需要办理税务登记的单位，需要使用发票的，可以凭单位介绍信和其他有效证件，到税务机关领购发票。

（3）临时到本省、自治区、直辖市行政区域以外从事经营活动的单位和个人，可以凭所在地税务机关开具的外出经营活动税收管理证明，向经营地税务机关申请领购经营地的发票。但须提供担保或缴纳一定数额的保证金。

2. 发票领购手续

（1）依法办理税务登记的纳税人，初次申请领购发票时，应向主管税务机关提出购票申请，提供经办人身份证明、税务登记证件或其他有关证明、银行开户证明，以及财务印章，经主管税务机关审核后发给《发票领购簿》。

（2）需要临时使用发票的单位和个人，可以直接向税务机关申请办理。

（3）临时到本省、自治区、直辖市行政区域以外从事经营活动的单位和个人，可凭所在地税务机关的证明，向经营地税务机关申请领购经营地的发票。

（三）发票的开具

发票开具是发票使用的关键环节，必须严加管理。其具体规定如下：

（1）销售商品、提供劳务以及从事其他经营活动的单位和个人，对外发生经营业务收取款项时，收款方应向付款方开具发票。

（2）填开发票的单位和个人必须在发生经营业务确认营业收入时开具发票。

（3）开具发票应当按照规定的时限、顺序、逐栏、全部联次一次性如实开具，做到填写项目齐全、内容真实、字迹清楚、全部联次内容一致，并加盖单位财务印章或者发票专用章。

（4）开具发票应当使用中文。

（5）开具发票后，如发生销货退回需开具红字发票的，必须收回原发票并注明“作废”字样或取得对方有效证明；发生销售折让的，在收回原发票并注明“作废”字样后，重新开具销售发票。

（6）任何单位和个人不得转借、转让、代开发票；未经税务机关批准，不得拆本使用发票；不得自行扩大专业发票的适用范围。

（7）发票限于领购单位和个人在本省、自治区、直辖市范围内开具。

（8）使用电子计算机开具发票，须经税务机关批准，并使用税务机关统一监制的机外发票，开具后的存根联应当按照顺序号装订成册。

（四）发票的保管

开具发票的单位和个人应当建立发票使用登记制度，设置发票登记簿，并定期向税务机关报告发票使用情况。发票的存放和保管应按税务机关的要求办理，不得丢失和擅自销毁。已开具的发票存根联和发票登记簿，应当保存5年。保存期满，报经税务机关查验后销毁。发票丢失，应于丢失当日书面报告主管税务机关，并在报刊和电视等传播媒介上公开声明作废。

（五）发票的缴销

1. 发票缴销的适用情况

（1）用票单位和个人已使用的发票存根保存期满后，应向主管税务机关申请缴销。

（2）用票单位和个人发生合并、联营、分设、迁移、停业、歇业等事项时应当在申报办理变更税务登记、注销税务登记的同时，对原来印制、购买的发票向税务机关申请缴销。

（3）税务机关在统一实行发票换版、更换发票监制章等事项时，原来的发票使用期满后，用票单位和个人应当将其登记造册，集中送税务机关缴销。

2. 发票缴销的基本要求

（1）由用票单位和个人编制详细的发票缴销清册，列出印制或购领发票的年限、种类、号码，以及已使用发票和未使用发票情况，缴销发票的类别、种类、号码等，财务负责人或法人代表签章后，加盖用票单位公章，连同发票一并报送主管税务机关。

(2) 主管税务机关在接到用票单位和个人报送的缴销发票申请报告及其要求缴销的发票后，应认真审查，分类分户登记，发现问题应及时追查，依法处理。

(3) 对依法应当缴销的发票，用票单位和个人既不能擅自销毁，也不能弃之不管、不报不缴，更不能违章使用或私自转让买卖，主管税务机关应监督用票单位和个人及时按规定缴销发票，并实行集中缴销的方法。

(六) 发票的检查

发票检查是税务检查的重要组成部分。它是税务机关检查监督印票用票单位和个人正确执行发票管理规章制度的一种重要手段，也是国家赋予税务机关的职权。

税务机关需要将已开具的发票调出检查时，应当向被查验的单位和个人开具发票换票证，发票换票证与所调出查验的发票有同等的效力。被调出查验发票的单位和个人不得拒绝接受，税务机关需要将空白发票调出检查时，应当开具收据；经检查没有问题的，应当及时返还。

税务机关在发票检查中需核对发票存根联与发票联填写情况时，可向持有发票或者发票存根联的单位发出发票填写核对卡，有关单位应如实填写，按期报回。

1. 发票检查的内容

包括发票印制的检查、发票领购的检查、发票使用填开的检查、发票保管的检查和发票缴销的检查这五个方面。

2. 发票检查的方法

发票检查的方法，是根据发票检查的内容范围确定的。不同的发票检查内容、范围，应采取不同的检查方法。

(1) 全查法。

全查法，是对被检查单位和个人所有票据进行全面检查的一种方法，这种方法容易发现问题，能够深入了解印票、用票单位和个人发票印、购、用、存、销的全面情况及外来发票的接受情况。具体又分为以下几种方法：

① 核对检查法。核对检查法是将印票、用票单位和个人印制或领购发票的台账、表册与实际情况核对，与税务机关的台账、表册登记的数量核对。

② 复核检查法。复核检查法是按照发票使用填开的规定，对已填开的发票进行复核检查。

③ 实地盘点法。实地盘点法是对实有的发票进行实地清查、点数的一种检查。

④ 查访法。查访法是为摸清用票单位和个人实际管理和使用发票的情况，采取实地走访考察、座谈的方式，以发现问题的一种检查方法。

⑤ 还原检查法。还原检查法是税务机关根据检查的需要，对用票单位和个人开出的发票从供货单位换回，与存根联对照还原的检查方法。

⑥ 逻辑推理法。逻辑推理法是利用填开的发票进行逻辑推理，从填开的内容，购货单位所购货物上发现疑点，进行逻辑推理判断，发现问题的一种检查方法。

（2）抽查法。

抽查法，是有选择有重点地抽取发票管理诸环节中的一个环节或一个既定范围期间对发票管理进行检查的一种方法。

（3）传递检查法。

传递检查法，是甲地税务人员或检查人员检查发现可疑发票，传递给乙地的税务人员或检查人员进行核查落实的一种方法，一般用于外来发票的检查。

三、增值税专用发票的管理

增值税专用发票不仅具有一般发票商事凭证的作用，而且对购销双方来说，又是纳税的依据、扣税的凭证。为了加强增值税专用发票的使用管理，确保增值税凭发票注明税款抵扣制度的顺利实施，国家税务总局制定了《增值税专用发票使用规定》，自1994年1月1日起执行。

（一）增值税专用发票的领购使用

根据《增值税专用发票使用规定》，专用发票只限于增值税一般纳税人领购使用，增值税的小规模纳税人和非增值税的纳税人不得领购使用。纳税人被认定为增值税一般纳税人后，还须经过主管税务机关确认其购票资格，经批准后才能办理专用发票的领购手续。

1. 专用发票领购手续

根据发票管理办法及实施细则的规定，增值税一般纳税人申请领购专用发票，应当提出购票申请，提供经办人身份证明、加盖有“增值税一般纳税人”确认专章的税务登记证副本、财务印章或者发票专用章的印模，经主管税务机关审查后，核发《专用发票领购簿》。纳税人可凭领购簿按核准的数量、领购方式领购专用发票。

2. 不得领购使用专用发票的情况

增值税一般纳税人有下列情况之一者，不得领购使用专用发票。如果已经领购使用专用发票，税务机关应撤销其结存的专用发票。

（1）会计核算不健全，即不能按会计制度和税务机关的要求准确核算增值税的销项税额、进项税额、应纳税额者。

（2）不能向税务机关准确提供增值税销项税额、进项税额、应纳税额数据及其他有关增值税纳税资料者。

(3) 有以下行为，经税务机关责令限期改正而未改正者：

① 私自印制专用发票；

② 向个人或税务机关以外的单位买取专用发票；

③ 借用他人专用发票；

④ 向他人提供专用发票；

⑤ 未按规定的要求开具专用发票；

⑥ 未按规定保管专用发票；

⑦ 未按规定申请专用发票的购、用、存情况；

⑧ 未按规定接受税务机关的检查。

(4) 销售的货物全部属于免税项目者。

(5) 纳税人当月领购专用发票而未申报纳税的，税务机关不得向其发售专用发票。

(二) 增值税专用发票的开具

1. 专用发票的开具范围

增值税一般纳税人销售货物（包括视同销售货物在内）、应税劳务，以及根据增值税暂行条例实施细则规定应当征收增值税的非应税劳务（以下简称销售应税项目），必须向购买方开具专用发票。

但是，下列情形不得开具专用发票：

(1) 向消费者销售应税项目；

(2) 销售免税项目；

(3) 销售报关出口的货物、在境外销售应税劳务；

(4) 将货物用于非应税项目；

(5) 将货物用于集体福利或个人消费；

(6) 提供非应税劳务（应当征收增值税的除外），转让无形资产或销售不动产。

向小规模纳税人销售应税项目，可以不开具专用发票。

2. 专用发票的开具要求

专用发票必须按下列要求开具：

(1) 项目填写齐全，与实际交易相符；

(2) 字迹清楚，不得压线、错格；

(3) 发票联和抵扣联加盖财务专用章或者发票专用章；

(4) 按照增值税纳税义务发生的时间开具。

开具的专用发票有不符合上述要求者，不得作为扣税凭证，购买方有权拒收。

3. 专用发票的开具时限

专用发票的开具时限规定如下：

（1）采用预收货款、托收承付、委托银行收款结算方式的，为货物发出的当天；

（2）采用交款提货结算方式的，为收到货款的当天；

（3）采用赊销、分期付款结算方式的，为合同约定的收款日期的当天；

（4）将货物交付他人代销，为收到受托人送交的代销清单的当天；

（5）设有两个以上机构并实行统一核算的纳税人，将货物从一个机构移送其他机构用于销售时，按规定应当征收增值税的，为货物移送的当天；

（6）将货物作为投资，提供给其他单位或个体经营者，为货物移送的当天；

（7）将货物分配给股东，为货物移送的当天。

一般纳税人必须按规定时限开具专用发票，不得提前或滞后。对已开具专用发票的销售货物，要及时足额计入当期销售额计税。

4. 使用计算机开具专用发票的管理

一般纳税人使用计算机开具专用发票，必须报经主管税务机关批准，并使用由税务机关监制的机外发票。

（1）申请使用电子计算机开具专用发票的条件。一般纳税人符合下列条件的，可以向主管税务机关申请使用计算机开具专用发票：

① 有专业计算机操作人员、技术人员；

② 具备通过计算机开具专用发票和按月列印进货、销货及库存清单的能力；

③ 国家税务总局直属分局规定的其他条件。

（2）申请电子计算机开具专用发票所需资料。一般纳税人申请使用计算机开具专用发票，必须向主管税务机关提供申请报告及以下资料：

① 按照专用发票（机外发票）格式用电子计算机制作的模拟样张；

② 根据会计操作程序用计算机制作的最近月份的进货、销货及库存清单；

③ 计算机设备的配置情况；

④ 有关专用计算机技术人员、操作人员的情况；

⑤ 国家税务总局直属分局要求提供的其他资料。

（3）逐步推行增值税防伪税控系统。根据国家税务总局规定，凡经税务机关认定，取得增值税一般纳税人资格的企业必须按当地税务机关的统一要求，在2002年底以前按当地税务机关的统一要求逐步纳入增值税防伪税控系统，在2002年12月印发的《国家税务总局关于推行增值税防伪税控系统的通告》规定：自2002年1月1日起，必须通过税控系统开具销售额在万元以上的增值税专用发票，同时在全国统一废止手写万元版专用发票；自2002年4月1日起，手写万元版专用发票不得作为增值税扣税凭证；自2003年1月1日起，手写版专用发票一律不得作为增值税扣税凭证。

5. 开具专用发票后，发生退货或销售折让的处理

销售货物并向购买方开具专用发票后，如发生退货或销售折让，应视不同情况分别

按以下规定办理：

(1) 销货方如果未将记账联作账务处理，应在收到的发票联和抵扣联及相应的存根联、记账联上注明“作废”字样，并依次粘贴在存根联后面，下月领购专用发票时随同其他专用发票存根联一起提交税务机关核查。

(2) 如果销货方已将记账联作账务处理，可开具相同内容的红字专用发票，将红字专用发票的记账联撕下作为扣减当期销项税额的凭证，存根联、抵扣联和发票联不得撕下，将蓝字专用发票的抵扣联、发票联粘贴在红字专用发票的发票联后面，并在上面注明蓝字、红字专用发票记账联的存放地点，作为开具红字专用发票的依据。

购买方收到红字专用发票后，应将红字专用发票所注明的增值税额从当期进项税额中扣减。如不扣减，造成不纳税或少纳税的，属于偷税行为。

证明单的印制，按照发票管理办法及其实施细则中有关发票印制的规定办理。证明单必须由税务机关开具，并加盖主管税务机关印章，不得将证明单交由纳税人自行开具。一般纳税人取得的证明单应按照税务机关的要求装订成册，并按照有关发票保管的规定进行保管。

(三) 增值税专用发票的保管

(1) 按照税务机关的要求，建立专用发票管理制度，设专人保管专用发票，设置专柜存放专用发票。

(2) 纳税人要建立专用发票使用登记制度，领购、使用发票登记簿，并登记领购、使用、作废、上缴专用发票的情况，日清月结。

(3) 纳税人每半年向主管税务机关报告发票情况，填写《发票使用情况季度表》，于每年 1 月、7 月的前 15 日向主管税务机关报送。

(4) 一般纳税人在每月办理纳税申报的同时，要将专用发票领、用、存情况和取得的扣税凭证情况通过填写附列资料向主管税务机关报送。

(5) 已经开具的专用发票存根联和发票登记簿应保管 5 年，保管期满，报送税务机关查验后，由税务机关集中销毁。

第五节 纳税评估

一、纳税评估的概念和作用

(一) 纳税评估的概念

纳税评估是国际通行的一项税收管理制度，起源于西方的税务审计，是防范税务风险、提高税源监控能力的重要手段，在整个税收管理中占有重要的地位。纳税评估作为目前国际上通行的一种税收管理方式，在很多国家和地区得到了广泛应用。

纳税评估有广义和狭义之分。广义的纳税评估，泛指相关主体对各种经济活动和涉税事项从税收角度进行的分析评析，如涉税的资产评估、正常交易评估、纳税申报评估、税收遵从评估等。狭义的纳税评估，是税务机关对纳税人申报纳税情况作出的评估，这也是人们通常所指的纳税评估。

可见，所谓的纳税评估，是指税务机关根据纳税人和扣缴义务人报送的纳税申报材料以及所掌握的相关涉税信息，依据国家有关法律和政策法规的规定，采取特定的程序和方法，对纳税人和扣缴义务人在一定时期内的纳税情况、代扣代缴情况的真实性、准确性进行的审核、分析和综合评定，以及时发现、纠正和处理纳税行为中的错误问题，查找具有普遍性和规律性的异常现象，提出改善日常监控管理和征管措施的建议，实现对纳税人整体性和及时性的控管，提高税收征管质量和效率的管理行为。

（二）纳税评估的作用

目前，纳税评估在我国已得到广泛应用，各级税务机关越来越清楚地认识到纳税评估的重要性，把纳税评估作为夯实征管基础、强化税源管理、优化纳税服务的一项重要举措，不断地深入进行探索。它的作用主要体现在以下几个方面：

1. 纳税评估适应了当前税收管理的需要，有利于推动税收征管方式的改革

随着我国征管改革的不断深化，以“多元申报、集中征收、分类管理、一级稽查、信息共享”为格局的新征管方式正逐步形成。新的征管模式建立后，纳税人与税务机关的直接接触将明显减少，税务机关的管理方式将发生深刻变化，传统征管体制下大包大揽的“保姆式”粗放型管理将逐步向专业化、信息化为特征的集约化管理转变。纳税评估正是符合这一特征而产生的，它解决了税务机关服务的“真空”和“断档”问题。纳税评估是介于申报征收与税务稽查两个环节间的重要管理过程和管理手段，是实现征收、管理、检查三者结合的有效载体，它具有前瞻性、及时性、反馈性，因此它不但能发现、纠正纳税人的涉税违法行为，同时也能发现税收征管中的薄弱环节和存在的问题，有利于提高税收征管水平。

2. 纳税评估能够有效的降低征纳成本

讲求效率是一切管理活动必须遵循的基本原则。税收管理需要耗费一定的人力、物力和财力，因此衡量税收管理效率的一个重要指标就是税收成本。税收成本是指税收管理过程中的耗费，它包括征收机关的人员经费、办公用具或设施的支出以及征税过程中各项措施所付出的代价等，一般称为征收费用。此外，还包括纳税人为缴纳税款所发生的各项支出，如申报、计算税款、聘请代理人及其行政诉讼等人力、物力、财力的耗费以及缴纳实物的保管、运输费用等。税收成本的高低表明了税收管理效率的高低。纳税评估经过评估分析发现疑点，不仅可以避免稽查选案环节的随意性和盲目性，而且使税

务稽查的实施做到目标明确，重点突出，针对性强，大大降低了征收成本。同时，只要纳税人依法纳税，就不用担心税务机关的检查，可以专心经营生产，同时也可以降低纳税成本。

3. 纳税评估促进了征纳关系的和谐

纳税评估作为税务机关加强税源管理的重要手段，通过审核企业申报情况，分析税负异常，遏制各种偷税行为，及时发现日常征管工作的漏洞和偏差，避免税收征管中人为因素造成的影响。通过税务机关的提前告知，引导纳税人自行规范财务核算，自行纠正各种违规行为，提高申报核算准确率。在实施纳税评估的过程中及时宣传税收法律、法规，通过教育、辅导、帮助等形式，矫正纳税人不遵从税法的行为，引导纳税人自觉遵从税法，促进纳税人自觉履行纳税义务，更加准确及时地申报纳税，从而促进征纳双方的良性互动。

4. 纳税评估可以提高税务稽查工作的质量，促进了税务稽查职能的整体发挥

纳税评估为稽查部门提供有效的案源。一方面，通过评估分析，发现疑点，直接为税务稽查提供案源，不仅可以避免稽查选案环节的随意性和盲目性，而且使税务稽查的实施做到目标明确，重点突出，针对性强；另一方面，纳税评估有利于税务稽查内部的专业化分工，并对稽查实施形成制约，有利于规范税务稽查工作的整体效能。

纳税评估为税务稽查搭建信息平台。通过纳税评估，税务稽查机关可以获得更多的纳税人信息和数据，对纳税人的生产经营情况以及税收义务的履行情况都有了一个更多和更为充分的了解。更为重要的是，纳税评估中所获得的相关信息，特别是行业信息直接为纳税稽查人员提供了一个参照标准，而纳税评估过程中发现的纳税人的违法信息也直接为稽查机关提供了查处的方向与线索，因而，纳税评估不仅仅是为税务稽查提供案源，而且还使稽查选案环节避免随意和盲目，更使稽查的实施做到目标更明确，重点更突出，针对性更强。

二、纳税评估的主要内容

纳税评估的主要工作内容包括：利用设立的分地区、分行业评估指标及其预警值，进行地区或行业指标比对分析，确定疑点纳税人，筛选评估对象；通过对所管辖纳税人纳税申报资料、生产经营等相关信息的审核评析和约谈核实，判断纳税人遵守税法，执行税收政策的情况，及时发现纳税人在履行纳税义务方面存在的问题；对评估过程中发现的税收政策和征管中存在的漏洞，及时提出调整、完善的建议。纳税评估过程中，要对纳税人进行有针对性的税法宣传和辅导，对在纳税评估中发现的计算和填写错误、政策和程序理解偏差等一般性问题，或存在的疑点问题经约谈、举证、调查核实等程序认定事实清楚，不具有偷税等违法嫌疑，无需立案查处的，督导其按税法规定逐项落实，

依法补缴税款和滞纳金，涉嫌偷、逃、骗税的，及时移交稽查部门立案查处。

三、纳税评估的流程和方法

纳税评估一般包括选定评估对象、疑点问题分析、约谈举证、实地核查和评定处理等五个步骤。具体流程如图 2-3 所示：

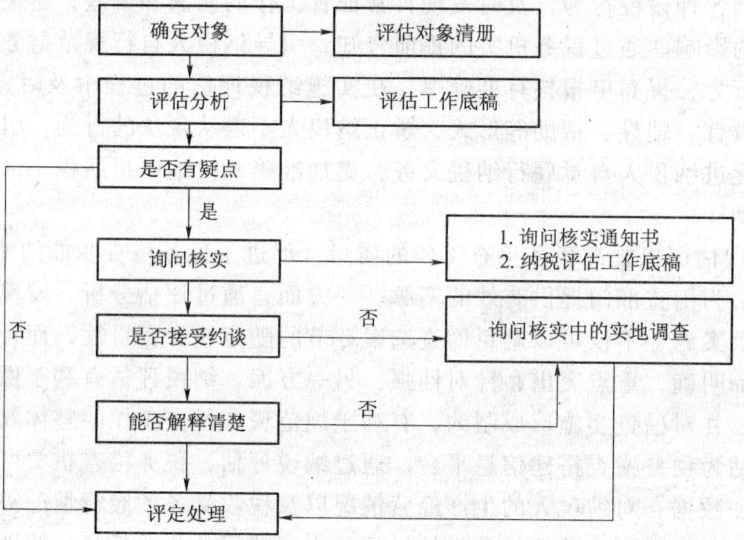

图 2-3 纳税评估流程图

规范的纳税评估流程是使得纳税评估工作简洁高效的基础和前提。

（一）选定评估对象

选定评估对象，是指主管税务机关根据掌握的各类内外部信息，包括税务登记、税源管理、申报征收、发票管理、财务核算以及从国（地）税、工商等部门采集的各类信息，运用预先设定好的条件和参数，筛选、确定评估对象。选定评估对象，一般是在纳税人、扣缴义务人按期申报纳税之后进行。对已确定为稽查对象尚未实施稽查的纳税人、扣缴义务人，一般不再将其列为纳税评估的对象。

评估对象的选定一般包括日常评估对象、专项评估对象和特定评估对象。

1. 日常评估对象的选定

（1）确定异常对象。经初步分析，可以得到一个评估对象的大体范围，然后，可针对选取的评估范围，进行有关指标比对，确定存在异常情况的对象。在确定异常对象阶段，一般使用核对指标。如果在实际信息核对中发现差异，一般应列为评估对象。

评估指标预警值，是指税务机关根据宏观税负分析、行业税负分析、纳税人生产经营情况和财务会计核算情况等，运用数学方法计算出的算术平均值或加权平均值，以及其合理变动范围；预警值的测算，要综合考虑地区、规模、类型、生产经营季节、税种等因素，考虑同行业、同类型纳税人各类相关指标若干年度的移动平均水平，以使预警值更加真实、准确和具有可比性。

可以将纳税评估对象分为连续三个月零负申报企业、季度异常企业、半年异常企业三种。连续三个月零负申报企业和季度异常企业由市局下达计划，分局组织实施；半年税负异常企业由市局选案并抽调专人组织实施，原则上每年每户选案不超过三次。

(2) 确定评估对象。由于存在异常情况的纳税人、扣缴义务人的户数可能较多，要在较短的时间内对大量的纳税申报异常户进行逐户评估难度较大。为了提高工作效率，可以采用积分排序、随机和人工等方法进行进一步筛选。

"积分排序"，是根据异常分值从高到低的排序情况进行自动选取。分析指标的异常分值由市、县税务机关根据实际经验事先确定。分析指标与纳税申报联系越紧密，其分值越高。"随机"，是根据统计学的方法，按照一定数量或一定比例从异常企业中进行选取。"人工"，是评估部门根据经验判断进行自行选取。

2. 专项评估对象的确定

专项评估对象一般由市、县税务机关根据日常管理中发现的共性问题，以及各阶段的工作重点确定，下达给税务分局实施。专项评估对象的选择类似于日常评估对象，只是评估范围的选择固定为一些专门项目，如营业税、房地产行业的纳税人等。

3. 特定评估对象的确定

特定评估对象，是根据上级税务机关交办、被举报、部门信息交换等特定信息直接确定产生，通常不需要经历在日常评估对象选择中执行的初步步骤，一般也不需要进行再筛选。

纳税评估对象确定之后，要及时制作纳税评估对象清册，经纳税评估管理岗审核之后，实施评估分析。

(二) 进行评估分析

审核分析是指评估人员依据国家税收政策和法律法规规定，按照一定的数学计算模型，通过指标测算、审核比对、综合分析等科学合理的方法，对纳税人的所有涉税信息数据进行全面分析，从而筛选确定纳税评估对象，查找纳税人存在的疑点问题，增强纳税评估针对性的过程。

审核分析的主要内容包括纳税人静态信息分析和动态信息分析两个方面。

纳税人静态信息分析，主要包括以下几方面的内容：

(1) 是否按照税法规定程序、手续和时限履行纳税申报义务，各项纳税申报附送的各类抵扣、列支凭证是否合法、真实、完整。例如，我国增值税相关法律法规规定，增值税一般纳税人取得2010年1月1日以后开具的增值税专用发票、公路内河货物运输业统一发票和机动车销售统一发票，应在开具之日起180日内到税务机关办理认证，并在认证通过的次月申报期内，向主管税务机关申报抵扣进项税额，否则不予抵扣。

（2）纳税申报主表、附表及项目、数值之间的逻辑关系是否正确，适用的税目、税率及各项数字计算是否准确，申报数据与税务机关所掌握的相关数据是否相符。

（3）收入、费用、利润以及其他有关项目的调整是否符合税法规定，申请减、免、缓抵退税，亏损结转的确定是否符合税法规定，并正确履行相关手续。

（4）与同比和环比的纳税申报情况有无较大差异。

纳税人动态信息分析，主要是应用税收管理员管理中所掌握的情况和积累的经验，利用采集的纳税人的生产经营信息和纳税人的第三方信息（外部信息），依据已建立的分行业、分税种纳税评估模型，测算纳税人的实际生产经营状况和实际销售收入，通过对纳税人生产经营结构、主要产品能耗、物耗等生产经营要素的当期数据、历史平均数据和同行业平均数据，以及其他相关经济指标进行比较，将纳税人申报情况与其生产经营情况相对照，分析其合理性，以确定纳税人申报纳税中存在的问题及其原因，推测纳税人的实际纳税能力。

动态信息分析的主要内容包括：投入产出分析、能耗测算分析、以进控销分析、工时（工资）耗用分析、设备生产能力分析、设备生产周期分析、毛利率变动分析、产品（行业）链分析、外部信息核对分析、费用倒推分析、资金监控分析等。

（三）评估结果处理

评估处理，是指针对评估筛选出的疑点对象及项目，根据审核评析、约谈举证和调查核实各阶段对疑点问题的确认结果，对具体评估对象的疑点问题性质进行评估认定，并按照税收法律、法规，进行分类处理。

1. 无问题处理

对经审核未发现疑点或虽发现疑点但经约谈举证、调查核实排除的，做无问题认定，不作任何税务处理，完成评估工作。经审批后由评估人员登记《纳税评估工作台账》，结束评估工作。

2. 一般问题处理

（1）对经评估发现的问题，属于计算和填写错误、政策和程序理解偏差等一般性问题，经约谈举证、调查核实、纳税人自查，事实清楚、证据确凿，不属于违法违章问题的，由评估人员制作《纳税评估认定结论书》，责令纳税人补缴税款及滞纳金，并督促纳税人按照税法规定调整账目并报税务机关备案。

（2）对审核分析发现疑点，指标明显异常，纳税人申报的计税依据明显偏低，纳税人无正当理由的，按《中华人民共和国税收征收管理法》第35条规定，依法进行税额核定，由评估人员制作《纳税评估认定结论书》和《核定征收税款通知书》，责令纳税人限期补缴税款及滞纳金。

3. 违法违章问题的处理

（1）对发现违法违章问题，经约谈举证、调查核实、纳税人自查等程序认定事实清楚，证据确凿，且非偷、逃、骗税，虚开专用发票等重大问题嫌疑，由评估人员制作《纳税评估认定结论书》，提交综合管理岗，按照违法违章有关程序处理，依据相关法律法规作出《税务处理决定书》、《税务行政处罚告知书》、《税务处罚决定书》等文书，责令纳税人补缴税款、罚款、滞纳金。

（2）经评估发现存在偷、逃、骗税、虚开专用发票等重大问题嫌疑或其他需要立案查处的税收违法行为嫌疑，无正当理由拒不配合约谈举证、调查核实，提请纳税人自行改正、纳税人未进行改正，纳税人主动选择以自查申报代替约谈说明后、未能在规定期限内自查补税且未向税务机关说明正当理由的，自查补税结果与税务机关的评估结果差距较大且不能说明正当理由的，以及在一个年度内发现评估对象在以前评估时已被发现并得以纠正的问题再次发生时，由评估人员制作《纳税评估认定结论书》，提出移交处理意见，填制《纳税评估案源移送建议书》，连同有关资料一并移交税务稽查处理。

按照有关要求需要移交税务稽查部门处理的情形主要包括：

① 涉嫌构成偷税、逃避追缴欠税、骗取出口退税、抗税的；

② 涉嫌虚开、非法代开、伪造、倒卖、私自印制发票或其他可以用于出口退税、抵扣税款的其他凭证的；

③ 涉嫌非法携带、邮寄、运输或存放空白发票的；

④ 涉嫌伪造、私自制作发票监制章、发票防伪专用品、完税凭证的；

⑤ 增值税专用发票和其他抵扣凭证稽核比对异常、涉嫌偷骗税的；

⑥ 涉嫌为纳税人、扣缴义务人非法提供银行账户、发票、证明或其他方面，导致税款流失的；

⑦ 无正当理由拒绝或不配合纳税评估工作的；

⑧ 对经评估核实应缴纳的涉嫌税款拒绝及时足额入库的；

⑨ 不接受纳税评估建议、不按规定进行调账或经评估处理后仍发生同类涉税问题的；

⑩ 其他根据税收法律、行政法规、规章及规范性文件规定的需要移交稽查部门查处的。

稽查部门对纳税评估环节移送的案源按规定时间进行检查处理后，稽查部门应当及时填制《纳税评估案源处理情况反馈书》反馈给征收管理部门，由征收管理部门统一清分后反馈相关税源管理部门，作为评估总结。

第六节　税收管理员制度

一、税收管理员制度概述

(一) 税收管理员制度的概念

税收管理员制度是税务机关根据税收征管工作的需要，明确岗位职责，落实管理责任，规范税务人员行为，促进税源管理，优化纳税服务的基础工作制度。税收管理员是基层税务机关及其税源管理部门中负责分片、分类管理税源，负有管户责任的工作人员。

税收管理员制度并不是我国以前长期实行的税务专管员制度的简单翻版，税收管理员制度所面临的信息化背景、法制化背景和经济市场化背景决定了它与税收专管员制度存在本质区别，是对税收管理专员制度的扬弃，体现了“科学化、精细化”的管理要求。

(二) 税收管理员制度的实施原则

1. 管户与管事相结合的原则

管户就是按户管理涉税事务，管事就是按照管理的业务流程，针对每一户具体的纳税人实施有效的控管。管户是管事的依托，管事是管户的目的，要保证两者的相互统一，不能脱节。

2. 管理和服务相结合的原则

不能单纯为加强管理而管理，要积极探索基于个性化服务、上门服务基础上的管理，将零距离、个性化的纳税服务纳入税收管理员的职责范围，贯穿于税源管理的全过程。

3. 人机相结合的原则

建立人机互动的关系，税收管理员要在信息化支撑下，实地下户对纳税人进行各种行之有效的管理和服务，及时采集、录入纳税人涉税信息，同时要运用信息化手段，加强信息对比，搞好审核分析，强化管理措施，提高管理水平。

4. 属地管理与分类管理相结合的原则

要在坚持属地管理的基础上，根据税源管理的需要和纳税人的实际情况，建立重点税源、重点行业、中小企业、个体工商户、集贸市场等不同类型的分类管理机制。对不同行业、不同规模的纳税人，采取不同的管理办法，实行分类管理。

二、税收管理员制度的内容

(一) 税收管理员的工作职责

根据现行的《税收管理员制度》，税收管理员的工作职责具体包括：

（1）宣传贯彻税收法律、法规和各项税收政策，开展纳税服务，为纳税人提供税法咨询和办税辅导；督促纳税人按照国家有关规定及时足额申报纳税，建立健全财务会计制度，加强账簿、凭证管理。

（2）调查核实分管纳税人税务登记事项的真实性；掌握纳税人合并、分立和破产等信息；了解纳税人外出经营、注销和停业等情况；掌握纳税人户籍变化的其他情况；调查核实纳税人纳税申报事项和其他核定、认定事项的真实性；了解掌握纳税人生产经营、财务核算的基本情况。

（3）对分管纳税人进行税款催报催缴；掌握纳税人的欠税情况和欠税纳税人的资产处理情况；对纳税人使用发票的情况进行日常管理和检查，对各类异常发票进行实地核查；督促纳税人按照税务机关的要求安装、使用税控装置。

（4）对分管纳税人开展纳税评估，综合运用各类信息资料和评估指标及其预警值查找异常，筛选重点评估分析对象；对纳税人纳税申报的真实性、准确性作出初步判断；根据评估分析发现的问题，约谈纳税人，进行实地调查；对纳税人违反税收管理规定行为提出处理建议。

（5）按照纳税资料“一户式”存储的管理要求，及时采集纳税人生产经营、财务核算等相关信息，建立所管纳税人档案，对纳税人信息资料及时进行整理、更新和存储，实行信息共享。

（6）完成上级交办的其他工作任务。

（二）税收管理员的工作要求

（1）税收管理员要严格按照所在税务机关规定的管户责任和工作要求开展工作；严格执行各项税收法律法规和政策，履行岗位职责，自觉接受监督。

（2）税收管理员要增强为纳税人服务的意识，认真落实各项纳税服务措施，提高服务水平；依法保护纳税人的商业秘密和个人隐私，尊重和保护纳税人的合法权益。

（3）税收管理员不直接从事税款征收、税务稽查、审批减免缓抵退税和违章处罚等工作；按照有关规定，在交通不便地区和集贸市场可以由税收管理员直接征收零散税收的，要实行双人上岗制度，并严格执行票款分离制度。

（4）税收管理员实行轮换制度，具体轮换的时限由主管税务机关根据实际情况确定。税收管理员开展下户调查、宣传送达等各类管理服务工作时，应按所在税源管理部门的工作计划进行，避免重复下户，注意减轻纳税人负担；对纳税人进行日常检查和税务约谈时，一般不少于两人；传达税务文书时，要填制《税务文书送达回证》。

（5）税收管理员在加强税源管理、实施纳税评估时，要将案头分析与下户实地调查工作相结合，案头分析与实地调查结果要提交工作报告并作为工作底稿归档。

（6）税收管理员发现所管纳税人有税收违章行为的，应向所在税源管理部门提出管理建议。

(7) 税收管理员发现所管纳税人有涉嫌偷税、逃避追缴欠税、骗取出口退税、抗税以及其他需要立案查处的税收违法行为的；涉嫌增值税专用发票和其他发票违法犯罪行为的；需要进行全面系统的税务检查的行为的，应提出工作建议并由所在税源管理部门移交税务稽查部门处理。

第三章
税款征收

内容提要

税款征收在税务管理中占有重要地位，本章主要介绍税款征收中的权利与义务，税款征收缴纳方式，税款征收的一些基本制度，还涉及关联企业业务往来的税收调整事项。学习本章内容，应该了解《税收征收管理法》中关于税款征收的规定，掌握税款征收基本制度，还要关注关联企业在涉税调整方面的内容。

第一节　税款征收中的权利与义务

一、纳税人与扣缴义务人的权利与义务

（一）纳税人与扣缴义务人的权利

《税收征管法》以及国税局对纳税人的权利和义务作了详细规定，根据规定纳税人依法享有下列权利：

1. 知情权

纳税人、扣缴义务人有权向税务机关了解国家税收法律、行政法规的规定以及与纳税程序有关的情况，包括：现行税收法律、行政法规和税收政策规定；办理税收事项的时间、方式、步骤以及需要提交的资料；应纳税额核定及其他税务行政处理决定的法律依据、事实依据和计算方法；与税务机关在纳税、处罚和采取强制执行措施时发生争议或纠纷时，可以采取的法律救济途径及需要满足的条件。

2. 保密权

纳税人、扣缴义务人有权要求税务机关为纳税人、扣缴义务人的情况保密。税务机关应当依法为纳税人、扣缴义务人的情况保密。

3. 税收监督权

纳税人对税务机关违反税收法律、行政法规的行为，如税务人员索贿受贿、徇私舞

弊、玩忽职守，不征或者少征应征税款，滥用职权多征税款或者故意刁难等，可以进行检举和控告。同时，对其他纳税人的税收违法行为也有权进行检举。

4. 纳税申报方式选择权

纳税人可以直接到办税服务厅办理纳税申报或者报送代扣代缴、代收代缴税款报告表，也可以按照规定采取邮寄、数据电文或者其他方式办理上述申报、报送事项。但采取邮寄或数据电文方式办理上述申报、报送事项的，需经主管税务机关批准。

5. 申请延期申报权

纳税人、扣缴义务人不能按期办理纳税申报或者报送代扣代缴、代收代缴税款报告表的，经税务机关核准，可以延期申报。经核准延期办理申报、报送事项的，应当在税法规定的纳税期内按照上期实际缴纳的税额，并在核准的延期内办理税款结算。

6. 申请延期缴纳税款权

纳税人因有特殊困难，不能按期缴纳税款的，经省、自治区、直辖市国家税务局、地方税务局批准，可以延期缴纳税款；但最长不得超过三个月。满足以下任何一个条件，均可以申请延期缴纳税款：一是因不可抗力，导致纳税人发生较大损失，正常生产经营活动受到较大影响的；二是当期货币资金在扣除应付职工工资、社会保险费后，不足以缴纳税款的。

7. 申请退还多缴税款权

纳税人超过应纳税额缴纳的税款，税务机关发现后应当立即退还；纳税人自结算缴纳税款之日起三年内发现的，可以向税务机关要求退还多缴的税款并加算银行同期存款利息，税务机关及时查实后应当立即退还。

8. 依法享受税收优惠权

纳税人可以依照法律、行政法规的规定书面申请减税、免税。减税、免税的申请须经法律、行政法规规定的减税、免税审查批准机关审批。减税、免税期满，应当自期满次日起恢复纳税。减税、免税条件发生变化的，应当自发生变化之日起 15 日内向税务当局报告；不再符合减税、免税条件的，应当依法履行纳税义务。如享受的税收优惠需要备案的，应当按照税收法律、行政法规和有关政策规定，及时办理事前或事后备案。

9. 委托税务代理权

纳税人有权就以下事项委托税务代理人代为办理：办理、变更或者注销税务登记、除增值税专用发票外的发票领购手续、纳税申报或扣缴税款报告、税款缴纳和申请退税、制作涉税文书、审查纳税情况、建账建制、办理财务和税务咨询、申请税务行政复议、提起税务行政诉讼以及国家税务总局规定的其他业务。

10. 拒绝检查权

税务机关派出的人员进行税务检查时，应当出示税务检查证和税务检查通知书，并有责任为被检查人保守秘密；未出示税务检查证和税务检查通知书的，被检查人有权拒绝检查。

11. 税收法律救济权

纳税人对税务机关作出的决定，依法享有申请行政复议、提起行政诉讼、请求国家赔偿等权利。税务当事人对税务机关所作出的处罚决定、强制执行措施或者税收保全措施不服的，依法享有申请行政复议、提起行政诉讼的权利。

纳税人、扣缴义务人对税务机关所作出的决定，享有请求国家赔偿的权利；税务机关滥用职权违法采取税收保全措施、强制执行措施，或者采取税收保全措施、强制执行措施不当，使纳税人、扣缴义务人或者纳税担保人的合法权益遭受损失的，应当依法承担赔偿责任。

12. 索取有关税收凭证的权利

税务机关征收税款时，必须给纳税人开具完税凭证。扣缴义务人代扣、代收税款时，纳税人要求扣缴义务人开具代扣、代收税款凭证时，扣缴义务人应当开具。税务机关扣押商品、货物或者其他财产时，必须开付收据；查封商品、货物或者其他财产时，必须开付清单。

（二）纳税人的义务

纳税人应该充分认识到自己的权利，充分合理地行使应享有的权利，维护自己在纳税过程中的合法利益。当然，依照宪法、税收法律和行政法规的规定，纳税人在纳税过程中负有以下义务：

1. 依法进行税务登记的义务

纳税人应当自领取营业执照之日起 30 日内，持有关证件，向税务当局申报办理税务登记。税务登记主要包括领取营业执照后的设立登记、税务登记内容发生变化后的变更登记、依法申请停业与复业登记、依法终止纳税义务的注销登记等。在各类税务登记管理中，纳税人应该根据规定分别提交相关资料，及时办理。同时，应当按照税务局的规定使用税务登记证件。税务登记证件不得转借、涂改、损毁、买卖或者伪造。

2. 依法设置账簿、保管账簿和有关资料以及依法开具、使用、取得和保管发票的义务

纳税人应当按照有关法律、行政法规和国务院财政、税务主管部门的规定设置账簿，根据合法、有效凭证记账，进行核算；从事生产、经营的，必须按照国务院财政、税务主管部门规定的保管期限保管账簿、记账凭证、完税凭证及其他有关资料；账簿、记账凭证、完税凭证及其他有关资料不得伪造、变造或者擅自损毁。

此外，纳税人在购销商品、提供或者接受经营服务以及从事其他经营活动中，应当依法开具、使用、取得和保管发票。

3. 按照规定安装、使用税控装置的义务

国家根据税收征收管理的需要，积极推广使用税控装置。纳税人应当按照规定安装、使用税控装置，不得损毁或者擅自改动税控装置。未按规定安装、使用税控装置，或者损毁或者擅自改动税控装置的，将责令限期改正，并可根据情节轻重处以规定数额内的罚款。

4. 按时、如实申报的义务

纳税人、扣缴义务人应按照法律、行政法规规定或者税务机关依照法律、行政法规的规定确定的期限，缴纳或者解缴税款。扣缴义务人应依照法律、行政法规的规定履行代扣、代收税款的义务。依法履行代扣、代收税款义务时，纳税人不得拒绝。纳税人拒绝的，应当及时报告税务机关处理。

5. 接受依法检查的义务

纳税人、扣缴义务人必须接受税务机关依法进行的税务检查，如实反映情况，提供有关资料，不得拒绝、隐瞒。

6. 及时提供信息的义务

纳税人、扣缴义务人和其他有关单位应当按照国家有关规定如实向税务机关提供与纳税人和代扣代缴、代收代缴税款有关的信息；与关联企业之间的业务往来，向当地税务机关提供有关的价格、费用标准等资料；从事生产经营的纳税人应当将全部银行账号向税务机关报告；有合并、分立情形应当向税务机关报告；欠缴税款数额较大的纳税人在处分其不动产或者大额资产之前，应当向税务机关报告。

二、税务机关的权利与义务

（一）税务机关的权利

根据《税收征管法》的相关规定，税务机关享有以下权利：

1. 税务管理权

（1）税务登记管理权：税务登记；注销登记；扣缴税款登记。

（2）账簿、凭证管理权：从事生产、经营的纳税人、扣缴义务人按照国务院财政、税务主管部门的规定设置账簿，根据合法、有效凭证记账，进行核算。个体工商户确实不能设置账簿的，经县以上税务机关核准，可以按照规定，建立收支凭证粘贴簿、进货销货登记簿或使用税控装置。

（3）纳税申报管理权。

纳税人必须在法律、行政法规规定或者税务机关依照法律、行政法规的规定确定的申报期限内办理纳税申报，报送纳税申报表、财务会计报表以及税务机关根据实际需要要求纳税人报送的其他纳税资料。

扣缴义务人必须在法律、行政法规规定或者税务机关依照法律、行政法规的规定确定的申报期限内报送代扣代缴、代收代缴税款报告表以及税务机关根据实际需要要求扣缴义务人报送的其他有关资料。

(4) 发票管理权。

除增值税专用发票外的其他发票，按照国务院税务主管部门的规定，分别由省、自治区、直辖市国家税务局、地方税务局指定企业印制。否则，不得印制发票。

依法办理税务登记的单位和个人，在领取登记证件后，向主管税务机关申请领购发票；开具发票的单位和个人应当按照税务机关的规定存放和保管发票，不得擅自损毁。已经开具的发票存根联和发票登记簿，应当保存五年。保存期满，报经税务机关查验后销毁。

2. 征收管理权

(1) 税款征收权。

税务机关依照法律、行政法规的规定征收税款，不得违反法律、行政法规的规定开征、停征、多征或者少征、延缓征收或者摊派税款。税务机关征收税款，必须给纳税人开具完税凭证。

(2) 税务检查权。

税务机关有权检查纳税人的账簿、记账凭证、报表和有关资料，检查扣缴义务人代扣代缴、代收代缴税款、账簿、记账凭证和有关资料；到纳税人的生产、经营场所和货物存放地检查纳税人应纳税的商品、货物或者其他财产，检查扣缴义务人与代扣代缴、代收代缴税款有关的经营情况；责成纳税人、扣缴义务人提供与纳税或者代扣代缴、代收代缴税款有关的文件、证明材料和有关资料等。

(3) 应纳税额的核定权。

税务机关有权核定纳税人以下情形的应纳税额：纳税人依照规定可以不设置账簿的；应当设置但未设置账簿的；虽设置账簿，但账目混乱或者成本资料、收入凭证、费用凭证残缺不全，难以查账的；发生纳税义务，未按照规定期限办理纳税申报，经税务机关责令申报，逾期仍不申报的；纳税人申报的计税依据明显偏低，又无正当理由的。

(4) 责令限期纳税权。

以下情形税务机关有权利对纳税人进行责令期限纳税：纳税人未按照规定期限缴纳税款的，扣缴义务人未按照规定期限解缴税款的；税务机关有根据认为从事生产、经营的纳税人有逃避纳税义务行为的；从事生产、经营的纳税人、扣缴义务人未按照规定的期限缴纳或者解缴税款，纳税担保人未按照规定的期限缴纳所担保的税款，由税务机关责令限期缴纳。

(5) 税款追征和加收滞纳金权。

① 纳税人未按照规定期限缴纳税款的，扣缴义务人未按照规定期限解缴税款的，税务机关除责令限期缴纳外，从滞纳税款之日起，按日加收滞纳税款万分之五的滞纳金。加收税款滞纳金的起止时间，为法律、行政法规规定或者税务机关依照法律、行政法规的规定确定的税款缴纳期限届满次日起至纳税人、扣缴义务人实际缴纳或者解缴税款之日止。

② 因税务机关的责任，致使纳税人、扣缴义务人未缴或者少缴税款的，税务机关在三年内可以要求纳税人、扣缴义务人补缴税款，但是不得加收滞纳金。

③ 因纳税人、扣缴义务人计算错误等失误，未缴或者少缴税款的，税务机关在三年内可以追征税款、滞纳金；有特殊情况的，追征期可以延长五年。

④ 对偷税、抗税、骗税的，税务机关追征其未缴或者少缴的税款、滞纳金或者所骗取的税款，可以无限期追征。

(6) 责令提供纳税担保权。

在下列情形下，税务机关可以责令纳税人提供纳税担保：税务机关有根据认为从事生产、经营的纳税人有逃避纳税义务行为的；在限期内发现纳税人有明显的转移、隐匿其应纳税的商品、货物以及其他财产或者应纳税收入的迹象的，税务机关可以责成纳税人提供纳税担保；欠缴税款的纳税人需要出境的，应当在出境前向税务机关结清应纳税款或者提供担保。

3. 强制执行权

税务机关的强制执行权包括：实施查封、扣押财产权；实施税收保全措施权；实施强制执行措施权。有关强制执行权的具体内容在第三节介绍，在此不再重复。

4. 税务行政处罚权

税务行政处罚权包括：对违反税务管理行为的处罚；对违反发票管理行为的处罚；对偷税行为的处罚；对抗税行为的处罚；对逃避追缴欠税行为的处罚；对骗取税款的处罚；对税务代理人违法行为的处罚等。

(二) 税务机关的义务

税务机关应依法履行如下义务：

(1) 宣传、贯彻、执行税收法规，辅导纳税人依法纳税的义务。税务部门作为重要的行政执法部门宣传、贯彻、执行国家税收法律、法规、规章和其他规定，辅导纳税人依法纳税是税务机关执法活动的组成部分，是其法定职责，也是其应尽的义务。

(2) 保密的义务。税务机关应对纳税人、扣缴义务人的商业秘密及个人隐私保密；税务机关应当为检举人保密，并按照规定给予奖励。

(3) 为纳税人办理税务登记、发给税务登记证件的义务。税务机关对纳税人填报的税务登记表、提供的证件和资料，税务机关应当自收到之日起 30 日内审核完毕；符合规定的，予以登记，并发给税务登记证件。

（4）受理减、免、退税及延期缴纳税款申请的义务。税务机关对纳税人提出的减免退税和延期缴纳税款申请，符合规定的，税务机关应依法给予减、免、退税，批准延期缴纳税款，但最长不得超过 3 个月。

（5）受理税务行政复议的义务。对纳税人提出的税务行政复议申请，税务机关应在规定的时间内受理、审理并作出裁、决定。

（6）举行听证的义务。纳税人对符合听证条件的税务行政处罚，要求听证的，税务机关必须依法组织听证，且不得向听证当事人收取或变相收取任何费用。

（7）受理行政赔偿申请的义务。对纳税人提出的税务行政赔偿，税务机关应在规定的时间内作出决定。应予赔偿的，要在规定的时间全面予以赔偿。

（8）保护纳税人合法权益的义务。税务人员必须秉公执法，忠于职守；不得索贿受贿、徇私舞弊、玩忽职守、不征或者少征应征税款；不得滥用职权多征税款或者故意刁难纳税人和扣缴义务人。法律、行政法规没有规定负有代扣、代缴税款义务的单位和个人，税务机关不得要求其履行代扣代缴税款义务。

（9）国家规定的其他义务。

第二节　税款征缴方式

一、征收方式

税务部门一般采用如下的征收方式进行税款征收：

（一）查账征收

查账征收即税务机关按照纳税人提供的帐表所反映的生产经营情况，依照适用税率计算征收税款的方式，一般适用于会计制度较为健全，能认真履行纳税义务的纳税人。

（二）查定征收

一般对账册不够健全，但是能够控制原材料、进货销货的纳税单位，采用查定征收。具体做法是，由纳税单位向税务机关报送纳税申报表，经税务机关审查核实，按照其原材料的使用，进货销货情况等，计算核定征收税额，开具纳税缴款书，由纳税人据以缴库的征收方式。

（三）查验征收

查验征收是纳税人在其商品上市销售前，向税务机关报验，经税务机关查验后方可销售，税务机关根据查验和纳税人的销售情况，计算应纳税额的一种征收方式。

（四）定期定额征收

定期定额征收是指税务机关依照法律、法规的规定，依照一定的程序，核定纳税人在一定经营时期内的应纳税经营额及收益额，并以此为计税依据，确定其应纳税额的一种税款征收方式。税务机关核定定额应依照以下程序办理：纳税人自报、典型调查、定额核定、下达定额。这种税款的征收方式适用于生产经营规模小，又确实无建账能力，经主管税务机关审核批准，可以不设置账簿或暂缓建账的小型纳税人。

（五）委托代征

委托代征是指受托的有关单位按照税务机关核发的代征证书的要求，以税务机关的名义向纳税人征收零散税款的税款征收方式。税务机关根据需要按照国家税收法律法规的规定，委托有关部门、单位依照税收法律法规和规章的规定，持《委托代征税款证书》代征税款。

（六）代收代缴

代收代缴是指按照税法规定，负有收缴税款的法定义务人，负责对纳税人的税款进行代收代缴的方式。即由与纳税人有经济业务往来的单位和个人在向纳税人收取款项时依照税法的规定收取税款。这种方式一般适用于税收网络覆盖不到或很难控制的领域，如受托加工应征消费税的消费品，由受托方代收代缴的消费税。

（七）代扣代缴

代扣代缴是指按照税法规定，负有扣缴义务的法定义务人，负责对纳税人应纳税款进行代扣代缴的方式。即由支付人在向纳税人支付款项时，从所支付的款项中依照税法的规定直接扣收税款。其目的是对零星、分散不易控制的税源实行源泉控管。

（八）海关代征

海关代征即依照国家法律法规的规定，由海关代税务机关执行部分税款（如：进口环节增值税、消费税）征收职权的一种征收方法。

二、税款缴库方式

税款缴库方式是纳税人应纳税款和扣缴义务人扣收的税款缴入国库的具体方式。税务机关征收的税款都必须及时足额地缴入国库。我国现行的税收缴库方式有：

（一）直接缴库

直接缴库是纳税人或扣缴义务人直接向国库经收处缴纳税款的一种缴库方式。畅通的缴库方式有：

1. 自核自缴

自核自缴是指纳税人自行计算应纳税额、自行填开税收缴款书、自行缴送开户银行划解税款的缴库方式。

2. 自报自缴

自报自缴是指由纳税人按期向税务机关办理纳税申报，税务机关根据纳税人纳税申报表及其有关资料填开税收缴款书缴纳税款的方式。

（二）汇总缴库

汇总缴库是指税务机关直接向纳税人收取税款，并按照规定的期限向国库或国库经收处汇总解缴的一种缴库方式。这种方式主要适用于直接向国库或国库经收处汇总解缴有困难的，以及没有在银行户头开设结算账户的纳税人。如个体工商户、临时经营者或个人等。

第三节 税款征收基本制度

一、核定税额征收制度

（一）核定税额的适用范围

根据《税收征管法》，纳税人有下列情形之一的，税务机关有权核定其应纳税额：

（1）依照法律、行政法规的规定可以不设置账簿的。

（2）规定应该设置账簿但是未设置的。

（3）擅自销毁账簿或者拒不提供纳税资料的。

（4）虽设置账簿，但账目混乱或成本资料、收入凭证、费用凭证残缺不全难以查账的。

（5）发生纳税义务，未按规定的期限办理纳税申报，经税务机关责令期限申报，逾期仍不申报的。

（6）纳税人申报的计税依据明显偏低，又无正当理由的。

（二）核定税额的方法及要求

根据《税收征管法》的规定，税务机关有权采用下列任何一种方法核定纳税人的应纳税额：

（1）参照当地同类行业或者类似行业中经营规模和收入水平相近的纳税人的税负水平核定；

（2）按照营业收入或者成本加合理的费用和利润的方法核定；

（3）按照耗用的原材料、燃料、动力等推算或者测算核定；

（4）按照其他合理方法核定。

采用前款所列一种方法不足以正确核定应纳税额时，可以同时采用两种以上的方法核定。

对纳税人实行核定征收方法的，应由纳税人所在地的直接征收机关负责上报，由县级及以上税务机关审核批准执行。要坚决杜绝不分纳税人的具体情况，一律统一划线，按营业收入一定额度实行定额定率附征的做法。税务机关必须依法征收，严格控制。

二、纳税担保制度

（一）纳税担保的适用条件

纳税人有下列情况之一的，适用纳税担保：① 税务机关有根据认为从事生产、经营的纳税人有逃避纳税义务行为，在规定的纳税期之前经责令其限期缴纳应纳税款，在限期内发现纳税人有明显的转移、隐匿其应纳税的商品、货物以及其他财产或者应纳税收入的迹象，责成纳税人提供纳税担保的；② 欠缴税款、滞纳金的纳税人或者其法定代表人需要出境的；③ 纳税人同税务机关在纳税上发生争议而未缴清税款，需要申请行政复议的；④ 税收法律、行政法规规定可以提供纳税担保的其他情形。

（二）纳税担保的形式

依据所采用的形式不同，纳税担保分为人的担保和物的担保。人的担保指纳税人提供的并经主管国家税务机关认可的纳税担保人作纳税担保，纳税担保人必须是经主管国家税务机关认可的，在中国境内具有纳税担保能力的公民、法人或者其他经济组织。国家机关不能作为纳税担保人。物的担保即纳税人以其所拥有的未设置抵押权的财产作纳税担保。

三、税收保全措施

所谓税收保全措施，是指为确保国家税款不受侵犯而由税务机关采取的行政保护手段。税收保全措施通常是在纳税人法定的缴款期限之前税务机关所作出的行政行为。实际上就是税款征收的保全，以保护国家税款及时足额入库。

（一）税收保全措施的使用条件

税务机关有根据认为从事生产、经营的纳税人有逃避纳税义务行为的，可以在规定的纳税期之前，责令限期缴纳应纳税款；限期内发现纳税人有明显的转移、隐匿其应纳税的商品、货物以及其他财产或者应纳税的收入的迹象的，税务机关可以责成纳税人提供纳税担保。如果纳税人不能提供纳税担保，经县以上税务局（分局）局长批准，税务机关可以采取税收保全措施。

（二）税收保全措施的形式及要求

（1）书面通知纳税人开户银行或者其他金融机构冻结纳税人的金额相当于应纳税款的存款；

（2）扣押、查封纳税人的价值相当于应纳税款的商品、货物或者其他财产。

另外，《税收征管法》第44条还规定：“欠缴税款的纳税人或者他的法定代表人需要出境的，应当在出境前向税务机关结清应纳税款、滞纳金或者提供担保。未结清税款、滞纳金，又不提供担保的，税务机关可以通知出境机关阻止其出境。”但是，个人及其所抚养的家属维持生活必需的住房和用品，不在税收保全措施的范围之内。

（三）税收保全措施的解除及责任

税收保全措施在于促使纳税人依法及时足额缴纳税款，因此，纳税人在规定的期限内缴纳税款的，税务机关必须立即解除税收保全措施。如果税务机关未立即解除保全措施，使纳税人的合法权益遭受损失的，税务机关应当承担赔偿责任。

四、税收强制执行措施

所谓税收强制执行措施，是指税务机关在采取一般税收管理措施无效的情况下，为了维护税法的严肃性和国家征税的权利所采取的税收强制手段。这不仅是税收的无偿性和固定性的内在要求，也是税收强制性的具体表现。当今各国都在税收法律或行政法规中赋予了税务机关必要的税收强制执行权，以确保国家征税的有效行使。

（一）税收强制执行措施的使用范围及条件

从事生产、经营的纳税人、扣缴义务人未按照规定的期限缴纳或者解缴的税款，纳税担保人未按照规定的期限缴纳所担保的税款，由税务机关责令限期缴纳，逾期仍未缴纳的，经县以上税务局（分局）局长批准，税务机关可以采取强制执行措施。

（二）税收强制执行措施的形式及要求

（1）书面通知其开户银行或者其他金融机构从其存款中扣缴税款；

（2）扣缴、查封、依法拍卖或者变卖其价值相当于应纳税款的商品、货物或者其他财产，以拍卖或者变卖所得抵缴税款。个人及其所抚养家属维持生活所必需的住房和用品，不在强制执行措施的范围内。

税务机关采取强制执行措施时，对上述所列纳税人、扣缴义务人、纳税担保人未缴纳的滞纳金同时强制执行。但是，税务机关在采取强制执行措施时，要有确切的证据并严格按法律规定的条件和程序进行，决不能随意行使强制执行权。

五、加收滞纳金制度

我国的税收滞纳金制度是由《税收征收管理法》第20条所规定的：纳税人未按照规定期限缴纳税款的，扣缴义务人未按照规定期限解缴税款的，由税务机关责令限期缴纳或解缴税款，最长期限为15日。同时，从滞纳税款之日起，按日加收滞纳税款万分之五的滞纳金。

[**案例3－1**] 假设某企业7月份的应纳营业税为70 000元，应在8月8号前缴纳，

而企业到14号才缴纳，滞纳期从8月9号算起至8月14号止，共计6天。则其应纳滞纳金为70 000×0.05%×6=210（元）。

六、税款的补缴和追征

《税收征管法》第52条规定，税务机关对超过纳税期限未缴或少缴税款的纳税人可以在规定的期限内予以追征。根据该条规定，税款的追征具体有以下三种情形：

（1）由于税务机关的责任致使纳税人少缴税款的，税务机关在三年内可以要求纳税人补缴税款，但不能加收滞纳金。

（2）由于纳税人计算错误等造成的少缴税款，税务机关可以追征，并要加收滞纳金。少缴税款10万元以下的，追征期为三年，有特殊情况的（即数额在10万元以上的），追征期可以延长到五年。

（3）对因纳税人、扣缴义务人和其他当事人偷税、抗税、骗税等原因而造成未缴或者少缴的税款，或骗取的退税款，税务机关可以无限期追征并追究其相应法律责任。

七、其他征收制度

（一）税款优先制度

所谓税收优先权，实际上就是指当国家征税权力与其他债权同时存在时，税款的征收应优先于其他债权。《税收征管法》第45条明确规定为："税务机关征收税款，税收优先于无担保债权，法律另有规定的除外；纳税人欠缴的税款发生在纳税人以其财产设定抵押、质权或者纳税人的财产被留置之前的，税收应当先于抵押权、质权、留置权执行。纳税人欠缴税款，同时又被行政机关决定处以罚款、没收违法所得，税收优先于罚款、没收违法所得。"此条中所谓的"法律另有规定的除外"，主要是指《企业破产法（试行）》等法律所规定的破产费用、职工工资和劳动保险费等债权。

欠税公告制度也属于税款优先制度的范畴，根据《税收征管法》的规定，税务机关应当对纳税人欠缴税款情况定期予以公告。由县级以上各级税务机关将纳税人的欠税情况，在办税场所或者广播、电视、报纸、期刊、网络等新闻媒体上定期公告。这有利于督促纳税人及时足额纳税，也是变相宣告税款优先制度。

（二）合并分立清税制度

纳税人有合并、分立情形的，应当向税务机关报告，并依法缴清税款。纳税人合并时未缴清税款的，应当由合并后的纳税人继续履行未履行的纳税义务；纳税人分立时未缴清税款的，分立后的纳税人对未履行的纳税义务应当承担连带责任。欠缴税款5万元以上的纳税人在处分其不动产或者大额资产之前，应当向税务机关报告。

(三) 代位权和撤销权

针对某些纳税人长期拖欠税款，又不积极行使债权，逃避纳税义务的情况，新《税收征管法》赋予了税务机关行使代位权和撤销权的权力。《税收征管法》第50条规定："欠缴税款的纳税人因怠于行使到期债权，或者放弃到期债权，或者无偿转让财产，或者以明显不合理的低价转让财产而受让人知道该情形，对国家税收造成损害的，税务机关可以依照合同法第73条、第74条的规定行使代位权、撤销权。"

《合同法》第73条规定："因债务人怠于行使其到期债权，对债权人造成损害的，债权人可以向人民法院请求以自己的名义代位行使债务人的债权，但该债权专属于债务人自身的除外。代位权的行使范围以债权人的债权为限。债权人行使代位权的必要费用，由债务人负担。"

《合同法》第74条规定："因债务人放弃其到期债权或者无偿转让财产，对债权人造成损害的，债权人可以请求人民法院撤销债务人的行为。债务人以明显不合理的低价转让财产，对债权人造成损害，并且受让人知道该情形的，债权人也可以请求人民法院撤销债务人的行为。撤销权的行使范围以债权人的债权为限。债权人行使撤销权的必要费用，由债务人负担。"

因此可以说，代位权或撤销权是对保全措施和强制执行措施的补充。

第四节 关联企业业务往来的税收调整

一、关联企业的认证

关联企业是一种具有独立法人人格的企业之间的联合体，关联企业的形成必定是基于特定的经济目的。

《企业所得税实施条例》所称关联方，是指与企业有下列关联关系之一的企业、其他组织或者个人：一是在资金、经营、购销等方面存在直接或者间接的控制关系；二是直接或者间接地同为第三者控制；三是在利益上具有相关联的其他关系。

国家税务总局修订的《关联企业间业务往来税务管理规程》（国税发〔2004〕143号）指出企业与另一公司、企业和其他经济组织（以下统称另一企业）有下列之一关系的，即构成关联企业：相互间直接或间接持有其中一方的股份总和达到25%或以上的；直接或间接同为第三者所拥有或控制股份达到25%或以上的；企业与另一企业之间借贷资金占企业自有资金50%或以上，或企业借贷资金总额的10%或以上是由另一企业担保的；企业的董事或经理等高级管理人员一半以上或有一名以上（含一名）常务董事是由另一企业所委派的；企业的生产经营活动必须由另一企业提供的特许权利

（包括工业产权、专业技术等）才能正常进行的；企业生产经营购进的原材料、零部件等（包括价格及交易条件等）是由另一企业所供应并控制的；企业生产的产品或商品的销售（包括价格及交易条件等）是由另一企业所控制的；对企业生产经营、交易具有实际控制、或在利益上具有相关联的其他关系，包括家族、亲属关系等。

《特别纳税调整实施办法》所称关联企业主要是指企业与其他企业、组织或个人具有下列之一关系：一方直接或间接持有另一方的股份总和达到25%以上，或者双方直接或间接同为第三方所持有的股份达到25%以上。若一方通过中间方对另一方间接持有股份，只要一方对中间方持股比例达到25%以上，则一方对另一方的持股比例按照中间方对另一方的持股比例计算；一方与另一方（独立金融机构除外）之间借贷资金占一方实收资本50%以上，或者一方借贷资金总额的10%以上是由另一方（独立金融机构除外）担保；一方半数以上的高级管理人员（包括董事会成员和经理）或至少一名可以控制董事会的董事会高级成员是由另一方委派，或者双方半数以上的高级管理人员（包括董事会成员和经理）或至少一名可以控制董事会的董事会高级成员同为第三方委派；一方半数以上的高级管理人员（包括董事会成员和经理）同时担任另一方的高级管理人员（包括董事会成员和经理），或者一方至少一名可以控制董事会的董事会高级成员同时担任另一方的董事会高级成员；一方的生产经营活动必须由另一方提供的工业产权、专有技术等特许权才能正常进行；一方的购买或销售活动主要由另一方控制；一方接受或提供劳务主要由另一方控制；一方对另一方的生产经营、交易具有实质控制，或者双方在利益上具有相关联的其他关系，包括虽未达到本条第1项持股比例，但一方与另一方的主要持股方享受基本相同的经济利益，以及家族、亲属关系等。

二、关联企业业务往来的税收调整内容和方法

企业或者外国企业在中国境内设立的从事生产、经营的机构、场所与其关联企业之间的业务往来应当按照独立企业间的业务往来收取或者支付价款、费用；不按照独立企业之间的业务往来收取或者支付价款、费用，而减少其应纳税的收入或者所得额的，当地税务机关有权作出判定和调整，并据以征税。我国采用的是“独立成交”原则来对关联企业进行税款调整。新《企业所得税法》中的“特别纳税调整”作为一种反避税措施，扩大了对企业关联交易行为的涵盖范围。对企业而言，显然避税风险加大，避税成本提高；对税务机关而言，有更充分的依据调整企业为避税而作出的所有不合理商业安排或交易行为。

（一）需作纳税调整的情形

关联企业间的经济业务应按照独立企业交易原则进行税务处理，因业务往来收取或者支付价款、费用而减少其应纳税收入或者所得额的，税务机关有权进行合理调整。所

称独立交易原则，是指没有关联关系的交易各方，按照公平成交价格和营业常规进行业务往来遵循的原则。纳税人与其关联企业之间的业务往来有下列情形之一的，税务机关可以调整其应纳税额：

（1）购销业务未按照独立企业之间的业务往来作价；

（2）融通资金所支付或者收取的利息超过或者低于没有关联关系的企业之间所能同意的数额，或者利率超过或者低于同类业务的正常利率；

（3）提供劳务，未按照独立企业之间业务往来收取或者支付劳务费用；

（4）转让财产、提供财产使用权等业务往来，未按照独立企业之间业务往来作价或者收取、支付费用；

（5）未按照独立企业之间业务往来作价的其他情形。

纳税人与其关联企业未按照独立企业之间的业务往来支付价款、费用的，税务机关自该业务往来发生的纳税年度起3年内进行调整；有特殊情况的，可以自该业务往来发生的纳税年度起10年内进行调整。

（二）纳税调整的方法

企业与其关联方之间的业务往来，不符合独立交易原则而减少企业或者其关联方应纳税收入或者所得额的，税务机关有权按照合理方法调整。关联企业价格交易调整的合理方法包括：

1. 可比非受控价格法

可比非受控价格法是指按照没有关联关系的交易各方进行相同或者类似业务往来的价格进行定价的方法；可比非受控价格法是在可比条件下将一项受控交易中转让的资产或劳务的价格与一项非受控交易中转让的资产或劳务的价格进行比较的方法。如果发现两种价格有差异，说明关联企业的受控交易价格有问题，这时就可以用非受控交易中的价格来代替受控交易中的价格。可比非受控价格法要求两种交易中转让的资产或劳务具有高度的可比性。

采用可比非受控价格法必须考虑选用的交易与关联企业之间交易的可比性因素，这些因素包括：

（1）购销过程的可比性，包括交易的时间与地点、交货条件、交货手续、支付条件、交易数量、售后服务时间和地点等；

（2）购销环节的可比性，包括出厂环节、批发环节、零售环节、出口环节等；

（3）购销货物的可比性，包括品名、品牌、规格、型号、性能、结构、外观、包装等；

（4）购销环境的可比性，包括社会环境（民族风俗、消费者偏好等）、政治环境（政局稳定程度等）、经济环境（财政、税收、外汇政策等）。

从上述影响可比性的因素可以看出，可比非受控价格法一般是很难操作的，两项交易只要有一方面的因素不可比，该方法就不容易采用。

[案例3-2] 有一家在华投资的外商投资企业，将所生产的100 000台手机销往国外的母公司，定价是500元/台，10 000台手机销售给国内的零售商，定价为800元/台。这样的定价很容易遭受到税务部门的质疑。这个时候企业该如何调整关联企业间的内部交易价格呢？企业可以从产品销售的数量、技术支持，以及可能产生的坏账等方面出发，对向关联企业销售和第三方企业销售做进一步的分析。比如企业销售给关联公司的手机数量要比国内零售商的多，因此可以有一定的价格折扣。而且由于是集团内部，因此相应的营销费用和技术支持费用都能得到最小化。此外，在日后的收账上，关联企业间产生的坏账可能性要远远小于第三方无关联的企业。因此综合以上种种因素，企业可以适当地调高与关联企业之间的交易价格，但是低于第三方的交易价，即使税务对此产生质疑，企业也可以就以上因素向税务部门进行解释。

2. 再销售价格法

再销售价格法是指按照从关联方购进商品再销售给没有关联关系的交易方的价格，减除相同或者类似业务的销售毛利进行定价的方法．它一般适用于制造商或分销商的利润调整。再销售价格法要求再销售方没有大幅度提高产品的价值；如果再销售方采用了一些独有的无形资产或追加了一些实质性的东西（如商标、独有的许可权等），再销售价格法就难以使用。也就是说，这种方法应限于再销售方未对商品（产品）进行实质性增值加工（如改变外型、性能、结构、更换商标等），仅是简单加工或单纯的购销。

再销售价格法的计算公式为：

再销售价格＝再销售方的购进成本×(1＋再销售的合理利润率)

被调整企业的合理转让价格＝再销售价格×(1－再销售的合理利润率)

收入调增额＝(被调整企业的合理转让价格－被调整企业的实际销售价格)×被调整企业的受控销售数量

[案例3-3][①] 中国母公司把一批产品以1万美元转让销售给国外子公司，国外子公司再以1.5万美元的市场价格在当地销售。国外子公司向当地非关联企业销售同类产品的销售毛利率为20%，中国税务机关调整母公司的销售价格＝1.5×(1－20%)＝1.2万美元。即中国母公司应当以1.2万美元的价格销售给国外子公司。

美国A公司以20万美元的价格销售一台设备给设在中国境内的B分公司，该分公司则以18万美元的价格将其转售给无关联关系的C公司。此时，税务机关可以按其转

① 资金管理网，http：//www. treasurer. org. cn/2009/0507/7176. html，2009-05-07.

售给C公司的价格减去合理的销售毛利来调整总分公司之间的产品价格。此处该分公司的平常合理销售毛利率为10%，则总分公司间合理价格应为16.2万美元（18 - 18 × 10%）。税务机关可按照这一价格调整B分公司从A公司的进货价格。

3. 成本加成法

成本加成法是指按成本加合理费用和利润进行调整，即将关联企业中卖方的商品（产品）成本加上正常的利润作为公平成交的价格。采用这种方法，首先应注意成本费用的计算必须符合我国税法的有关规定，应该计入成本项目的费用开支必须计入，同时要求税务机关能够获得企业准确的成本信息；其次要合理地选择确定所适用的成本利润率，在选择加成率时首先可以选取被调查的受控方与非受控方进行可比交易使用的加成率，如果税务机关找不到这个数据也可以参考当地独立企业在可比交易中的加成率。

成本加成法的计算公式为：

公平成交价格 = 关联交易的合理成本 ×（1 + 可比非关联交易成本加成率）

可比非关联交易成本加成率 = 可比非关联交易毛利/可比非关联交易成本 × 100%

成本加成法通常适用于有形资产的购销、转让和使用，劳务提供或资金融通的关联交易。

4. 利润分割法

利润分割法是指将企业与其关联方的合并利润或者亏损在各方之间采用合理标准进行分配的方法。应用利润分割法一般应进行贡献分析或剩余利润分析。

（1）贡献分析法。

贡献分析即利润的划分要依据各关联企业对某笔受控交易贡献的相对价值。在确定某一关联企业所作贡献的相对价值时，需要考察以下因素：

① 在交易中履行的具体功能（制造还是批发）；

② 承担功能的多少；

③ 承担的功能在交易中的作用；

④ 使用的资产（包括无形资产）；

⑤ 承担的风险；

⑥ 各方所作贡献的市场价格或报酬。

（2）剩余利润分析法。

剩余利润分析法即首先将经营收入在各个关联企业之间进行分配，分配的原则是使每个关联企业分得的收入都能弥补其成本费用并得到与其从事的经营活动相对称的报酬，在分配完第一阶段后余下的为关联企业的集团的剩余利润。对这笔利润的分配主要考虑各关联企业所持有的资产。

[**案例 3-4**] 甲国 A 公司是一个制药公司，拥有两种药品的商标权，A 公司将药品的商标使用权和药品加工权转让给了乙国的子公司 B，B 公司生产出药品后全部销售给 A 公司，然后 A 公司再将药品在甲国进行销售。甲国税务部门用利润分割法进行利润分摊，并将 A、B 公司在获利过程中发挥的功能分为 4 种，即：销售、加工制造、销售方面的无形资产和制造方面的无形资产。

税务部门按照成本外加 100% 的加价确定销售和制造功能的利润；A、B 两公司的总利润扣除销售和加工制造利润后的剩余利润再按 55% 的比例分割给 B 公司拥有的制造方面的无形资产功能，按 45% 的比例分割给 A 公司拥有的销售方面的无形资产功能。

5. 预约定价安排

上述几种方法都是事后调整方法，针对实践中对关联企业进行事后调整的确定。我国《税收征管实施细则》借鉴国际上的先进做法，规定了预约定价这种事前调整的方法。《税收征管实施细则》第 53 条规定，纳税人可以向主管税务机关提出与其关联企业之间业务往来的定价原则和计算方法，主管税务机关审核、批准后，以纳税人预先约定有关定价事项，监督纳税人执行。

转让定价是特别纳税调整的首要对象，《企业所得税法实施条例》对转让定价作了比较详细的规定。转让定价是指两个或者两个以上有经济利益关系的经济实体，为共同获得更多利润而在销售活动中进行的价格转让，即以高于或低于市场正常价格进行的交易。这种价格的制定一般不取决于市场需求，而只服从于关联企业整体利润的要求。交易的原则确定，是一种转让定价。在跨国经济活动中，利用关联企业之间的转让定价进行避税是一种常见的方法，其一般作法是高税国企业向其低税国关联企业销售货物、提供劳务、转让无形资产时制定低价；低税国企业向其高税国关联企业销售货物、提供劳务、转让无形资产时制定高价。这样，利润就从高税国转移到低税国，从而达到最大限度减轻税负的目的。《企业所得税法》提出了“预约定价安排”，它是指企业就其未来年度关联交易的定价原则和计算方法，向税务机关提出申请，与税务机关按照独立交易原则协商、确认后达成的协议。它使税务机关把关联企业转让定价的事后审计，改变为事前调查，这既重塑了纳税人与税务机关的关系，又有效控制了企业被纳税调整的风险避税目的。随着经济全球化和跨国公司的发展，预约定价作为解决跨国公司转让定价问题的一种手段，日益受到各国税务部门和跨国公司的关注，已经发展成为解决国际税收争端、避免国际双重征税的有效措施，可以为跨国公司的经营提供确定性，同时在提高服务纳税人水平等方面也具有重要意义。

预约定价安排的基本流程如图 3-1。

当然，预约定价这种方法在实施过程中有很大的难度。

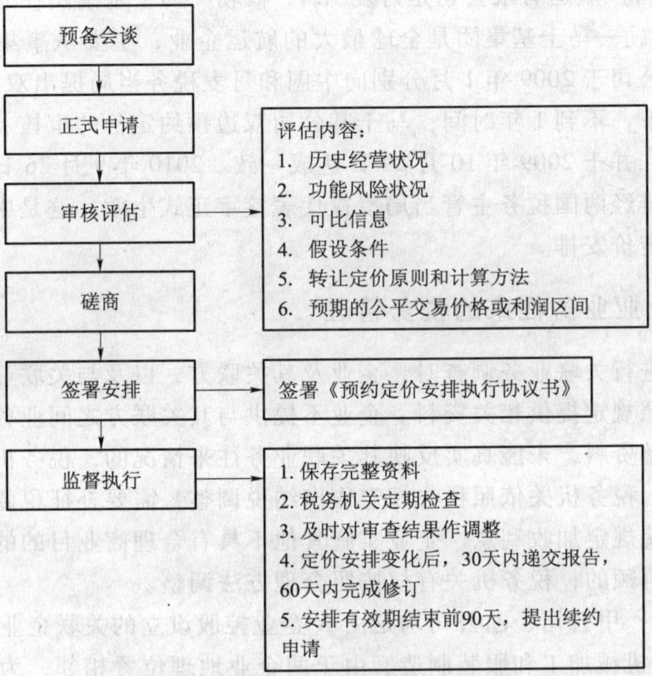

图 3－1　预约定价安排的基本流程

首先，预约定价协议从企业提出申请到资料的归集、信息的搜寻，到协议的正式签订，可能需要一个比较长的时间过程，这将耗费税务机关及企业一定的财力、精力。

其次，确认对企业未来生产经营可能产生影响的重要假设、确认能被税务机关和纳税人都接受的转让定价方法及价格或利润调整的区间问题，在实践中并不是一件很容易的事情。协议双方各自从维护自己的利益出发，很难在此关键问题上看法一致，达成共识。

最后，单边的预约定价协议没有其他的税务机关加入，国与国之间在沟通信息、交换税收情报、建立相互协商程序等方面缺乏有效的配合，可能导致无法提高对企业未来年度各种假设和预测的确定性，也不能有效地降低重复征税的可能性。

[**案例 3－5**] 2007 年 4 月 20 日，沃尔玛集团在华九家子公司与国家税务总局在深圳市地税局签署了双边预约定价安排。这是中美首例双边预约定价安排。

2007 年 12 月 20 日，苏州工业园区国家税务局与三星电子（苏州）半导体有限公司签署了苏州工业园区国家税务局与三星电子（苏州）半导体有限公司双边预约定价安排，这是中韩两国之间的第一例预约定价安排，是中韩两国税务局真诚合作的结果。

马士基（中国）航运有限公司是丹麦 A. P. 穆勒—马士基集团在北京成立的外商独资企业。A. P. 穆勒—马士基集团是全球最大的航运企业，主要从事集装箱运输业及相关业务。马士基公司于 2009 年 1 月分别向中国和丹麦税务当局提出双边预约定价申请。在多方共同努力下，不到 1 年时间，马士基公司双边预约定价的审核、评估以及两轮磋商工作均已完成，并于 2009 年 10 月 29 日达成一致。2010 年 9 月 26 日，马士基公司的双边预约定价安排经两国税务主管当局授权代表签字正式生效。这是中国与丹麦之间的第二例双边预约定价安排。

三、关联企业业务往来的税务管理

税务机关在进行关联业务调查时，企业及其关联方，以及与关联业务调查有关的其他企业，应当按照规定提供相关资料。企业不提供与其关联方之间业务往来资料，或者提供虚假、不完整资料，未能真实反映其关联业务往来情况的，税务机关有权依法核定其应纳税所得额。税务机关依照税法规定作出纳税调整，需要补征税款的，应当补征税款，并按照国务院规定加收利息。企业实施其他不具有合理商业目的的安排而减少其应纳税收入或者所得额的，税务机关有权按照合理方法调整。

[案例 3－6]① 甲公司、乙公司均是由 A 企业控股设立的关联企业（增值税一般纳税人），分别从事机械加工和服装制造。由于两企业地理位置相邻，为了节约固定资产投资成本，A 企业在投资时就考虑甲公司、乙公司共用供电设施。并决定，由甲公司建造供电设施，设施建成后由甲公司、乙公司共同使用。2009 年，甲公司购入电力 1 600 万元，发生供电设施固定资产折旧 40 万元、供电设施修理费 15 万元，合计 1 655 万元，其中应由乙公司负担的电力、折旧、修理及人工费等共计 600 万元。甲公司在业务处理时将 1 655 万元均在本公司成本费用中列支，没有向乙公司分摊其应负担的成本。本文对甲公司、乙公司涉及的增值税、企业所得税问题分析如下（不考虑其他税费、罚款）。

1. 增值税

甲公司：对甲公司向乙公司无偿提供电力及电力设施的行为，《增值税暂行条例实施细则》第 4 条规定，单位或者个体工商户将自产、委托加工或者购进的货物无偿赠送其他单位或者个人的行为，视同销售货物。《增值税暂行条例实施细则》第 16 条规定，纳税人有本细则第 4 条所列视同销售货物行为而无销售额者，按下列顺序确定销售额：纳税人最近时期同类货物的平均销售价格、其他纳税人最近时期同类货物的平均销售价格、组成计税价格。由于甲公司购入的电力为自用，无近期同类货物的销售价格，

① 慧运会计网，http：//xuexi. ceo360. net/kuaiji/guanlihuiji/jituancaiwu/2010/1119/42857. html，2010－11－19.

假设主管税务机关按组成计税价格确定销售额，组成计税价格 = 成本 × （1 + 成本利润率），核定成本利润率为10%。

甲公司视同销售电力收入 = 600 × (1 + 10%) = 660（万元），销项税额 = 660 × 17% = 112.2（万元）。

乙公司：《增值税暂行条例》第21条规定，纳税人销售货物或者应税劳务，应当向购买方开具增值税专用发票，并在增值税专用发票上分别注明销售额和销项税额。由于甲公司未向乙公司开具增值税专用发票，以致乙公司少抵扣进项税额112.2万元（660 × 17%）。

2. 企业所得税

甲公司：《税收征管法》第36条规定，企业或者外国企业在中国境内设立的从事生产、经营的机构、场所与其关联企业之间的业务往来，应当按照独立企业之间的业务往来收取或者支付价款、费用；不按照独立企业之间的业务往来收取或者支付价款、费用，而减少其应纳税的收入或者所得额的，税务机关有权进行合理调整。《税收征管法实施细则》第54条规定，纳税人与其关联企业之间的业务往来未按照独立企业之间业务往来作价的，税务机关可以按照合理的方法调整计税收入额或者所得额。假设主管税务机关按照成本加合理的费用和利润的方法（成本利润率为10%）计算：

甲企业视同销售电力收入 = 600 × (1 + 10%) = 660（万元），甲企业视同销售电力所得 = 660 − 600 = 60（万元），应纳企业所得税 = 60 × 25% = 15（万元）。

乙公司：乙公司未能在2009年度取得电力成本660万元的扣除凭证，以致多缴企业所得税165万元（660 × 25%）。

综上所述，由于关联企业甲公司、乙公司之间没有按照税法的要求算账，2009年度甲公司将面临被主管税务机关查补税款127.2万元（112.2 + 15）并处以罚款、滞纳金的情况；乙公司将多缴税277.2万元（165 + 112.2）。乙公司如在以后年度取得电力成本的发票，可调整所属年度的应纳税所得，但已缴纳税款所占资金的时间价值、罚款等损失将无法挽回。

[**案例3－7**] 甲公司为集团公司，A企业和B企业均是由甲公司控股的关联企业，适用企业所得税率均为25%，主要从事服装制造。因资金管理的需要，甲公司对所有下属企业实行资金集中管理，统一调配使用，只允许下属企业保留基本的资金额度，剩余资金及时划回甲公司。2009年，甲公司累计从A企业调取资金800万元，从B企业调取资金1 500万元。在不考虑其他税费、罚款的情况下，对甲公司和A企业、B企业所涉及的营业税、企业所得税问题分析如下。

1. 营业税

甲公司和A企业、B企业是相互独立的经济主体，应分别纳税。甲公司对A企业、

B企业实行资金集中管理统一使用，从独立企业的角度来看，由于A企业、B企业没有向甲公司取得货币、货物或者其他经济利益，其实质就是甲公司无偿占用A企业、B企业的资金。

《税收征管法》第36条规定，企业与其关联企业之间的业务往来，应当按照独立企业之间的业务往来收取或者支付价款；不按照独立企业之间的业务往来收取或者支付价款，而减少其应纳税的收入或者所得额的，税务机关有权进行合理调整。由于甲公司和A企业、B企业存在关联关系，主管税务机关有权核定A企业、B企业让渡资金的利息收入，并根据国家税务总局《关于印发〈营业税问题解答（之一）〉的通知》（国税函发［1995］156号）的规定，按"金融保险业"税目征税。假设主管税务机关确定的资金使用利率为8.5%。

A企业应确认利息收入＝800×8.5%＝68（万元），应缴纳营业税＝68×5%＝3.4（万元）。

B企业应确认利息收入＝1 500×8.5%＝127.5（万元），应缴纳营业税＝127.5×5%＝6.38（万元）。

2. 企业所得税

《企业所得税法》第41条规定，企业与其关联方之间的业务往来，不符合独立交易原则而减少企业或者其关联方应纳税收入或者所得额的，税务机关有权按照合理方法调整。A企业、B企业应确认让渡资金给他人使用的利息应纳税所得并缴纳企业所得税。

A企业应确认利息收入的应纳所得税额＝(68－3.4)×25%＝16.15（万元）。

B企业应确认利息收入的应纳所得税额＝(127.5－6.38)×25%＝30.28（万元）。

此外，甲公司未能在2009年度取得占用A企业、B企业资金利息195.5万元（68＋127.5）的扣除凭证，以致多缴企业所得税48.875万元（195.5×25%）。

由于甲公司和A企业、B企业之间没有按照税法的要求明算账，将面临主管税务机关查补A企业税款19.55万元（3.4＋16.15），查补B企业税款36.66万元（6.38＋30.28），并处以罚款、滞纳金的处理，同时，甲公司多缴纳企业所得税48.875万元。甲公司在以后年度取得利息成本后，可调整所属年度的应纳税所得，但已缴纳税款所占资金的时间价值、罚款等损失同样无法挽回。

通过上述案例可以看出，关联企业间发生经济业务，一定要做好账务处理，做到账证清楚。

第四章

纳税检查的内容与方法

内容提要

纳税检查是税务机关对纳税人和扣缴义务人纳税情况和扣缴情况的监督和检查，是税务管理的重要环节之一。本章是纳税检查的基础性章节，讲述纳税检查的基本理论知识和部分实务操作。本章的内容先是从纳税检查的概念入手，涉及纳税检查的作用和范围、一般检查方法、会计凭证及账簿的检查方法和会计报表检查方法，最后对纳税检查后的账务处理进行阐述。

第一节　纳税检查概述

一、纳税检查的概念

纳税检查是指税务机关依据国家税收政策、法规和财务会计制度规定，对纳税人、扣缴义务人履行纳税义务、扣缴税款义务真实情况的监督和检查。纳税检查是税收征收管理的重要环节，也是贯彻国家税收政策法规，严肃税收纪律，加强纳税监督，堵塞税收漏洞，纠正错漏，保证国家财政收入的一项必要措施。

纳税检查是众多经济监督手段之一，与会计检查、审计检查等相比，有其自身的特点。首先纳税检查的主体是税务机关，代表国家行使政治权力，依法对纳税人的所有经济行为和应税行为进行检查。其次纳税检查的对象主要限于具有纳税义务的纳税人、扣缴义务人。再次纳税检查的目的是保障国家税收收入的及时足额入库，严肃财经纪律，规范纳税秩序，实现税收职能。最后纳税检查是依据国家税收法律、法规进行的，是以会计核算为前提，建立在会计准则实施基础之上的一种经济监督活动。然而，当企业会计准则与税法有抵触时，纳税检查应当以现行税法为依据。

二、纳税检查的作用

开展纳税检查工作，对正确贯彻执行财政税收政策，充分发挥税收职能作用，严肃财经纪律，增强法制观念，保证国家财政收入和经济建设的顺利进行都有着重要的意义。

（一）有利于促进市场经济的健康发展

社会主义市场经济建立以来，我国市场经济机制逐步形成，税收法律与其他经济法律体系一起，为市场经济主体提供了公平竞争的法律环境。但是如果一些企业通过欺骗隐瞒等手段逃避缴纳税款，取得经济利益而得不到严肃查处，那么遵纪守法依法纳税的企业就会承担较重的经济负担，在竞争中就会处于不利地位，他们的积极性就会受到影响。违法成本的降低同时也会激励原本遵纪守法的企业采取不正当的行为，这不仅会损害其他纳税人和国家的利益，还会阻碍市场经济的健康发展。而通过纳税检查，加强对逃避缴纳税款等税收违法行为的打击力度，可以维护正常的经济秩序，为公平税负和纳税人公平竞争创造条件，从而保证社会主义市场经济的正常运行。

（二）有利于税收职能作用的充分发挥

税收能否充分发挥其组织收入和调节经济的职能，对保证国家的繁荣和提高人民物质文化生活水平，保证社会主义市场经济体制的正常运行都具有极其重要的作用。通过纳税检查，能够加强税务监督，最大限度地减少偷税行为，从而使国家的税收法律、法规得到贯彻落实，从而保证税收组织收入、调节经济的职能作用得以充分发挥。

（三）有利于推动纳税人加强管理提高效率

从纳税检查的实践来看，纳税检查的过程一般都是税收宣传和财务会计核算知识的辅导过程。通过纳税检查，可以发现纳税人会计核算和财务管理中存在的问题，考核企业生产经营机制的运行成果。在纳税检查过程中，纳税检查人员往往会针对企业管理中存在的问题和薄弱环节逐一提出解决办法和改进措施，促使企业进一步健全会计核算制度和财务管理体制，对改善经营管理和提高经济效益起到较好的促进作用。

（四）有利于提高税务机关征收管理水平

实行新的税收征管体制以后，税收的征收、管理和检查实现了三分离，计算机在税务管理过程中起到相当重要的作用。在这个管理机制中，纳税检查正是对税款征收、税务日常管理以及计算机运用的效果进行考核的重要环节。与此同时，在对企业的经济活动进行财务监督和纳税情况的监督检查过程中，也可以发现税务机关自身在执行国家税收政策，加强税收征管方面的问题，从而完善征管制度，进一步提高征管工作水平。

（五）有利于增强公民法制观念，提高公民依法纳税意识

市场经济要求有完善健全的法制为依托，但追求利益的部分纳税人法制观念淡薄，

不自觉依法纳税，甚至铤而走险，偷逃国家税款。通过纳税检查，及时发现纳税人、扣缴义务人的违法违规行为，督促他们按规定办理涉税事宜。特别是税务机关查处的大案要案要通过新闻媒体曝光，加大处罚力度，使人们不断调整自己的行为，以适应税法的要求，并养成自觉遵守税法的习惯，提高依法纳税的意识。

三、纳税检查的范围

《税收征管法》规定，纳税人、扣缴义务人必须接受税收征收机关依法进行的纳税检查，如实反映情况，提供有关资料，不得拒绝、隐瞒。税务机关有权进行下列纳税检查：

(1) 检查纳税人的账簿、记账凭证、报表和有关资料，检查扣缴义务人代扣代缴、代收代缴税款账簿、记账凭证和有关资料。

账簿、凭证、报表和有关资料，是记录和反映纳税人、扣缴义务人生产经营情况的凭据，也是税务机关检查纳税人、扣缴义务人履行纳税义务情况的依据之一。

无论是纳税人还是扣缴义务人，其经营活动一般都是通过账簿和凭证、报表等有关资料反映出来，通过对账簿、凭证和报表等有关资料的检查，可以了解其业务经营活动是否合法，账务记载是否真实、合法，核算是否正确，费用开支、成本列支是否符合规定的范围和标准，从而监督纳税人和扣缴义务人认真遵守财务制度，严肃财经纪律。税务机关对账簿、凭证、报表和有关资料进行检查，主要目的是检查纳税人、扣缴义务人的依法纳税情况并进行处理，从而实行法律监督。

(2) 到纳税人的生产、经营场所和货物存放地检查纳税人应纳税的商品、货物或者其他财产，检查扣缴义务人与代扣代缴、代收代缴税款有关的经营情况。

对商品、产品的生产、经营的货物存放地的检查，是纳税检查的一个必要环节。通过实地的检查了解，可以掌握纳税人、扣缴义务人的实际生产、经营情况是否与财务处理、记录及纳税人的申报资料相符，从中掌握规律，发现问题，促进纳税人和扣缴义务人如实申报和如实进行财务记载。

(3) 责成纳税人、扣缴义务人提供与纳税或者代扣代缴、代收代缴税款有关的文件、证明材料和有关资料。

纳税人、扣缴义务人提供的与纳税或者代扣代缴、代收代缴有关的文件、证明材料和有关资料，是税务机关了解和掌握税收征管情况的直接依据。因此，必须要求提供资料者要遵照及时、准确、全面、合法的原则，向税务机关提供资料。实践中，通过税务机关检查，曾揭露出不少假福利企业、假集体企业、假办出口等。他们冒名顶替、以假乱真，享受着国家与此有关的税收优惠政策，使国家税收大量流失。出现这种情况的一个重要原因，就是纳税人、扣缴义务人向税务机关提供的有关材料和资料有相当部分是虚假的。责成纳税人、扣缴义务人必须提供与纳税、扣缴税款有关的真实文件、证明和资料，就以法律形式赋予了税务机关指定或者要求纳税人、扣缴义务人提供与纳税、扣缴税款有关的资料的行政执行权力。如果纳税人、扣缴义务人提供虚假的有关文件、证明和资料，就要承担相应的法律责任。当然，税务机关也不能随意行使这项权力，它必须在审核批准纳税人、扣缴义务人的某些申请或对其进行纳税检查等税收征管活动时才能行使。

（4）询问纳税人、扣缴义务人与纳税或者代扣代缴、代收代缴税款有关的问题和情况。

税务机关在进行纳税检查的过程中，对所了解到的问题和情况，往往需要向纳税人、扣缴义务人作进一步调查了解，才能搞清问题、查实情况，以便作出正确决定。因此有必要赋予税务机关询问纳税人、扣缴义务人与纳税或者代扣代缴、代收代缴税款有关的问题和情况的权力，这也是纳税检查中不可缺少的工作环节。同时，在税务机关的询问过程中，也是纳税人的申辩和陈述说明的过程，是对纳税人、扣缴义务人合法权益的保护。当然，税务人员在行使纳税检查询问权力时，要按照税务行政执法的规范要求来进行。如在询问时必须出示纳税检查证，只能询问与纳税、扣缴税款有关的问题和情况。事先告知纳税人、扣缴义务人必须提供真实情况，故意提供虚假情况者要承担法律责任。询问笔录要与纳税人、扣缴义务人核对，如有遗误，纳税人、扣缴义务人可以补充或者改正。经核对无误的笔录，需由笔录录入人和纳税人、扣缴义务人双方签字盖章才有效。本法也明确规定了纳税人、扣缴义务人必须如实、全面、及时地回答纳税检查人员提出的问题，这是纳税人、扣缴义务人应承担的法律义务。

（5）到车站、码头、机场、邮政企业及其分支机构检查纳税人托运、邮寄应纳税商品、货物或者其他财产的有关单据、凭证和有关资料。

纳税检查中，为了全面、准确掌握和了解纳税人、扣缴义务人的业务活动情况，税务机关可以到车站、码头、机场、邮政企业及其分支机构检查纳税人托运、邮寄应纳税商品、货物或者其他财产的有关单据、凭证和有关资料，这是赋予税务机关的又一项重要的行政执法权力。车站、码头、机场、邮政企业，都是商品流通和集散的地方，这些地方商品的流动性大、数量多、品种杂、不易控管，税务机关到这些地方检查有关的单据、凭证和有关资料，可以较全面、准确地掌握纳税人产销相互衔接的情况，堵塞税款流失漏洞。对商品、货物运输、邮寄、流通环节的检查，掌握纳税人和扣缴义务人产、供、销的衔接情况，从中发现是否有不合理的比例关系，尤其是对流动性大、税源分散的纳税人，这种检查方法可以起到源泉控制的作用。

税务机关到这些地方进行纳税检查时，也必须按照税务行政执法的规范进行。如必须出示纳税检查证件，无纳税检查证的，当事人有权拒绝检查。从检查的内容来看，主要是检查纳税人托运、邮寄的有关单据、凭证和有关资料，检查其合法性、真实性。税务机关检查不能超越法律规定的职权范围。在对纳税人邮寄和托运商品、货物检查时，只能检查有关单据、凭证、资料，而不能擅自开箱、开包检查。实践证明，这种检查是行之有效的检查形式，当然，车站等单位和部门应积极配合和协助税务机关检查。

(6) 经县以上税务局（分局）局长批准，凭全国统一格式的检查存款账户许可证明，查询从事生产、经营的纳税人、扣缴义务人在银行或者其他金融机构的存款账户。税务机关在调查税收违法案件时，经设区的市、自治州以上税务局（分局）局长批准，可以查询案件涉嫌人员的储蓄存款。税务机关查询所获得的资料，不得用于税收以外的用途。

存款账户，是纳税人、扣缴义务人进行生产、经营和履行纳税义务的一个非常重要的业务载体和显示器。在市场经济条件下，货币是进行商品流通结算的媒介，存款账户是反映业主货币运动的重要窗口，纳税人、扣缴义务人的生产经营活动和货币收付都和存款账户有着十分密切的联系，如原材料的采购、商品的销售、工资的支付、税款的缴纳等各项经济活动，大多通过银行或者其他金融机构的存款账户进行货币的收付和结算。银行等金融单位是资金活动的枢纽，只有检查纳税人在银行的账户，才能真实掌握纳税人的实际收入和支出情况。税务机关通过对纳税人、扣缴义务人在银行和其他金融机构的存款进行查询，就能比较准确地掌握纳税人、扣缴义务人的实际收入和支付情况以及货币资金的存量情况。一方面，有些偷税、逃税等税收违法案件的线索，是通过对银行和其他金融机构的账户的检查发现的，或者是在对银行和其他金融机构账户的检查中得到证实的；另一方面，税务机关通过对账户的查询，可以及时掌握纳税人、扣缴义务人的资金情况，有利于税务机关及时征收税款，防止税收流失。

第二节 纳税检查的方法

一、纳税检查的一般方法

纳税检查是一项依法办事、依率计征，且要求技术水平较高的综合性监督管理工作。纳税检查因时间、范围、对象等因素的不同，方法有多种多样，概括地讲可分为具体的检查方法和一般性的检查方法两大类。具体的检查方法是指在检查某个具体环节、某个具体问题时所采用的一种特殊的方法；一般性的检查方法，则是在大量具体检查方法的基础上，概括并抽象出来的有普遍意义的方法。常用的纳税检查一般方法有以下几种：

(一) 全查法和抽查法

按照检查的范围、内容、数量和查账详细程度的不同要求，可以将检查的方法分为全查法和抽查法两种。

全查法又称详查法，是对检查对象所有的会计凭证、账簿、报表和有关资料进行全面、系统检查的一种方法。这种方法的优点是可以从多方面发现企业存在的问题，缺点是工作量大，花费的时间多，工作效率不高。这种方法一般用于那些经济业务比较简单、会计核算不够健全、财务制度比较混乱的企业。

抽查法是对检查对象的凭证、账簿、报表和有关资料中抽取一部分进行重点检查的一种方法。运用抽查法要注意有的放矢，例如对某个会计科目，或者以某一期间的某种凭证、某个问题等作为抽查对象，有目的地进行检查。这种方法的优点是比较省时省力，集中力量和时间解决重点问题，工作效率比较高，缺点是对检查人员的业务素质和检查经验要求比较高，如果选择的重点不准确或者检查的深度不够，容易漏掉问题。因此这种方法适用于会计制度比较健全、内部控制制度比较完善的企业。

(二) 顺查法和逆查法

按照检查的顺序是否与会计账户处理的顺序一致，可以将检查的方法分为顺查法和逆查法两种。

顺查法又称核对法，它是依照会计核算的程序，从检查会计凭证开始，由凭证核对账簿，再由账簿核对报表来检查的一种方法。采用这种方法，由于核对全面、系统，容易发现问题的线索，同时也可以比较全面地掌握企业会计核算的整个过程。但是，由于这种方法工作量大，一般只适用于会计核算制度不健全、财务管理混乱，不进行全面检查不能说明问题的企业。

逆查法又称倒查法。它与顺查法的检查顺序正好相反，是从检查会计报表开始，由报表到账簿，再由账簿到凭证的一种检查方法。通过检查企业的会计报表，了解企业检查期间经济活动的重点，可以根据重点线索，找到会计凭证，容易把问题查深查透，又比较省时省力。在实际工作中，这种检查方法被广泛使用。但如果检查人员的业务技术和分析判断问题的能力较差，容易造成重大问题的遗漏。

(三) 联系查法和侧面查法

按照检查资料之间的相互关系，可以将检查的方法分为联系查法和侧面查法两种。

联系查法是按照复式记账的原理，利用会计凭证、账簿和报表之间存在的相互关系，通过账证、账表、账单、账账、账实相互核对进行检查的一种方法。联系查法的适用性较广，既适用于检查财务管理比较混乱、核算制度不健全的企业，也适用于检查核算水平较高、经营情况比较复杂的企业。联系查法，既包括账内联系查法也包括账外联系查法。账内联系查法是根据纳税企业内部账与证、账账、账表、账物之间相互制约的联系进行的检查。例如，在检查“在建工程”明细账及其现场资料时，发现账面核算的工程成本小于现场根据工程进行测算的实际费用，这就有可能发生工程费用挤占生产成本的可能，应当进一步查核生产成本的支出。账外联系查法是指对企业内部的账务记录与企业外部有关单位的账务之间有联系的问题进行检查。

侧面查法是依据平时掌握的侧面资料或根据有关人员反映的情况，对企业账簿记录进行审核的一种检查方法。由于这种方法掌握了一定的情况和资料，容易暴露问题，但存在一定的局限性。

（四）分析法

分析法是指对各项经济数据或指标进行比较，分析其增减变化情况及发展趋势的一种方法。但分析法仅能揭露事物内部的矛盾，不宜作为查账定案结论的依据，因此还应结合其他查账方法来证实问题的本质。分析法又分为比较分析法、推理分析法、控制分析法等。

1. 比较分析法

比较分析法是根据企业的会计报表与账面的数据，同企业的有关计划指标、历史资料或同类企业的相关数据进行动态和静态对比的一种分析方式。通过比较，观察其经济活动的增减变化是否合理，从不合理中发现疑点，为纳税检查提供线索。比较分析包括绝对数比较和相对数比较。运用比较分析时，应注意相互指标的可比性和对比口径的一致性，如计价单位、计量标准、时间单位、指标内容、计算方法等，以提高比较分析结果的可用性和客观性。

2. 推理分析法

推理分析法是运用逻辑推理，根据事物的内在联系和相互依存关系，将会计资料提供的数据，结合财务活动规律，综合对照进行推理判断的一种分析方式。在实际工作中，一般应用于企业资料变动与负债及所有者权益变动平衡关系的分析。推理分析不要局限于运用账面上的资料，还要结合利润财务指标，实物量变动和有关生产经营的原始记录进行分析，才能取得较好的分析效果。

3. 控制分析法

控制分析法是根据事物之间存在的相互制约、相辅相成的必然联系，用科学测定的数据，来验证账面记录或申报纳税资料是否正确的一种查账方式。它是根据有关数据之间相互制约的关系，用某一可靠的数据来验证另一核算资料或申报资料是否正确，或以某一经济事项的核算资料，来审定其他经济事项的核算资料的一种检查方法。控制分析法，一般运用于对生产企业的投入与产出、耗用与补偿的控制分析。例如，在检查生产数量时，可以从车间领用与补偿的控制分析。例如在检查应税产品数量时，可以从车间领用的主要材料数量，按其材料利用率计算出大概的产品数量，对照账面完工入库的产品数量，若差距较大时应注意检查有无不经过进仓验收直接对外销售而不入账的产品数量。由于每个企业的设备状况、生产能力、使用原材料的规格质量和自然因素各有差异，因此在采用控制分析时，应注意结合平时掌握和积累的资料，从实际出发在做好调查研究的基础上科学地运用。

以上介绍的是一般检查方法，在实际检查中，不应机械单纯地使用上述一种或几种方法，而应该根据检查的具体要求、检查对象的特点及检查内容和范围等情况，灵活地掌握运用。

二、会计凭证及账簿的检查方法

（一）会计凭证的检查方法

会计凭证是纪录经济业务、明确经济责任的书面证明，是登记账簿的重要依据。通过会计凭证的检查，可以查明企业经济业务是否符合有关政策、制度规定，有无违反制度、弄虚作假、伪造或涂改凭证等违规行为，以利于对经济业务进行监督检查。在企业会计核算中，会计凭证一般分为原始凭证和记账凭证。

在纳税检查实践中，一般来说对原始凭证和记账凭证是同时检查的。在对会计凭证的检查中，原始凭证是检查的重点，而发票是原始凭证的最主要形式。

1. 对发票的检查

发票，是指在购销商品、提供或者接受服务以及从事其他营业活动中，开具或收取的收付款凭证。

（1）对发票基本内容的检查。发票的基本内容包括发票的名称、字轨号码、联次及用途，客户名称，开户银行及账号，商品名称或经营项目，计量单位、数量、单价、大小写金额，开票人，开票日期，开票单位（个人）名称（章）等。增值税专用发票还应当包括：购货人地址、购货人税务登记号、增值税税率、税额、供货方名称、地址及其税务登记号。

对企业从外部取得的发票，应注意客户名称和银行结算凭证上的客户名称是否一致，看有无在进、销货上做手脚；应注意发票的开户银行及账号与开出付款凭证上的开户银行及账号相核对，看企业有无有意转移资金的情况；应与物资采购、原材料、库存商品等账物进行核对，看有无多列支出的情况等。对企业开具的发票，应与其取得收款凭证上的开户银行及账号进行核对，看企业有无多头开立银行账号、转移收入的情况；应和企业的商品或经营项目进行核对，看有无没有实物、虚列支出的情况等。无论是企业开具还是从外部取得的发票，都应该注意是否有开大头小尾发票，多列支出或少计收入的情况，注意企业有无前移或推后开票日期，多列或少列支出推迟纳税义务发生时间、实现跨期结转的情况等。

（2）对不合规定发票的检查。无论是企业开具还是从外部取得的发票，除另有规定外，都必须套印全国统一发票监制章，否则就不能作为进、销货的有效凭证。填写项目不齐全、内容不真实、字迹不清晰，没有加盖财务印章或发票专用章，伪造、作废以及其他不符合税务机关规定的发票，不得作为财务报销凭证，任何单位和个人有权拒收。

2. 对其他会计凭证的检查

（1）对原始凭证的检查。原始凭证是在经济业务发生或完成时取得或填制的，用以记录或证明经济业务的发生或完成情况的凭据，包括外来原始凭证和自制原始凭证两种。对于外来原始凭证需要检查凭证的合法性，是否符合政策、法令和财务制度规定；检查凭证的经济内容是否真实，凭证是否完整，凭证的手续是否完备；对多联式发票，要注意是否系报销联，防止用其他联做报销发票。对于自制原始凭证需要检查自制原始凭证的种类、格式、使用是否符合有关主管机关和财务制度的规定，审评手续是否齐全，有无利用白条代替凭证的现象；自制原始凭证的内容是否真实，处理是否符合规定；自制原始凭证的手续是否完备，应备附件是否齐全；自制原始凭证的报销金额是否遵守制度规定的开支标准和开支范围。

（2）对记账凭证的检查。记账凭证是会计人员根据审核无误的原始凭证按照经济业务事项的内容加以归类，并据以确定会计分录后所填制的会计凭证。对记账凭证的检查包括检查记账凭证和原始凭证两者的内容是否一致、会计科目及其对应关系是否正确、会计纪录所反映的经济内容是否完整，处理是否及时等。

凭证的检查是一项繁琐而复杂的工作，由于企业的会计凭证一般比较多，而且每一张凭证反映的只是个别业务，如果对全部的凭证进行检查而没有重点和侧重方向，实际上也是不可取的。所以除了特殊情况外，可根据查账的目的抽查有关凭证，使账证表有机结合，有的放矢地进行检查。

（二）账簿的检查方法

会计账簿是指由一定格式账页组成的，以经过审核的会计凭证为依据，全面、系统、连续地记录各项经济业务的簿籍。设置和登记账簿，是编制会计报表的基础，是连接会计凭证与会计报表的中间环节，在会计核算中具有重要意义。

1. 总分类账的检查

总分类账是总括地记录和反映纳税人各项资产、负债和所有者权益的分类账户，它是按会计制度一级科目设置的账簿。总分类账可以提供纳税人在一定时期内资金的总括动态资料和生产经营的总体情况。期末结出的各科目当期发生额和余额，是编制资产负债表、利润表和现金流量表的依据。总分类账检查的内容包括：

（1）将总账所有账户的期末借方余额同贷方余额核对，看其是否相符。

（2）在总账与其所属明细账核对时，将总账账户余额同其所统驭的二级账户或明细账户同期余额之和进行核对，看其是否相符。

(3) 总分类账户中库存现金、银行存款的期末余额，应当与库存现金、银行存款日记账的期末余额相核对，看其是否相符。

总分类账检查时应注意的问题：

(1) 检查总分类账是否根据科目汇总表或记账凭证汇总表登记，并根据需要将总分类账与据以登记的科目汇总表或记账凭证汇总表与记账凭证核对，看总账记录是否真实、正确。

(2) 检查总分类账中记载的经济业务是否符合税收法律法规和财务会计制度的规定，看其总账摘要栏中说明的经济业务是否与该账户的核算内容一致。

(3) 检查总分类账，应注意各项经济业务本期发生额的增减变化，与上期进行比较，观察有无异常现象。特别是与税收有关的经济业务，应根据总账记录的内容，进一步检查明细账和会计凭证，以便发现问题。

(4) 根据复式记账原理，按会计科目设置的各种账户之间都有一定的对应关系。如“库存商品”账户的贷方与“主营业务成本”的借方发生对应关系；“制造费用”账户的贷方与“生产成本——基本生产成本、辅助生产成本”账户的借方发生对应关系等。检查时，必须有联系地进行，如果对应关系错误，或者出现了不应该出现的红字等情况，都应进一步查证落实。

2. 明细分类账的检查

明细分类账户是对总分类账户进一步分类核算的账户。它根据实际需要设置，具体、详细地记录和反映经济业务，是总分类账户的具体化。对明细分类账的检查，必须注意它与总分类账的相互关系。明细账的检查内容主要包括：

(1) 明细账中所记载的经济业务是否真实，单价、数量、金额的计算、填写是否正确，方向是否一致，必要时应与相关原始凭证或原始凭证汇总表核对。

(2) 明细账与总分类账的记账方向是否相同，记账数额是否相符，本期发生额和期末余额是否相符。

(3) 检查实物明细账（如材料、库存商品等账户）时，应注意所属各实物明细账的数额相加之和与总分类账余额是否相等，如果不等可能存在问题，必须深入检查。

由于企业的账簿一般是按五大会计要素——资产、负债、所有者权益、成本、损益进行设置的，各类账户很多，而且每个账户记载有大量的经济业务和增减数字，所以在进行纳税检查时，对会计账簿及有关各个账户的检查应有所侧重。重点检查与税收有关系的账户，一般来说应着重检查成本类、损益类账户，以及与其有关的其他账户。对所检查的账户，应根据其属性和对税收的影响程度，按照账户的记账结构，侧重检查其“借方”发生额、“贷方”发生额、“余额”或“借、贷、余”并重。这里以工商企业为例，对某些与税收有关的账户进行检查：

（1）侧重检查的借方发生额账户。①“生产成本”账户，应注意其有无违反成本开支范围的支出。例如，将购置和建造固定资产、无形资产和其他资产的资本性支出挤入生产成本；将支付的滞纳金、罚款、违约金以及企业赞助、不符合规定的捐赠支出挤入成本等。②“物资采购”、“制造费用”账户，这两个账户属于“集合分配”性质的账户，这类账户对成本有较大影响，也比较容易发生问题。在检查时，应注意其借方发生额所记录的内容有无不符合成本开支范围，计算的标准是否准确，有无将非本期应承担的资本性支出等通过这两个账户转入生产成本等问题。③“销售费用”、“管理费用”和“财务费用”账户。在检查时，应注意其借方发生额记录的内容有无不符合开支范围和标准，有无把不属于期间费用的支出通过这三个账户转入“本年利润”账户，人为调节利润以达到调节应纳税所得额的问题。④“待处理财产损益”、“营业外支出”等账户，检查时应注意是否有未按制度规定，未经审批擅自作财产损失处理的情况。如因保管不善而人为损毁、短缺、私占、挪借财产物资，未经认真查处就记入“待处理财产损益”账户，从而转入“营业外支出”账户，一方面，减少企业所得税的应纳税所得额；另一方面，少计增值税等。

（2）侧重检查的贷方发生额账户。①“主营业务收入”明细账户，应将此类账户贷方发生额合计数与企业申报纳税项目的销售计税额进行核对，看数字是否相符，有无少报或瞒报收入而偷逃税的现象。②“商品进销差价”明细账户。检查时，应注意是否有冲减已实现差价的情况，差价计算是否正确，计算有无错误。

（3）侧重检查的余额账户。①“原材料”、“库存商品”等明细账户。在检查时，应注意账面结存数量与库存物资盘点表、仓库存货账的数字是否相符。单价是否按规定的方法（如：先进先出法、加权平均法、个别计价法）计算，汇总金额是否正确，账面余额如果出现红字，应进一步查清是属于溢余，还是多转成本所致。②“应付账款”、“其他应付款”等明细账户很容易掩盖一些久悬账面，如应转未转的“主营业务收入”或“其他业务收入”的货款收入、加工劳务收入等。检查这些账户时，必须根据其余额的大小和时间长短，以及内容摘要，逐笔进行检查。

（4）借、贷方发生额及余额都需要检查的账户。①“应交税费——应交增值税”明细账户的检查。该账户的借方发生额反映购进货物或接受应税劳务支付的进项税额和实际已经缴纳的增值税；贷方发生额反映销售货物或提供应税劳务应交纳的销项税额、出口货物退税、转出已支付或应分担的增值税；期末借方余额，反映纳税人多交或尚未抵扣的增值税；期末贷方余额，反映纳税人尚未交纳的增值税。②“生产成本”明细账户的检查。该账户的借方发生额是企业发生的各项直接生产费用，贷方发生额是企业已经生产完工并已验收入库的库存商品以及入库的自制半成品；期末应注意其借方发生额有无不符合成本费用开支范围的支出、非本期应承担的资本性支出等计入产品生产成本；分配制造费用、辅助生产费用等间接费用的方法是否坚持会计的一贯性原则，计算是否准确；贷方发生额有无应纳而未纳增值税、消费税的加工产品；其余额与实际盘点是否相符，有无多转、少转产品生产成本的情况。

上述账户检查的重点，是从纳税检查的角度提炼出来的。在实际工作中，应根据账务处理和检查工作实践，既要有所侧重，又要避免以偏概全，对具体问题应做具体分析。此外，还应注意从账与账、账与凭证之间的有机联系进行检查，以核对和测定计税依据的计算是否正确。

三、会计报表的检查方法

会计报表，是根据日常核算资料定期编制的、总括性地反映企业单位经济活动情况及结果的会计资料。会计报表能及时向投资者、债权人、政府有关部门及其他使用者提供全面、重要、必要的经济信息，在国民收入的分配与再分配、投资决策、信贷决策、宏观调控和经济管理、经营管理等方面，发挥着重要的作用。会计报表检查的主要方式是就表查表，在查账过程中为了明确检查重点，缩小检查面，提高检查的效率，一般都对会计报表有关指标及其相互关系和变化情况，先行检查分析以寻找可能存在问题的疑点和线索，然后据以查核有关账簿和凭证，有的放矢，步步深入地查证情况落实问题。

（一）资产负债表的检查

资产负债表是全面、综合、系统地反映某一特定日期（月末、季末、年末）企业财务静态状况的主要报表，它是根据“资产＝负债＋所有者权益”这一会计基本等式编制的。数字对比法和指标比较法是检查资产负债表常用的基本方法。数字对比法是通过分析和比较纳税人不同月份资产负债表的相同栏目的数字变化，发现纳税人的财务状况变动情况，进而发现其有关税收问题的一种方法。指标比较法是通过不同时期资产负债表所反映的各类经济指标的对比分析，发现和掌握纳税人有关税收问题的一种方法。资产负债率、资产流动比率、流动资产的速动比率等指标都是检查资产负债常涉及的内容。在检查资产负债表时，还要针对每个项目的特点分析、检查，发现纳税人财务、涉税信息失真之处。

1. 检查纳税人的总体经营情况

（1）通过流动资产和固定资产的数量和比重判断纳税人的行业特点。不同行业的纳税人其资产形式构成有所不同：生产制造企业由于生产过程需要大量的生产设备，其固定资产占全部资产的比重较大；商品流通企业的主营业务是商品批发与零售，故其全部资产中流动资产所占比重较大；大部分房地产开发企业则往往资产构成单一，有的几乎全部为流动资产；一部分具有建筑施工能力的房地产开发企业，其资产表现形式和工业企业有些相似；第三产业及其他行业的资产构成也都有自己的特点。如果纳税人提供的资产负债表所表现的资产形式特征与纳税人的行业特征不符，说明纳税人提供的资产负债表违反常规，该企业可能存在问题。

（2）在遵从纳税人行业特征的基础上，通过流动资产和固定资产的配比来判断纳税人的生产经营情况。任何企业在其流动资产和固定资产构成比重一定的前提下，仍然存在流动资产和固定资产的合理配比问题，否则会影响企业的正常生产。

［**案例 4－1**］某工业企业资产负债表反映固定资产净值 2 000 万元，流动资产 150 万元（其中其他应收款 130 万元），显然，报表反映的企业资产配比极不合理，实际经营中必然表现为企业缺乏流动资金，无法启动生产而固定资产又大量闲置，造成浪费。企业生产不能正常进行，纳税情况自然会受到影响。对该类企业进行实地检查时，如果发现该企业尚能维持生产、员工尚能按期领取工资，则企业的报表可能失真，纳税人可能账外有账。

2. 检查流动资产

（1）检查现金及银行存款。现金及银行存款是纳税人正常生产的资金保证，其存量直接反映了企业的经营现状和支付能力。从理论上讲，现金及银行存款不足，纳税人就无法启动生产，如果企业的实际情况不是这样，至少说明企业存在账外账。但是，根据我国的现金管理制度，纳税人的库存现金也不能过大，如果报表上反映的现金量大，则可能存在“白条”抵库的情况，纳税人可能在寻找机会把部分应该税后列支的费用挤进税前成本，影响企业所得税。还有一点需要提及，无论纳税人资产负债表如何显示，实地检查时，最好向纳税人索要“银行对账单”，查明企业在银行的未达账项，这有利于发现问题。

（2）检查预付和应收款。检查企业应收账款账户，如果应收账款账户期末余额在贷方，其贷方余额可能为预收款，也可能为隐匿的收入。这时就需要检查保管账或发货单、出库单，如果所收款项货物已经发出，则可能是隐匿收入。如果企业预付账款账户有长期挂账的借方余额，则需要核对库存商品明细账和保管账、发票存根联，以防企业在账外购入货物、从事账外经营。

（3）检查存货。在纳税检查中，无论是流转税还是所得税，对存货的检查都是重点。存货属于增值税征税对象中的有形动产，它的购、销、存都影响着增值税的计算、缴纳；如属于应税消费品，同时还影响消费税的计算、缴纳。发出存货的成本是费用的重要组成部分，影响企业利润的形成和所得税的计算、缴纳。检查企业有无将存货用于在建工程、集体福利及个人消费，而计入生产成本。在检查时，应重点检查企业有无虚增发出存货数量从而虚增成本，有无销售存货以货币资金、应收账款直接冲减存货成本而未计应税收入。当存货发生非正常损失，检查其有无转出增值税进项税额，有无未经税务机关批准就在企业所得税前扣除。

3. 检查固定资产

从资产负债表分析固定资产有关项目最重要的是固定资产原值及折旧的变化。按有关规定，纳税人固定资产的总量和计提的折旧在不同年份及不同月份之间都有延续性和必然联系，如果报表提供的数字有变化，实地检查时要注意。对于非正常损失的固定资产税前扣除，要检查其是否经过税务机关批准。

4. 检查在建工程

在建工程在报表上的表现形式只能是以下几种：不同时期在建工程的金额不变，说明纳税人的在建工程处于停工状态；在建工程的金额逐月增加，表明纳税人的在建工程处于不断施工状态；纳税人的在建工程全部转入固定资产，说明在建工程已经完工，如果纳税人提供的资产负债表反映在建工程部分减少或为红字，纳税人可能有将在建工程的试运行收入冲减在建工程支出的行为，影响所得税收入。

5. 检查无形资产

检查企业有否把应计为无形资产的计入了费用。如按规定，土地使用权是无形资产的重要组成部分，但不动产开发企业除外；无形资产的摊销方面，税法对无形资产的摊销年限有严格的规定，如果纳税人违反规定可能会存在税收问题。

6. 检查流动负债和长期负债

流动负债和长期负债反映了企业的负债水平和负债结构，往往也容易成为纳税人隐藏收入的地方。纳税人的预收货款和销售定金有固定的核算方法和科目，而长期借款和短期借款也有固定的核算内容和范围，虽然它们同属于企业的负债却不能混淆。按我国税法规定，纳税人商品课税的纳税义务时间与销售货款、销售定金、预收货款的发生或实现时间息息相关。有些纳税人为了少缴，迟缴或不缴税款，将有关经营销售收入计入长期借款或短期借款栏内以期达到逃税的目的，如果纳税人的资产负债率高于金融机构的贷款警戒线而纳税人的短期借款或长期借款仍然增加，可能存在纳税人隐匿收入的行为。

7. 检查所有者权益

所有者权益包括纳税人的实收资本、资本公积、盈余公积、未分配利润等内容，反映纳税人自有资金的实力和水平。盈余公积是企业从利润中提取的，而且利润是盈余公积的唯一来源，这就说明没有利润分配就不会有盈余公积的增加，如果纳税人提供的非年末资产负债表盈余公积有增加，说明纳税人有违规操作或转移应税收入的行为。检查企业有无将货物销售收入、提供劳务收入计入资本公积，有无将无法支付的应付账款、接受的各类捐赠转入资本公积而未进行所得税纳税申报。

（二）利润表的检查

利润表是反映企业经营活动最终财务成果的主要报表，其主要内容是列示企业在一定时期内所取得的收入，所发生的费用支出和所获得的利润。对本表进行检查分析，可以初步确定报表资料是否真实、正确，所得税计算有无错误，从中找出检查的重点和检查线索。

1. 检查复算表列有关数字是否正确

利润表反映的利润总额，是按照规定的计算公式计算出来的，为防止由于计算错误而影响所得税收入，应按规定的公式进行复算。

（1）营业利润 = 营业收入 - 营业成本 - 销售费用 - 管理费用 - 财务费用 - 资产减值损失 + 公允价值变动收益 + 投资收益

（2）利润总额 = 营业利润 + 营业外收入 - 营业外支出

（3）净利润 = 利润总额 - 所得税费用

经过复算，发现表列数字不准，应该通过实地对账簿的检查，查明原因。

2. 主要项目检查

（1）主营业务收入项目，该项目一般应与纳税申报数一致，检查时注意与纳税申报表核对，核实账面收入额，同时与上年同期对比，看是上升还是下降。在正常情况下，生产发展了，规模扩大了，销售收入应相应增加。如果收入反而下降了，就要检查是否漏报收入，或者未通过销售收入账户核算。对此，只要核对销售收入的数量与产成品发出的数量是否一致，就能发觉问题（在不存在视同销售、非正常损失等情况下，二者的数量应该是一致的）。

（2）主营业务成本项目，通过产品单位成本、成本结构、成本项目的分析，了解成本变动因素，核实结转到产成品明细账中的产品品种、数量、单价、金额，检查企业挤占生产成本、多转或少转成本的行为，以保证成本核算的正确性。

（3）主营业务税金及附加项目，注意检查账面已实现销售收入缴纳税金的正确性。

（4）营业外收支项目，重点核对利润表附列的营业外收支明细表，对那些营业外收支数额显得特别小，或显得特别大或某个项目比前期有突增突减超过正常变化时，应作为检查重点。

3. 主要指标分析

检查利润表，还要通过比较分析，把与利润有关的指标进行纵向、横向的比较，通过其比率升降来发现问题。主要指标有：

毛利率 = 毛利额/营业收入 × 100%

毛利额 = 营业收入 - 营业成本

成本费用利润率 = 利润总额/成本费用总额 × 100%

销售利润率 = 利润总额/营业收入 ×100%

税负率 = 应纳税额/销售收入 ×100%

（1）毛利率的检查分析。销售毛利的多少，是影响企业利润的一项重要因素。毛利率是反映企业毛利的水平，已知毛利额是由销售收入和销售成本（商品进价）两个因素决定的。因此，两个因素中任何一个因素发生变化都会引起毛利额和毛利率的变动。通过对销售毛利率的分析，可以看出销售收入是否与成本费用配比，是否存在成本费用多计或收入少计的问题，各比率中销售额变动率是最基本的，它反映企业的业务情况，其他比率的变动幅度都应以销售额变动率为参照。当计算出毛利率时，应当与企业前期或上年同期比较，与同行业毛利率比较。发现企业销售毛利不正常，一方面可能是销售收入不实造成的（如重记漏记销售收入，金额记错，以及有意弄虚作假，隐匿或虚增销售收入等）；另一方面就是销售成本（商品进价）不准造成的（如乱挤成本、乱摊费用、多转耗料或产品成本等）。当然，影响毛利率变动可能还有由于销售价格变动，销售产品结构变化，购料（进货）提降价格等客观原因造成的，这就需要重点核实销售收入和销售成本（商品进价），查明原因，落实问题。

（2）成本费用利润率的检查分析。成本、费用开支的多少，是影响企业利润的重要因素。成本费用利润率是受利润总额和成本、费用两个因素影响的。在进行比较分析时，发现成本费用利润率确实过低，就应从影响成本费用利润率的两个因素中进行分析。如，企业销售并未增加，成本费用利润率却下降了较多，就属于不正常变化，应从成本费用突增的项目中发现问题。检查有无将在建工程支出挤入了成本费用，有无不按规定摊销费用或任意报损耗等扩大费用开支，减少当期利润的情况。对成本费用增减变动幅度较大的，应从成本、费用明细表中逐项检查分析，找出哪些项目的变化较大，影响了成本、费用的增加。

（3）销售利润率的检查分析。利润率是反映企业盈利水平和生产经营好坏的标志。在检查分析时，首先应将本期实现利润的累计数同企业的上年同期进行比较；其次应将企业本期利润率与上期或上年同期、同行业进行比较，在企业生产经营正常情况下，如果毛利率没有多大变化，利润率却有下降，这可能是费用的问题，应把检查的重点放在费用上；如果成本费用利润率也没有多大变化，就要看营业外收支。另外，如果企业的利润率比其他同类企业低，说明企业经营有问题，应该从毛利率、营业外收支等各方面进行全面分析，找出影响利润率下降较大的因素作为重点，详细检查。

（4）税负率的检查分析。税负率是衡量企业税收负担高低的一个指标。在检查分析时，将各期（月份、季度、年度）税负率进行对比，比较本年（往年）各月或各季度该指标的波动情况，分析其变动趋势是否正常，并查明异常现象和重大波动的原因。对税负率低的期间，重点检查。同时，结合对企业利润升降变化的分析、投资收益和营业外收支的查核，来分析这一指标升降变动的相关因素及有关项目，从而作出初步判断。

第三节　纳税检查后的调账处理

纳税检查后的账务调整，它是纳税检查的最后一个环节。如果纳税人不进行账务调整，那么或者可能造成重复征税问题，使纳税人的合法权益受到侵害，或者会出现漏缴税款，使纳税检查前功尽弃，进而使国家税收遭致流失。

一、调账的基本原则

纳税检查调账，归根到底仍然是一种会计核算活动，属于会计核算的范畴，会计主体在进行会计核算时，所依据的就是公认的会计核算原则和国家颁布施行的财务会计制度。检查后的账务调整范围不仅包括对会计分录的调整，还包括对一些涉税数据的调整，并非所有检查出的问题都需要对原有账务进行调整，账务调整是基于会计的记账原则，要根据会计的要求来进行调账。

（一）合规性原则

账务处理的调整首先要符合现行税法的规定，其次调整错账须符合《企业会计准则》、《企业财务通则》以及《企业会计制度》和分行业财务制度的规定，对税法规定与财务会计制度规定相冲突的地方要按税法的要求进行调整，要与税法的有关会计核算相一致。对不符合规定的不能为所欲为，将错就错，或者迎合别人的需要，名为调账实为变相维持错误，损害国家或其他方面的利益。

（二）科学性原则

新的账务处理业务必须符合会计原理和核算程序，反映错账的来龙去脉，清晰表达调账的思路；还要做到核算准确可靠，正确反映企业的财务状况和生产经营情况，并使会计期间上下期保持连续性和整体性；同时还要坚持平行调整，在调整总账的同时调整所属的明细账户。

（三）效果性原则

通过对错账的调整，应能正确反应被查单位的财务状况、经营成果和资金变动，真正起到调整的效果。同时也要坚持从简账务调整处理，在账务调整方法的运用上，能用补充调整法则不用冲销调整法，尽量做到从简适宜。

二、调账的基本方法

由于企业所处的行业不同，执行的会计制度也有差异，各企业的错误更是千差万别，因此具体的调账方法也各不相同。调账结果是否正确是可以进行检验的，其方法是将调整的账务处理与原错误的账务处理进行合并，合并后的会计处理是各业务内容发生时的正确账务处理，则调账正确。但“损益类”账户有所不同，到期末时要将其转入“本年利润”账户，结转后该账户无余额。因此，上述检验方法有一定范围的局限。调账的基本方法根据错账所处的时段不同可分为年度内调账和跨年度调账两大类。

（一）年度内调账方法

年度内的错账，因纳税人尚未编制决算会计报表，其核算过程中产生的错误对经营成果和纳税的影响只涉及当年度的损益，还未递延到以后年度，主要的方法有红字冲销法、补充登记法、综合调整法三种。

1. 红字冲销法

它是指记账凭证的会计分录或金额发生错误且已入账，更正时用红字填制内容相同的记账凭证，冲销原有错误记录，并用蓝字填制正确的记账凭证，据以入账的一种更正错账的方法。如果会计科目运用正确，只是多计金额，也可编制与原会计科目相同的会计分录，用红字将多记金额冲销。

［案例4－2］ 检查某工业企业的纳税情况发现，该企业将自制产品用于建造固定资产。所用产品的成本为3 000元，不含税销售价为4 000元，增值税税率为17%，企业账务处理为：

借：在建工程　　4 680

　　贷：库存商品　　4 000

　　　　应交税费——应交增值税（销项税额）　　680

企业将自产的应纳增值税的货物用于非应税项目，视同销售货物计算应交增值税。但由于货物的所有权未发生转移，不征收企业所得税，因此在会计处理上不确认收入。所以此笔账的错误在于会计科目的运用虽正确，但多记金额。作账务调整分录为：

借：在建工程　　1 000（红字）

　　贷：库存商品　　1 000（红字）

这种方法只适用于当期内，即未进行会计结算的一个核算期内，一般适用当月内发现当月的错误。

2. 补充登记法

它适用于记账后发现记账凭证中应借、应贷的会计科目正确，但所填的金额小于正确金额的情况。采用补充登记法时，将少填的金额用蓝字填制一张记账凭证，并在“摘要”栏内注明“补充第×号凭证少计数”，并据以登记入账。这样便将少记的金额补充登记入账簿。

［案例4－3］ 检查某企业的纳税情况，发现该企业行政部门本月应摊销的房租

5 400 元，实际摊销 4 800 元，在本年度纳税检查中发现少摊销 600 元。企业的账务处理为：

借：管理费用 4 800

贷：银行存款 4 800

企业的此笔账务处理所涉及的会计科目的对应关系没有错误，但核算金额少计 600 元，用补充登记法作调账分录为：

借：管理费用 600

贷：银行存款 600

如果不是在同一个核算期内发现的错误，而是在同一个核算年度以后月份发现，除调整发现期金额外，还要调整“本年利润”账户。

3. 综合调账法

将红字冲销法与补充登记法综合加以运用，它一般适用于错用会计科目这种情况，而且主要用于所得税纳税检查后的账务调整，如果涉及错账内容在同一纳税年度内的可以直接调整“本年利润”账户。综合调账法一般运用于会计分录的借贷方中，有一方会计科目有错而另一方会计科目没有错的情况。正确一方不调整，错误一方用原科目转账，同时使用正确科目调整。

[案例 4－4] 对某企业检查时发现其将专项工程耗用材料列入管理费用 6 000 元。企业账务处理：

借：管理费用 6 000

贷：原材料 6 000

上述会计分录借方错用会计科目，按会计准则规定专项工程用料应列入“在建工程”科目。

调整分录为：

借：在建工程 6 000

贷：管理费用 6 000

同样，如果以上所举例的错账是在月后发现，而企业又是按月结算利润的，则影响到利润的项目还应通过“本年利润”科目调整。

如，按上例设为月度结算后发现错账，则调整分录为：

借：在建工程 6 000

贷：本年利润 6 000

（二）跨年度调账方法

如果纳税检查是在企业年度会计报表编制以后进行的，即纳税检查查出的是上年或以前年度的错误账务处理问题，那么纳税人就必须通过“以前年度损益调整”等账户，选择综合调整法进行调账。因为在这种情况下，上年度财务决算已经编报，成本费用账户已经结平没有余额，纳税人不可能再去调整原来的损益类科目，只有通过“以前年度损益调整”科目进行调账。相应地，在调账方法上也只能选择综合调整法进行账务调整。

对以前年度损益这个科目的使用，只适用于损益类科目，比如说管理费用、主营业务成本等，对于跨年度的非损益类科目，如固定资产、应收账款、应付账款等科目不变。

［案例4-5］ 税务机关在对某纳税人2010年度的纳税情况进行纳税检查时，发现该企业上年将基建工程领用的原材料30 000元计入管理费用（增值税进项税额已经转出）。根据财务会计制度的规定，基建工程领用的原材料应记入“在建工程”，该企业将其列入管理费用，等于虚增了成本，减少了当年利润，应调增在建工程成本，调增上年利润，补交企业所得税，其调账分录如下：

调整上年利润

借：在建工程　　30 000

　贷：以前年度损益调整　　30 000

补交企业所得税7 500元（30 000×25%）

借：以前年度损益调整　　7 500

　贷：应交税费——应交所得税　　7 500

年末结转本年利润

借：以前年度损益调整　　22 500

　贷：利润分配——未分配利润　　22 500

［案例4-6］ 检查2009年某企业的账簿记录，发现2009年12月份多转材料成本差异40 000元（借方超支数），而消耗该材料的产品已完工入库，该产品于2010年售出。

这一错误账项虚增了2009年12月份的产品生产成本，由于产品在2009年未销售，不需结转销售成本，未对2009年度税收发生影响，但是由于在2010年售出，此时虚增的生产成本会转化为虚增销售成本，从而影响2010年度的税项。

如果是在决算报表编制前发现且产品还未销售，应用转账调整法予以调整上年度账项，即：

借：材料成本差异　　40 000

　贷：库存商品　　40 000

如果是在决算报表编制后发现且产品已经销售，由于上一年账项已结平，这时可直接调整本年度的“主营业务成本”或“本年利润”账户，作调整分录如下：

借：材料成本差异　　40 000

　贷：“主营业务成本”或“本年利润”　　40 000

第五章

流转税的检查

内容提要

流转税包括增值税、消费税和营业税，是我国税种的主要构成部分。增值税是以商品流转额或应税劳务为课税对象、以企业的增值额为计税依据所征收的一种税；消费税是将一些特定消费品或消费行为的流转额或流转量作为课税对象的一种税；营业税是对在我国境内提供应税劳务、转让无形资产或销售不动产的单位和个人，就其取得的营业额征收的一种税。本章内容主要围绕这三个主要税种的检查展开。

第一节 增值税的检查

一、销项税额的检查

（一）一般销售方式下的销售额的检查

销售额是指纳税人销售货物或提供应税劳务向购买方收取的全部价款和价外费用。

价外费用，包括向购买方收取的手续费、补贴、基金、集资费、返还利润、奖励费、违约金、滞纳金、延期付款利息、赔偿金、代收款项、代垫款项、包装费、包装物租金、储备费、优质费、运输装卸费以及其他各种性质的价外收费。按规定，凡随同销售货物或提供应税劳务向购买方收取的价外费用，无论其会计制度如何核算，均应并入销售额计算应纳税额。

按会计制度规定，由于对价外费用一般都在“其他应付款”、“其他业务收入”、“营业外收入”等科目中核算，这样，企业在实务中经常会出现对价外收费虽在相应的科目中进行会计核算，却未核算其销项税额，或者不按会计核算要求进行收入核算，而是将发生的价外收费直接冲减有关费用项目的现象。

在进行纳税检查时，一定要严格核查各项价外收费。根据原始发票所列商品或劳务的名称，严格界定价外费用的性质，结合“应交税费——应交增值税（销项税额）”账户，检查“其他应付款”、“其他业务收入”、“营业外收入”等账户的明细账，查看属于销售货物或应税劳务从购货方收取的价外费用，是否按规定依照货物的适用税率计算销项税额。检查纳税人的“销售费用”、“管理费用”等账户，如有借方红字发生额或贷方发生额，应对照记账凭证逐笔进行审核，如果对应账户是“银行存款”、“现金”、“其他应收款”等，可能有瞒报价外费用。

[**案例 5-1**] 北方公司是一家主营五金器材的公司，属增值税一般纳税人。税务人员在 2010 年 8 月对该公司上半年的增值税纳税情况进行检查时发现，“销售费用”账户有红字冲减费用现象，进一步检查原始凭证，发现是该公司因另一公司未按时付款而收取的延期付款利息，金额共计 50 000 元。公司原账务处理如下：

借：银行存款　　50 000

　贷：财务费用　　50 000

[**分析**]

按税法规定，延期付款利息都应并入销售额计算销项税额，因此公司不计销项税额的处理是错误的，应当予以补税。

$$公司应补缴增值税 = \frac{50\ 000}{1+17\%} \times 17\% = 7\ 264.96\ (元)$$

税务机关按税收征管法有关规定责令公司补缴税款和滞纳金，并处以相应的罚款。

账务调整为：

借：银行存款　　7 264.96

　贷：应交税费——增值税检查调整　　7 264.96

（二）特殊销售方式下的销售额的检查

1. 折扣方式下销售额的检查

折扣销售是指销货方在销售货物或应税劳务时，因购货方购货数量较大等原因而给予购货方的价格优惠。销售折扣是指销货方在销售货物或应税劳务后，为了鼓励购货方及早偿还货款而协议许诺给予购货方的一种价格优待。销售折让是指货物销售后，由于其品种、质量等原因，购货方未予退货，但销货方需给予购货方的一种价格折让。

对于折扣销售，销售额和折扣额在同一张发票上分别注明的，可按折扣后的余额计算销项税额；若是将折扣额另开发票，则无论其在财务上如何核算，均不得从销售额中减除折扣的金额。对于销售折扣，实质是一种融资性质的理财费用，因此折扣额不得从销售额中减除。对销售折让可以以折让后的货款为销售额。同时，税法规定，纳税人销售货物并向购买方开具增值税专用发票后，由于购买方在一定时期内累计购买货物达到一定数量，或者由于市场价格下降等原因，销货方给予购货方相应的价格优惠或补偿等折扣、折让行为，销货方可按《增值税专用发票使用规定》的有关规定开具红字增值税专用发票。

检查时，首先要注意折扣销售、销售折扣和销售折让在税法规定上的区别，正确判断纳税人发生折扣销售方式属于哪种类型。核对本期增值税纳税申报表中的销售额与“主营业务收入”账户中所列的金额，如果不一致，则可能会出现折扣的销售方式。此时，若判明纳税人属于销售折扣方式，就应将其扣除的销售折扣的金额按规定的税率补缴增值税。若为折扣销售方式，要检查销售额和折扣额是否在同一张发票中注明，查执行的折扣标准和折扣额的处理是否符合规定，查“主营业务收入”账户有无红字冲销、有无开具红字增值税专用发票的情况。

2. 以旧换新方式下销售额的检查

以旧换新是指纳税人在销售自己的货物时，有偿收回旧货物的行为。根据税法规定，采取以旧换新方式销售货物的，应按新货物的同期销售价格确定销售额，不得减除旧货物的收购价格。对金银首饰的以旧换新业务，可以按销售方实际收取的不含增值税的全部价款征收增值税。

以旧换新应重点检查纳税人是否按新货物的同期销售价格确定销售额。检查纳税人“主营业务收入”或“其他业务收入”等账户的明细账，看有无某些产品的销售价格明显低于正常水平，防止纳税人按实际收取的价款计算销项税额。

3. 还本方式下销售额的检查

还本销售是指纳税人在销售货物后，到一定期限由销售方一次或分次退还给购货方全部或部分价款。税法规定，采取还本销售方式销售货物，其销售额就是货物的销售价格，不得从销售额中减除还本支出。

在检查时应注意企业是否按扣除还本支出后的销售额记销售，少计销项税额。对纳税人还本销售业务应重点检查“销售费用”明细账有无还本支出核算业务，记账是否正确。

4. 以物易物方式下销售额的检查

以物易物是指购销双方不是以货币结算，而是以同等价款的货物相互结算，实现货物购销的一种方式。以物易物双方都应做购销处理，以各自发出的货物核算销售额并计算销项税额，以各自收到的货物按规定核算购货款并计算进项税额。并且双方应分别开具合法的票据，如收到的货物不能取得相应的增值税专用发票或其他合法票据的，不能抵扣进项税额。

以物易物一是要检查购销双方是否都具有合法的票据，二是要检查“库存商品”等账户的贷方发生额。如果借方对应科目为“原材料”、“库存商品”、“固定资产”、

“应交税费——应交增值税（进项税额）”等，而无贷方“应交税费——应交增值税（销项税额）”，则可能存在异常，需要结合原始凭证进行进一步检查。

[**案例 5－2**] 东成公司为一家生产电器的企业，属增值税一般纳税人。税务机关在一次检查中发现，当年 3 月份“工程物资”账户中反映了该企业从某钢铁厂购进钢材一批，金额 200 000 元，然而企业的会计处理是：

借：工程物资	200 000
贷：库存商品	200 000

经询问，企业用自产电器换取了钢铁厂的钢材用于厂房建设，双方都开具普通发票。该批产品市场价 250 000 元，成本 200 000 元。

[**分析**]

按规定，以物易物双方都应做购销处理。企业应补缴增值税＝250 000×17%＝42 500（元）。账务调整为：

借：工程物资	292 500
贷：主营业务收入	250 000
应交税费——增值税检查调整	42 500
借：主营业务成本	200 000
贷：库存商品	200 000

5. 包装物押金的检查

纳税人销售货物时另收取包装物押金，目的是促使购货方及早退回包装物以便周转使用。税法规定，纳税人为销售货物而出租出借包装物收取的押金，单独记账核算的，时间在一年以内，又未过期的，不并入销售额征税，但对因逾期未收回包装物不再退还的押金，应按包装货物的适用税率计算销项税额。另外，对销售除啤酒、黄酒外的其他酒类产品而收取的包装物押金，无论是否返还以及会计上如何核算，均应并入当期销售额征税。对销售啤酒、黄酒所收取的押金，按一般规定处理。

检查时应注意检查有关合同、协议，了解各种包装物的回收期限，凡收取的包装物押金超过一年或者虽未超过一年但已超规定期限的，若其仍挂在“其他应付款”账户上，应对其进行调整。对销售酒类产品（啤酒、黄酒除外）而收取的包装物押金，检查企业是否在当期就计算了销项税额。

6. 销售自己使用过的固定资产的检查

自 2009 年 1 月 1 日起，纳税人销售自己使用过的固定资产，应区分不同情况征收增值税：

（1）销售自己使用过的 2009 年 1 月 1 日以后购进或者自制的固定资产，按照适用税率征收增值税；

（2）2008 年 12 月 31 日以前未纳入扩大增值税抵扣范围试点的纳税人，销售自己使用过的 2008 年 12 月 31 日以前购进或者自制的固定资产，按照 4% 征收率减半征收增值税；无法确定销售额的，以固定资产净值为销售额。

（3）2008 年 12 月 31 日以前已纳入扩大增值税抵扣范围试点的纳税人，销售自己使用过的在本地区扩大增值税抵扣范围试点以前购进或者自制的固定资产，按照 4% 征收率减半征收增值税；销售自己使用过的在本地区扩大增值税抵扣范围试点以后购进或者自制的固定资产，按照适用税率征收增值税。

检查时重点检查"固定资产"明细账，看纳税人出售的固定资产是否为 2009 年 1 月 1 日以后购进。如果是，检查"应交税费——应交增值税（销项税额）"有无按适用税率计算；如果不是，确定纳税人在 2008 年 12 月 31 日前是否已经纳入扩大增值税抵扣范围试点，据此检查纳税人销项税额的计算是否正确。

（三）视同销售行为的销售额的检查

视同销售行为是指提供货物的行为本身不符合增值税征税范围一般规定的"有偿转让货物的所有权"这一条件，但是在征税时要视同销售货物征税的行为。视同销售有八种情况。

检查将货物交付他人代销和销售代销货物的情况时，首先检查委托方与受托方签订的合同或协议，看双方是否构成代销业务。然后检查"库存商品"、"委托代销商品"等账户与其对应账户关系是否正常，取得的收入是否按规定及时入账，有无故意延期申报销售或少报销售。另外，还要关注"应付账款"、"其他应付款"的动向。

检查机构之间移送货物时，应注意"库存商品"、"主营业务收入"、"应交税费——应交增值税"科目的明细账，结合增值税专用发票，检查发货时发出货物的一方是否按规定计算了销项税额。

检查将自产或委托加工的货物用于非应税项目货物、集体福利和个人消费，要查核产品出库的使用情况，查明产品的去向和用途。检查过程中适当运用逆查法，即通过"在建工程"、"应付职工薪酬"、"营业外支出"等账户逆向反查，看是否存在问题。

检查将自产、委托加工或购进的货物用于作为投资、分配给股东或者投资者、或无偿赠送其他单位或者个人，要通过检查"长期股权投资"、"应付股利"、"营业外支出"等账户借方的对应账户，看企业是否将视同销售的行为计算缴纳了增值税。

［**案例 5－3**］某机械有限公司是增值税一般纳税人，税务检查人员于 2010 年 4 月对 2010 年 1～3 月的增值税纳税情况进行检查，发现该企业 2010 年 2 月的一张凭证记载将一批自产的机器设备用于对外投资。经查，设备的成本价为 100 万元，市场价为 150 万元。

企业的账务处理为：

借：长期股权投资　　1 000 000

　贷：库存商品　　1 000 000

[分析]

税法规定，此项业务应当视同销售计算缴纳增值税。

企业应补缴的增值税 = 150 × 17% = 25.5（万元）

账务处理应为：

借：长期股权投资　　1 755 000

　贷：主营业务收入　　1 500 000

　　应交税费——增值税检查调整　　255 000

借：主营业务成本　　1 000 000

　贷：库存商品　　1 000 000

（四）销售收入确认时间的检查

《增值税暂行条例》中的一般规定是，纳税人销售货物或提供应税劳务，其纳税义务发生时间为收讫销售款或者索取销售款项凭证的当天；先开具发票的，为开具发票的当天。除此之外，还有一些具体规定。

对采取直接收款方式销售货物的行为，检查“银行存款”、“主营业务收入”等账户和增值税发票的存根联，看企业当期收入是否全部入账，同时注意“应收账款”等往来账户，看有无异常的挂账现象。

对采取托收承付和委托银行收款方式销售货物的行为，检查企业发出货物的记录，结合银行的结算凭证及发票开具日期，看企业是否存在不及时结转销售收入的情况。

对采取赊销和分期收款方式销售货物的行为，对照企业双方签订的书面合同规定的日期，检查企业是否及时结转了收入；无书面合同或书面合同未约定日期的，对照企业的发货单检查。

对采取预收货款方式销售货物的行为，结合企业的发货单，检查企业是否在发出货物的当天就已经将“预收款项”结转了“主营业务收入”。

对委托其他纳税人代销货物的行为，检查企业收到的代销清单和“银行存款”账户，看是否在收到代销清单或收到货款的当天及时结转了收入；未收到代销清单及货款的，检查企业的发货单，若发出货物已满 180 天，则应计收入。

（五）开具的增值税专用发票的检查

1. 增值税专用发票的开具范围规定如下

一般纳税人销售货物或者提供应税劳务，应向购买方开具专用发票；商业企业一般纳税人零售的烟、酒、食品、服装、鞋帽（不包括劳保用品专用部分）、化妆品等消费品不得开具专用发票；增值税小规模纳税人需要开具发票的，可向主管税务机关申请代开；销售免税货物不得开具专用发票，法律、法规及国家税务总局另有规定的除外。

检查时，要注意开具的专用发票是否符合规定的范围，内容是否真实可靠。

2. 根据规定，专用发票应按下列要求开具

项目齐全，与实际交易相符；字迹清楚，不得压线、错格；发票联和抵扣联加盖财务专用章或者发票专用章；按照增值税纳税义务的发生时间开具。

检查时，看发票是否是按照号码顺序填开，填写项目是否齐全，字迹是否清楚，全部联次是否是一次复写、打印，是否按规定盖章。检查发票真伪可采用下列方法进行鉴别：① 对照光线检查发票联和抵扣联，是否使用税务局统一规定带有水印图案的防伪专用纸；② 用紫外线发票鉴别仪鉴别无色和有色荧光防伪标志。另外，还要检查开具专用发票后发生退货或开票有误之后的处理是否正确，如生产企业是否存在销货退回或折让不按规定开具专用发票。

二、进项税额的检查

（一）准予抵扣的进项税额的检查

1. 对增值税专用发票的检查

（1）发票内容的检查。

同开具的专用发票相同，采购时获取的专用发票也要检查是否是按照号码顺序填开，填写项目是否齐全，内容是否真实，有无出现虚开、代开的情况，字迹是否清楚，是否按规定盖章。对有疑问的进项税抵扣凭证用下列方法进行进一步检查：一是采用就地审核办法。由主管税务机关通过进货企业开户银行与企业购货款划转情况或深入企业与货物出入库情况进行核对。二是采用交叉传递办法。由主管税务机关按销货企业或销货地汇总，用传真或信函方式发给销货地税务机关或销货企业，由销货地税务机关或销货企业与抵扣凭证的记账联进行核对后，将核对情况返回。

检查票面形式时，一是要检查适用的税率是否正确；二是是否适用了超面额开具的专用发票；三是税务机关为小规模纳税人代开的增值税专用发票上是否加盖“税务机关代开发票专用章”及小规模纳税人的“财务专用章”或“发票专用章”；四是取得的专用发票是否经国税系统认证。

（2）抵扣时间的检查。

根据《国家税务总局关于调整增值税扣税凭证抵扣期限有关问题的通知》，增值税纳税人取得2010年以后开具的增值税专用发票、公路内河货物运输统一发票和机动车销售统一发票，应在开具之日起180日内到税务机关办理认证，并在认证通过的次月申

报期内，向主管税务机关申报抵扣进项税额。实行海关进口增值税专用缴款书“先比对后抵扣”管理办法的增值税一般纳税人取得2010年1月1日以后开具的海关缴款书，应在开具之日起180日内向主管税务机关报送《海关完税凭证抵扣清单》申请稽核比对；未实行海关缴款书“先比对后抵扣”管理办法的增值税一般纳税人取得2010年1月1日以后开具的海关缴款书，应在开具之日180日后的第一个纳税申报期结束以前，向主管税务机关申报抵扣进项税额。

检查时，对照专用发票和“应交税费——应交增值税（进项税额）”账户，检查纳税人是否在规定的期限内办理了认证，是否在认证通过的次月做抵扣，有无存在超期却还抵扣的行为。对工业企业，检查购入材料的入库手续是否符合管理要求，核实入库单，必要时进行实物盘点，确认企业有无在材料未入库前就抵扣进项税的情况。对以物易物、接受捐赠、接受投资的货物，注意检查企业是否拥有具有法律效力的合同、证明或有关部门的评估证明资料。

[案例5-4] 天华服装厂属增值税一般纳税人，主要从事成衣的生产和销售。税务机关于2010年5月检查了该服装企业的纳税情况，发现3月份企业购进布料一批，取得增值税专用发票，发票上注明价款为100 000元，税款为17 000元。材料已入库，价款未付。企业的会计处理为：

借：原材料	100 000	
应交税费——应交增值税（进项税额）	17 000	
贷：应付账款		117 000

后根据质监部门的检查，该批布料不符合质量要求，该企业要求全部退货。在取得对方开具的红字专用发票后，其会计处理为：

借：原材料	100 000（红字）	
贷：应付账款		100 000（红字）

[分析]

根据税法规定，企业购进货物时进项税额已抵扣，在发生退货的情况下，应凭收到的红字增值税专用发票扣减当期进项税额。该单位在发生退货时，只冲减了原材料，对进项税额未做调整，造成多抵扣进项税额、少缴纳增值税17 000元。因此，税务机关要求其补缴增值税17 000元，并加收滞纳金和罚款。

企业的账务调整为：

借：应交税费——增值税检查调整	17 000（红字）	
贷：应付账款		17 000（红字）

2. 对进口货物进项税额的检查

纳税人进口货物，凡已缴纳了进口环节增值税的，不论其是否已经支付货款，其取得的海关进口增值税专用缴款书均可作为增值税进项税额抵扣凭证，在规定的期限内申报抵扣进项税额。

自2009年4月起，国家税务总局与海关部门共同推行海关专用缴款书“先比对、后抵扣”的管理办法。由海关向税务机关传递专用缴款书电子信息，将“先抵扣、后比对”调整为“先比对、后抵扣”。增值税一般纳税人进口货物取得属于增值税扣税范围的海关专用缴款书，必须经稽核比对相符后方可申报抵扣税款。

检查时要检查海关代征进口货物增值税的海关专用缴款书的真实性，即原件的唯一性、企业名称的准确性等；检查是否在规定的期限内申请稽核比对并抵扣；检查专用缴款书所注明的货物入库单，重点追踪进口货物的流向，若无库存，检查其是否已做销售并申报纳税；专用缴款书丢失而纳税人却作了进项税抵扣的，检查其是否具有海关出具的相关证明。

3. 对购进农产品的进项税额的检查

对购进农产品，除取得增值税专用发票或者海关进口增值税专用缴款书外，按照农产品收购发票或者销售发票上注明的农产品买价和13%的扣除率计算进项税额。

对烟叶税纳税人按规定缴纳的烟叶税，准予并入烟叶产品的买价计算增值税进项税额，并在计算时予以扣除。烟叶税收购金额包括纳税人支付给烟叶销售者的烟叶收购价款和价外补贴，价外补贴统一暂按收购价款的10%计算。计算公式如下：

烟叶收购金额 = 烟叶收购价款 ×（1 + 10%）

烟叶税应纳税额 = 烟叶收购金额 × 税率（20%）

准予抵扣进项税 =（烟叶收购金额 + 烟叶税应纳税额）× 扣除率（13%）

检查时一要检查企业的收购凭证，审核其使用的收购凭证是否合法；二要检查企业收购凭证上注明的汇总数与企业收购实物数是否相符，防止虚开的情况发生；三要检查购进的货物是否属于规定的免税农产品的范畴，是否向规定的对象收购，以及是否以规定的价格为依据计算抵扣进项税额。

4. 对支付运费产生的进项税额的检查

购进或者销售货物以及在生产经营过程中支付运输费用的，按照运输费用结算单据上注明的运输费用金额和7%的扣除率计算进项税额。检查时具体注意：一是检查运费结算单据是否符合规定，即是否是国营铁路、民用航空、公路和水上运输单位开具的货票，以及从事货物运输的非国有运输单位开具的套印全国统一发票监制章的货票；二是检查装卸费、保险费等费用是否包括在运输费用中计算抵扣了进项税；三是检查有无购买或销售免税货物（免税农产品除外）发生的运输费用计算抵扣了进项税；四是检查有无运费发票开具的名称、数量等与实际购进或销售货物的名称与数量等不相符的情况等。

[**案例5-5**] 某化工厂属增值税一般纳税人，2010年9月正信会计师事务所受托对企业2010年1~9月的增值税纳税情况进行检查。检查人员检查了企业的有关报表、账簿和凭证，发现部分问题如下：

(1) 该企业5月份第18号凭证记载购进一批原材料并办理入库，其会计处理为：

借：原材料　　40 279

　　应交税费——应交增值税（进项税额）　　6 821

　　贷：银行存款　　47 100

后附原始凭证：

① 增值税专用发票一张，记载的不含税的价款为40 000元，增值税6 800元；

② 定额运输发票一张，运费金额合计300元；

③ 支票存根一张；

④ 材料入库单一张。

(2) 7月份第24号凭证记载为销售货物支付运杂费等800元，会计处理为：

借：销售费用　　744

　　应交税费——应交增值税（进项税额）　　56

　　贷：银行存款　　800

后附支票存根一张和运输企业开具的运费发票一张，运输发票注明运杂费800元。

[**分析**]

(1) 取得运费定额发票不得计算抵扣进项税，因此5月份多抵扣进项税额：300×7%=21（元）

账务调整为：

借：原材料　　21

　　贷：应交税费——应交增值税（进项税额转出）　　21

(2) 运费发票中运费和杂费不能明确区分的，不得计算抵扣进项税，因此7月份多抵扣进项税额：800×7%=56（元）账务调整为：

借：销售费用　　56

　　贷：应交税费——应交增值税（进项税额转出）　　56

（二）不得抵扣的进项税额的检查

1. 不得抵扣进项税额的项目的检查

按《增值税暂行条例》规定，下列项目的进项税额不得从销项税额中抵扣：

(1) 用于非增值税应税项目、免征增值税项目、集体福利或者个人消费的购进货物或者应税劳务；

(2) 非正常损失的购进货物及相关的应税劳务；

(3) 非正常损失的在产品、产成品所耗用的购进货物或者应税劳务；

(4) 国务院财政、税务主管部门规定的纳税人自用消费品；纳税人自用的应征消费税的摩托车、汽车、游艇，其进项税额不得从销项税额中抵扣。

(5) 上述四项规定的货物的运输费用和销售免税货物的运输费用。

(6) 一般纳税人兼营免税项目或者非增值税应税劳务而无法划分不得抵扣的进项税额的，按公式计算不得抵扣的进项税额。

检查时主要注意对照出库单等单据审查企业是否存在上述行为，如果存在应进一步检查"应交税费——应交增值税（进项税额）"和"应交税费——应交增值税（进项税额转出）"等账户，查看企业是否将这些项目的进项税额作了抵扣。

2. 不得抵扣进项税额的专用发票的检查

税务机关检查时，如果发现有无法认证、纳税人识别号认证不符和专用发票代码、号码认证不符的增值税专用发票，应当退还原件，不得让纳税人将其作为进项税额的抵扣凭证。

如果发现有重复认证、密文有误、认证不符和列为失控专用发票的情况，税务机关应扣留原件，查明原因，暂不得令其作为增值税进项税额的抵扣凭证。

（三）进项税转出的检查

1. 改变用途和非正常损失的检查

当纳税人购进的原材料、商品改变用途时，应将其负担的进项税额由"应交税费——应交增值税（进项税额转出）"账户的贷方转入相应的账户中去。因此，对纳税人发生的下列业务，应审查在结转材料和商品销售成本的同时，是否做了转出进项税额的账务处理。

(1) 非增值税应税项目和增值税免税项目使用购进的已结转进项税额的货物；

(2) 在建工程、集体福利项目领用购进的已结转进项税额的材料物资；

(3) 非正常损失的在产品、产成品所耗用的购进货物或者应税劳务。

检查时可通过"原材料"、"库存商品"、"低值易耗品"等账户的贷方发生额的对应账户，审查企业是否存在将外购的货物用于非应税项目、免税项目、集体福利和个人消费等。对于购货环节发生的损失，要注意检查损失是否超过合理的损耗，如果在账务制度规定的合理损耗之内则不作调整，如果超过合理损耗，审查企业是否作进项税额转出。还要注意审查企业进项税额转出的金额计算依据是否正确，进项税额转出的时间与增值税会计处理的规定是否一致。

2. 销售返还的检查

自 2004 年 7 月 1 日起，对商业企业向供货方收取的与商品销售量、销售额挂钩的各种返还收入，均应按照平销返利行为的有关规定冲减当期进项税额。计算公式为：

当期应冲减进项税金 = 当期取得的返还资金/(1 + 所购货物适用的增值税税率) × 所购货物适用的增值税税率

检查时检查“主营业务收入”、“其他业务收入”账户，分析是否存在返还收入以及返还收入的记录是否正确，同时要判断取得的返还收入是否与商品的销售量、销售额挂钩，以确定纳税人应当缴纳增值税还是营业税；在确定纳税人的增值税纳税义务后，检查纳税人是否存在将收入计算销项税额而不是冲减进项税额的情况。

[**案例 5 - 6**] 某商业企业主要经营日用百货的批发、零售业务，为增值税一般纳税人。税务检查人员于 2010 年 10 月对该企业第三季度的纳税情况检查时发现，该企业 8 月 13 日记账凭证记载，一批库存商品发生非正常损失（水灾），被淹的货物价值 200 000 元，企业的账务处理为：

借：待处理财产损益——待处理流动资产损益　　200 000

　　贷：库存商品　　200 000

之后，保险公司经过核实，决定按保险条款赔付企业 120 000 元，对此，企业的会计处理是：

借：营业外支出　　120 000

　　其他应收款——保险赔款　　80 000

　　贷：待处理财产损益——待处理流动资产损益　　200 000

[**分析**]

根据规定，企业发生的水灾属于非正常损失，相应的进项税额应当转出，因此应要求企业限期补缴增值税税款。应补缴的税额为：

200 000 × 17% = 34 000（元）

账务处理：

借：待处理财产损益——待处理流动资产损益　　34 000

　　贷：应交税费——增值税检查调整　　34 000

借：营业外支出　　34 000

　　贷：待处理财产损益——待处理流动资产损益　　34 000

三、应纳税额的检查

（一）一般纳税人应纳税额的检查

根据《增值税暂行条例》的规定，增值税一般纳税人销售货物或应税劳务，应纳税额为当期销项税额抵扣当期进项税额后的余额，其计算公式为：

应纳税额 = 当期销项税额 - 当期进项税额

具体来说，还包括当期准予抵扣的进项税额、进项税转出、出口退税和上期留抵税额项目。所以检查时，可将经审核的上述各个项目进行计算得出当期应纳的增值税，然后将其与纳税人纳税申报表上的应纳税额和"应交税费——应交增值税（已交税金）"核对，看其是否正确。还要检查纳税人的完税凭证，看其实际缴纳的税款是否与结果相同。

（二）小规模纳税人应纳税额的检查

小规模纳税人销售货物或者应税劳务，按照销售额和规定的征收率，实行简易办法计算应纳税额，其计算公式为：

应纳税额 = 销售额 × 征收率

公式表明，小规模纳税人应纳税额主要涉及销售额及征收率两个因素，其中，销售额是主要因素。检查时，应采用查账检查和实地检查相结合的方法，以判定纳税人是否存在虚减收入、虚增成本、少纳税款的行为。

四、特殊经营行为的检查

（一）兼营行为的检查

兼营包括两种情况，一种是兼营不同税率的货物和应税劳务，另一种是兼营非增值税应税劳务。检查兼营非应税劳务的情况，以"主营业务收入"、"其他业务收入"账户为主要内容，结合记账凭证，检查纳税人兼营的非应税劳务是否分别核算销售额。如未分别核算，主管税务机关要核定货物或者应税劳务的销售额。检查兼营不同税率的行为，要注意检查不同税率货物或者应税劳务的销售额是否分别核算，未分别核算的，检查其是否从高适用税率。

（二）混合销售行为的检查

一项销售行为如果既涉及增值税应税货物或应税劳务，又涉及非应税劳务，则属于混合销售行为。检查时，根据纳税人的工商营业执照或税务登记证核实其经营范围，判断纳税人是以销售货物为主还是以提供劳务为主，进而确定纳税人是否按规定缴纳了增值税。

[**案例 5-7**] 某建材公司的经营范围主要是建材销售及货物运输服务，属增值税一般纳税人。税务检查人员于 2010 年 5 月对其上年度的增值税纳税情况进行审查，检查了该企业 2009 年 1～12 月的会计资料、增值税纳税申报表等。他们发现，该企业将销售建材产品作为"主营业务收入"，该部分收入占全部收入的比重较大，2009 年度共计收入 500 万元。"其他业务收入"明细账记载有随建材销售提供运输而取得的收入 35.1

万元。相关凭证记载的会计处理为：

借：银行存款	6 201 000
贷：主营业务收入	5 000 000
应交税费——应交增值税（销项税额）	850 000
其他业务收入	351 000
借：营业税金及附加	10 530
贷：应交税费——应交营业税	10 530

[分析]

对混合销售行为要根据纳税人的主营业务判断是征收增值税还是征收营业税，该公司销售建材产品的同时提供运输服务且以销售产品为主，因此其全部收入都应缴纳增值税。

计算调整：

应补记增值税销项税额 = 351 000 ÷（1 + 17%）× 17% = 51 000（元）

应调减营业税 = 10 530（元）

账务调整：

借：应交税费——应交营业税	10 530
贷：以前年度损益调整	10 530
借：以前年度损益调整	51 000
贷：应交税费——增值税检查调整	51 000

五、出口货物退（免）税的检查

（一）出口退(免)税基本政策适用范围的检查

目前，我国的出口货物税收政策分为以下三种形式：出口免税并退税；出口免税不退税；出口不免税也不退税。检查时要根据纳税人出口货物的清单核对其出口的货物是否符合退（免）税基本政策的规定。

（二）出口退(免)税适用范围的检查

《出口货物退（免）税管理办法》规定，可以退（免）税的出口货物一般应具备以下四个条件：一是必须是属于增值税、消费税征税范围的货物；二是必须是报关离境的货物；三是必须是在财务上作销售处理的货物；四是必须是出口收汇并已核销的货物。此外，有些出口货物虽然不具备上述四个条件，但由于其销售方式、消费环节、结算办法等特殊性，国家特准退还或免征增值税、消费税。

对出口货物的检查要根据出口企业的“出口货物报关单”，检查出口企业申请退

（免）税的货物是否符合规定的条件，是否有属于不予退税货物或不符合特准退税条件的货物混入其他应退（免）税货物中办理了出口退（免）税，生产企业的出口货物是否有非自产货物（四类自产产品除外）也申报退（免）税的。检查出口企业申报退税所适用的退税率，检查其退税率是否正确，是否将退税率低的货物混入退税率高的货物中申报退税。

（三）出口货物退税额的检查

1.“免抵退”税税额的检查

生产企业自营或委托外贸企业代理出口自产货物，除另有规定外，增值税一律实行免、抵、退税管理办法。检查这类出口货物免抵退税额是否正确，要结合纳税申报表和会计账簿的数据，看企业的计算是否存在问题。“免抵退”税的基本公式如下：

当期免抵退税额 = 当期出口货物离岸价 × 外汇人民币牌价 × 出口货物退税率 - 当期免抵退税额抵减额

当期免抵退税额抵减额 = 免税购进原材料价格 × 出口货物退税率

当期免抵退税不得免征和抵扣税额 = 当期出口货物离岸价 × 外汇人民币牌价 ×（出口货物征税率 - 出口货物退税率）- 当期免抵退税不得免征和抵扣税额抵减额

当期免抵退税不得免征和抵扣税额抵减额 = 免税购进原材料价格 ×（出口货物征税率 - 出口货物退税率）

当期应纳税额 = 当期内销货物的销项税额 -（当期进项税额 - 当期免抵退税不得免征和抵扣税额）- 上期留抵税额

① 若当期应纳税额≥0，则当期应退税额 = 0；

② 若当期期末留抵税额 > 当期免抵退税额，则当期应退税额 = 当期免抵退税额，当期免抵税额 = 0；

③ 若当期期末留抵税额≤当期免抵退税额，则当期应退税额 = 当期期末留抵税额，当期免抵税额 = 当期免抵退税额 - 当期应退税额。

2. “先征后退”退税额的检查

外贸企业出口货物增值税的计算应依据购进货物增值税专用发票上所注明的进项金额和退税税率计算。检查时同样要结合纳税申报表和会计资料看其购进的价格和适用的退税率是否正确，金额是否正确。

第二节　消费税的检查

一、税目税率的检查

按照《消费税暂行条例》规定，征收消费税的有烟、酒、化妆品等 14 个税目，有的税目还进一步划分若干子目。消费税采取比例税率和定额税率两种形式，以适应不同应税消费品的实际情况。消费税税目、税率（税额）如表 5－1 所示。

表 5－1　　消费税税目、税率（税额）

税　　目	税　　率
一、烟	
1. 卷烟	
（1）甲类卷烟	56% 加 0.003 元/支（生产环节）
（2）乙类卷烟	36% 加 0.003 元/支（生产环节）
（3）批发环节	5%
2. 雪茄烟	36%
3. 烟丝	30%
二、酒及酒精	
1. 白酒	20% 加 0.5 元/ 500 克（或者 500 毫升）
2. 黄酒	240 元/吨
3. 啤酒	
（1）甲类啤酒	250 元/吨
（2）乙类啤酒	220 元/吨
4. 其他酒	10%
5. 酒精	5%
三、化妆品	30%
四、贵重首饰及珠宝玉石	
1. 金银首饰、铂金首饰和钻石及钻石饰品	5%
2. 其他贵重首饰和珠宝玉石	10%

续表 5－1

税　　目	税　　率
五、鞭炮、焰火	15%
六、成品油	
1. 汽油	
（1）含铅汽油	1.40 元/升
（2）无铅汽油	1.00 元/升
2. 柴油	0.80 元/升
3. 航空煤油	0.80 元/升
4. 石脑油	1.00 元/升
5. 溶剂油	1.00 元/升
6. 润滑油	1.00 元/升
7. 燃料油	0.80 元/升
七、汽车轮胎	3%
八、摩托车	
1. 气缸容量（排气量，下同）在 250 毫升以下的	3%
2. 气缸容量在 250 毫升以上的	10%
九、小汽车	
1. 乘用车	
(1) 气缸容量（排气量，下同）在 1.0 升（含 1.0 升）以下的	1%
(2) 气缸容量在 1.0 升以上至 1.5 升（含 1.5 升）的	3%
(3) 气缸容量在 1.5 升以上至 2.0 升（含 2.0 升）的	5%
(4) 气缸容量在 2.0 升以上至 2.5 升（含 2.5 升）的	9%
(5) 气缸容量在 2.5 升以上至 3.0 升（含 3.0 升）的	12%
(6) 气缸容量在 3.0 升以上至 4.0 升（含 4.0 升）的	25%
(7) 气缸容量在 4.0 升以上的	40%
2. 中轻型商用客车	5%

续表 5－1

税　　目	税　　率
十、高尔夫球及球具	10%
十一、高档手表	20%
十二、游艇	10%
十三、木质一次性筷子	5%
十四、实木地板	5%

（一）一般税目税率的检查

对照“主营业务收入”、“应交税费——应交消费税”明细账，检查应税消费品和非应税消费品划分是否正确，如化妆品和护肤护发品、高档手表和普通手表等；检查是否兼营税率不同的应税消费品及其适用的税率是否正确，未分别核算适用不同税率的应税消费品的，是否从高适用税率等。

检查“库存商品”、“包装物”等账户，如发现有将适用不同税率的应税消费品组合成成套产品销售时，查看其是否是从高适用税率。

（二）卷烟产品的检查

了解纳税人生产经营的基本情况，掌握其生产销售卷烟的品种、牌号和价格，检查其适用的税目税率是否正确。

对既有自产卷烟，同时又委托联营企业加工与自产卷烟牌号、规格相同卷烟的工业企业（以下简称卷烟回购企业），从联营企业购进后再直接销售的卷烟，若其满足以下条件：① 回购企业在委托联营企业加工卷烟时，除提供给联营企业所需加工卷烟牌号外，还同时提供税务机关已公示的消费税计税价格，联营企业按照已公示的调拨价格申报缴税；② 回购企业将联营企业加工卷烟回购后再销售的卷烟，其销售收入与自产卷烟的销售收入分开。此时不论纳税人对外销售时是否加价，都可以不缴纳消费税，否则要检查纳税人是否申报缴纳了税款。

对于在中华人民共和国境内从事卷烟批发业务的单位和个人，自 2009 年 5 月 1 日起，批发销售的所有牌号规格的卷烟，按其销售额（不含增值税）征收 5% 的消费税。检查这类纳税人时，一要查看纳税人将卷烟销售给纳税人以外的单位和个人时是否在销售时纳税；二要查看纳税人是否将卷烟销售额与其他商品销售额分开核算，未分开核算的，看其是否一并缴纳了消费税。

（三）酒类产品的检查

了解纳税人的生产工艺、生产流程，掌握其生产销售酒及酒精的品种，准确划分征税对象、适用税目税率。检查“原材料”、“库存商品”、“委托加工物资”等账户及相关单据，核实外购酒精生产的白酒，是否按照酒精所用原料确定白酒的适用税率；酒精原料无法确定的，是否按照粮食白酒的税率征税；外购两种以上酒精生产的白酒，是否从高适用了税率。检查以外购的不同品种白酒勾兑的白酒，以及对用粮食和薯类、糠麸等多种原料混合生产的白酒，凡酒基所用原料无法确定的配制酒、泡制酒，是否一律按照粮食白酒的税率征税。检查对用薯类和粮食以外的其他原料混合生产的白酒，是否一律按照薯类白酒的税率征税。

二、计税依据和应纳税额的检查

（一）生产环节应纳消费税的检查

1. 直接对外销售时应纳税额的检查

（1）从价定率计征的检查。

在从价定率计算方法下，应纳消费税额等于销售额乘以适用税率。计算公式为：

应纳税额 = 应税消费品的销售额 × 比例税率

销售额是指纳税人销售货物或提供应税劳务向购买方收取的全部价款和价外费用。

在进行纳税检查时，一定要严格核查各项价外收费，检查是否存在将应税收入不列入“收入”账户核算而是将其长期挂在往来账户或者直接冲减费用的行为，检查纳税人是否按照规定的纳税义务发生时间申报纳税。

（2）从量定额计征的检查。

在从量定额计算方法下，应纳税额等于应税消费品的销售数量乘以单位税额。基本计算公式为：

应纳税额 = 应税消费品的销售数量 × 定额税率

检查应税消费品数量的确定是否正确，应将仓库“产品出库单”、“发货单”上的数量、“库存商品”明细账和销货发票上的数量以及“主营业务收入”明细账上的数量核对，看彼此之间是否符合。对于以升为单位销售黄酒、啤酒换算为吨的，以吨为单位销售汽油、柴油换算为升的，应根据国家统一规定的标准，检查纳税人的换算是否正确。

（3）从价从量复合计征的检查。

现行消费税的征税范围中，只有卷烟、粮食白酒、薯类白酒采用复合计征方法。基本计算公式为：

应纳税额 = 应税销售数量 × 定额税率 + 应税销售额 × 比例税率

对于卷烟，由于卷烟从价定率计税办法的计税依据为调拨价格或核定价格，所以要注意检查纳税人的计税价格，还要注意纳税人实际销售价格与计税价格之间的关系。当实际销售价格高于计税价格和核定价格的卷烟，按实际销售价格征收消费税；实际销售价格低于计税价格和核定价格的卷烟，按计税价格或核定价格征收消费税。如果纳税人出售的是非标准条包装卷烟，要检查其是否换算成标准条包装卷烟的数量，依其实际销售收入计算确定换算成标准条包装后的实际销售价格，看其使用的税率是否正确。

对于白酒，如果纳税人与关联企业之间存在业务关系，要检查他们之间的交易是否符合独立企业之间业务往来的作价原则。还要检查白酒生产企业向商业销售单位收取的“品牌使用费”是否作为白酒价款的一部分计算缴纳了税款。自2009年8月1日起，对白酒生产企业销售给销售单位的白酒，检查生产企业消费税计税价格是否低于销售单位对外销售价格（不含增值税，下同）的70%，若是，税务机关需按照规定核定消费税最低计税价格。

2. 自产自用时应纳税额的检查

纳税人自产自用的应税消费品，除用于连续生产应税消费品外，凡用于其他方面的，于移送使用时纳税。用于其他方面的是指纳税人用于生产非应税消费品、在建工程、管理部门、非生产机构，提供劳务，以及用于馈赠、赞助、集资、广告、样品、职工福利、奖励等方面。

检查时要了解纳税人的经营范围和生产工艺流程，根据“产成品”明细账或“生产成本”明细账贷方及对应账户，核实领用用途和部门，判断是否属于连续生产，核实非连续生产应税产品领用数量及使用时间。对于应当纳税的应税消费品，对照审查“应交税费——应交消费税”、“应付职工薪酬”等账户的明细账，检查其是否在移送环节缴纳了税款，是否按照自己生产的同类消费品的销售价格计算纳税。没有同类消费品销售价格的，检查其是否按照组成计税价格计算纳税，及其组成计税价格的计算是否正确。

实行从价定率办法计税的组成计税价格计算公式：

组成计税价格 =（成本 + 利润）÷（1 - 比例税率）

应纳税额 = 组成计税价格 × 比例税率

实行复合计税办法计算纳税的组成计税价格计算公式：

组成计税价格 =（成本 + 利润 + 自产自用数量 × 定额税率）÷（1 - 比例税率）

应纳税额 = 组成计税价格 × 比例税率 + 自产自用数量 × 定额税率

[案例5-8] 某汽车生产企业生产的普通轿车不含增值税单价为10万元/辆，单位

成本为7万元/辆，相应的消费税税率为5%。该企业2010年9月纳税情况如下：

(1) 管理部门领用2辆普通轿车作为交通工具，此项业务的账务处理如下：

借：固定资产 140 000

  贷：库存商品 140 000

(2) 将3辆捐赠给本市某福利机构使用，账务处理如下：

借：营业外支出 210 000

  贷：库存商品 210 000

(3) 该企业新开发一款新型的汽车，赠送给老客户2辆试用。由于该款汽车尚未投放市场，因此难以确定价格。此种车的实际生产成本为12万元，成本利润率为10%。此业务账务处理如下：

借：营业外支出 240 000

  贷：库存商品 240 000

该企业的涉税处理正确吗？

[分析]

根据规定，纳税人自产自用的应税消费品，应于移送时按同类消费品的销售价格计算纳税。

业务（1）应补缴消费税：$10\times2\times5\%=1$（万元）

业务（2）应补缴消费税：$10\times3\times5\%=1.5$（万元）

业务（3）应补缴消费税：$12\times(1+10\%)\div(1-5\%)\times2\times5\%=1.39$（万元）

调整分录如下：

借：营业税金及附加 38 900

  贷：应交税费——应交消费税 38 900

3. 外购应税消费品已纳税款扣除的检查

由于某些应税消费品是用外购已缴纳消费税的应税消费品连续生产出来的，在对这些连续生产出来的应税消费品计算征税时，税法规定应按当期生产领用数量计算准予扣除外购的应税消费品已缴纳的消费税税款。扣除范围共有11类。当期准予扣除的外购消费品已纳税款的计算公式为：

当期准予扣除的外购消费品已纳税款＝当期准予扣除的外购应税消费品买价×外购应税消费品适用税率

当期准予扣除的外购应税消费品买价＝期初库存的外购应税消费品的买价＋当期购进的应税消费品的买价－期末库存的外购应税消费品的买价

检查时可用当期抵扣的已税原材料与材料的“进料单”、“出库单”进行核对，查看纳税人生产领用的原材料是否属于可以抵扣消费税的范围。将生产领用原材料的期初结存数量加本期购进数量再减去期末结存数量的余额与纳税人提供的数据相对比，查看纳税人当期抵扣的消费税税额的计算是否正确。

[案例5-9] 某市A公司是一家酿酒企业，其产品既有粮食白酒，也有果酒等其他酒类。其中，粮食白酒不含税单价为120元/公斤，果酒不含税单价为80元/公斤（消费税税率为10%）。该公司2010年7月部分消费税纳税情况如下：

（1）7月8日出口粮食白酒200公斤，耗用的包装物价值5 000元。公司计算的应纳消费税税额为：

$$200 \times 2 \times 0.5 + 120 \times 200 \times 20\% = 5\ 000 \text{（元）}$$

会计处理为：

借：营业税金及附加　　5 000

　　贷：应交税费——应交消费税　　5 000

（2）7月16日出售粮食白酒和果酒组成的成套产品150套，每套分别含粮食白酒0.5公斤和果酒0.5公斤，价格为180元/套。每套产品耗用包装物一件，包装物单独计价，每件不含增值税价格为30元。公司计算的应纳消费税税额为：

$$(0.5 \times 2 \times 0.5 + 120 \times 0.5 \times 20\%) \times 150 + 80 \times 0.5 \times 10\% \times 150 = 2\ 475 \text{（元）}$$

会计处理为：

借：营业税金及附加　　2 475

　　贷：应交税费——应交消费税　　2 475

（3）当月购进用于生产补酒的酒精一批（消费税税率为5%），不含税价格为80 000元。该酒精期初库存的账面余额为30 000元，月末结余50 000元。公司本期抵扣了外购酒精的消费税已纳税额80 000×5% =4 000（元）

A公司的涉税处理有哪些问题？

[分析]

（1）根据规定，对于连同包装物一同销售的应税消费品，无论包装是否单独计价，也无论会计上如何核算，均应并入应税消费品的销售额中征收消费税。因此业务（1）应补缴消费税：5 000×20% =1 000（元）

（2）纳税人将不同税率的应税消费品组成成套产品销售的，从高适用税率。因此，业务（2）应纳消费税税额为：

$$(0.5 + 0.5) \times 2 \times 0.5 \times 150 + 180 \times 150 \times 20\% + 30 \times 150 \times 20\% = 6\ 450 \text{（元）}$$

应补缴消费税：6 450 − 2 475 = 3 975（元）

（3）用外购已缴纳消费税的应税消费品连续生产应税消费品的，应按当期生产领用数量计算准予扣除的已纳的消费税税款，而不是按外购数量。因此，业务（3）应纳消费税税额为：（30 000 + 80 000 − 50 000）× 5% = 3 000（元）

应补缴消费税：4 000 − 3 000 = 1 000（元）

A 公司当月共应补缴消费税：1 000 + 3 975 + 1 000 = 5 975（元）

借：营业税金及附加　　5 975

　贷：应交税费——应交消费税　　5 975

（二）委托加工环节应纳消费税的检查

1. 应税消费品范围检查

对于委托加工的应税消费品，首先应该审查其是否符合税法中规定的委托加工方式。检查时，要通过检查其加工合同，查看加工货物的原料和主要材料是不是由委托方提供，受托方只收取加工费和代垫部分辅助材料。如果不是，则要检查委托方有无按照销售自制应税消费品缴纳消费税。

2. 代收代缴情况的检查

对于确实属于委托方提供原料和主要材料，受托方只收取加工费和代垫部分辅助材料加工的应税消费品，税法规定，由受托方在向委托方交货时代收代缴消费税，其计税依据是受托方的同类消费品的销售价格，没有同类消费品销售价格的，按照组成计税价格计算纳税。

检查时对照加工合同和“委托加工物资”、“应交税费——应交消费税”等账户，查看代收代缴消费税所使用的计税价格是否正确，应纳税额的计算是否正确。同时，在对委托方的检查中，如果发现其委托加工的应税消费品受托方没有代收代缴税款，则应要求委托方补缴税款，并对受托方处以代收代缴税款50%以上3倍以下的罚款。对委托方补征税款的计税依据是：如果在检查时，收回的应税消费品已经直接销售的，按销售额计税；收回的应税消费品尚未销售或不能直接销售的（如收回后用于连续生产等），按组成计税价格计税。

3. 委托加工收回的应税消费品已纳税款扣除的检查

委托加工的应税消费品因为已由受托方代收代缴税款，因此，委托方收回货物后用于连续生产应税消费品的，其已纳税款准予按照规定从连续生产的应税消费品应纳消费税税额中抵扣。共有11类应税消费品准予从应纳消费税税额中按当期生产领用数量计算扣除委托加工收回的应税消费品已纳消费税税款。计算公式是：

当期准予扣除的委托加工应税消费品已纳税款 = 期初库存的委托加工应税消费

品已纳税款 + 当期收回的委托
加工应税消费品已纳税款 - 期
末库存的委托加工应税消费品
已纳税款

但是，纳税人用委托加工收回的已税珠宝玉石生产的改在零售环节征收消费税的金银首饰，在计税时一律不得扣除委托加工收回的珠宝玉石的已纳消费税税款。

检查时可用当期扣除的委托加工收回的应税消费品与其“出库单”等进行核对，查看纳税人生产领用的收回货物是否属于可以抵扣消费税的范围。将生产领用收回货物的期初结存数量加本期收回数量再减去期末结存数量的余额与纳税人提供的数据相对比，查看纳税人当期抵扣的消费税税额的计算是否正确。

[案例 5-10]①甲企业为增值税一般纳税人，本期委托乙企业加工应税消费品（半成品）一批，发出委托加工的原材料成本为 30 000 元，按合同规定，支付受托方加工费 6 000 元，增值税税额 1 020 元，取得乙企业开具的增值税专用发票。该半成品无同类应税消费品市场销售价格。乙企业按规定代收代缴消费税并向甲企业开具了有关票据。甲企业收回委托加工的半成品后，本期生产领用了 50%。本期取得连续生产应税消费品的销售价款 50 000 元，增值税税额 8 500 元，已向购货方开具了增值税专用发票。假定该应税消费品的消费税税率为 10%，甲企业应作会计处理如下：

（1）甲企业发出委托加工材料时：

借：委托加工物资	30 000
贷：原材料	30 000

（2）支付加工费时：

借：委托加工物资	6 000
应交税费——应交增值税（进项税额）	1 020
贷：银行存款	7 020

（3）支付代收代缴的消费税时：

组成计税价格 =（30 000 + 6 000）÷（1 - 10%）= 40 000（元）

代收代缴的消费税税额 = 40 000 × 10% = 4 000（元）

借：应交税费——应交消费税	4 000
贷：银行存款	4 000

---

① 杨森平，刘在军．纳税检查．广州：暨南大学出版社，2009：141.

（4）收回委托加工产品时：

借：原材料 36 000

贷：委托加工物资 36 000

（5）取得销售收入时：

借：银行存款 58 500

贷：主营业务收入 50 000

应交税费——应交增值税（销项税额） 8 500

（6）计算应纳消费税时：

应纳消费税税额＝50 000×10%＝5 000（元）

借：营业税金及附加 5 000

贷：应交税费——应交消费税 5 000

（7）本期上缴消费税时：

本期应抵扣的消费税税额＝4 000×50%＝2 000（元）

本期实际缴纳的消费税税额＝5 000－2 000＝3 000（元）

借：应交税费——应交消费税 3 000

贷：银行存款 3 000

（三）进口环节应纳消费税的检查

进口的应税消费品，由进口人或者其代理人于报关进口时缴纳消费税；纳税人进口应税消费品，按照关税征收管理的相关规定，应当自海关填发海关进口消费税专用缴款书之日起15日内缴纳税款。

纳税人进口应税消费品，按照组成计税价格和规定的税率计算应纳税额。

1. 进口一般货物的检查

纳税人进口应税消费品，按照组成计税价格和规定的税率计算应纳税额。计算方法如下：

实行从价定率办法计算的应纳税额：

组成计税价格＝（关税完税价格＋关税）÷（1－消费税比例税率）

应纳税额＝组成计税价格×消费税比例税率

实行从量定额办法计算的应纳税额：

应纳税额＝应税消费品数量×消费税定额税率

实行复合计税办法计算的应纳税额：

组成计税价格 =（关税完税价格 + 关税 + 进口数量 × 消费税定额税率）÷（1 − 消费税比例税率）

应纳税额 = 组成计税价格 × 消费税比例税率 + 应税消费品进口数量 × 消费税定额税率

检查时，核对纳税人进口货物的买价、运输费、保险费等是否正确，有无将应计入完税价格的部分未计入完税价格；检查进口关税和消费税的组成计税价格的计算是否正确，有无错用税率的情况；检查纳税人是否在规定的纳税期限内向报关地海关申报纳税。

2. 进口卷烟的检查

进口卷烟应纳消费税额的计算如下：

（1）每标准条进口卷烟（200 支）确定消费税适用比例税率的价格 =（关税完税价格 + 关税 + 消费税定额税率）÷（1 − 消费税税率）

（2）每标准条进口卷烟确定消费税适用比例税率的价格 ≥ 70 元人民币的，适用比例税率为 56%；每标准条进口卷烟确定消费税适用比例税率的价格 < 70 元人民币的，适用比例税率为 36%

（3）进口卷烟消费税组成计税价格 =（关税完税价格 + 关税 + 消费税定额税率）÷（1 − 进口卷烟消费税适用比例税率）

（4）应纳消费税税额 = 进口卷烟组成计税价格 × 比例税率 + 海关核定的进口卷烟数量 × 定额税率（每标准箱 150 元）

检查时，首先查看纳税人进口的是否是非标准条包装卷烟，如果是，审核其是否换算成标准条包装卷烟的数量，然后审核组成计税价格、税率和计算的应纳税额是否正确；如果不是，可直接检查应纳税额的计算。

（四）零售环节应纳消费税的检查

目前，在零售环节征收消费税的货物主要是金银首饰，其计税依据是不含增值税的销售额。

改在零售环节征收消费税的金银首饰仅限于金基、银基合金首饰以及金、银和金基、银基合金的镶嵌首饰、钻石及钻石饰品，所以，检查时首先要注意区分这类产品。对既销售金银首饰，又销售非金银首饰的生产、经营单位，检查其是否将两类商品划分清楚，分别核算销售额。凡划分不清楚或不能分别核算的，若纳税人在生产环节销售，查看其是否一律从高适用税率缴纳了消费税；若在零售环节销售，看其是否一律按金银首饰缴纳了消费税。

纳税人将金银首饰与其他产品组成成套消费品销售的，检查其是否按销售额全额计算了消费税。金银首饰连同包装物销售的，无论包装物是否单独计价，也无论会计上如何核算，都要检查包装物是否并入了金银首饰的销售额计征消费税。

带料加工的金银首饰，对照纳税人当期或最近期间的同类金银首饰销售价格的有关资料检查纳税人使用的计税价格是否正确；没有同类金银首饰销售价格的，检查其组成计税价格的计算是否正确。

纳税人采用以旧换新（含翻新改制）方式销售的金银首饰，检查其是否是按照实际收取的不含增值税的全部价款确定计税依据缴纳消费税。

[案例 5－11] 德福珠宝公司是一家从事金银首饰生产、加工和零售业务的大型珠宝公司。2010 年 4 月，税务人员在审核该公司增值税、消费税上年度的纳税情况时，发现该公司 2009 年度各类金银首饰和珠宝的产、销量都比 2008 年有所上升，但申报的应交消费税却下降了。进一步进行调账检查时，发现：

（1）公司销售收入账户记载金银首饰零售额 351 万元，却未申报缴纳消费税；

（2）公司全年的宝石销售额 100 万元，在计提消费税时，没按宝石适用税率 10% 计提消费税，而是按金银首饰 5% 计提了消费税 5 万元。

[分析]

在对金银首饰进行税务检查时，应根据税法的具体规定，区分零售业务和非零售业务的界限，以确定哪些在生产环节纳税，哪些在零售环节纳税，以及具体适用的税率是多少。

公司金银首饰销售业务应补缴消费税税额 ＝ 351 ÷（1 ＋ 17%）× 5%

＝ 15（万元）

宝石销售业务应补缴消费税税额 ＝ 100 × 5% ＝ 5（万元）

调整分录如下：

借：以前年度损益调整　　200 000

　　贷：应交税费——应交消费税　　200 000

第三节　营业税的检查

一、纳税人和扣缴义务人的检查

（一）纳税义务人的检查

1. 基本法律规定

（1）在中华人民共和国境内提供应税劳务、转让无形资产或者销售不动产的单位和个人，为营业税的纳税义务人。

（2）一项销售行为如果既涉及应税劳务又涉及货物，则为混合销售行为。从事货物的生产、批发或者零售的企业、企业性单位和个体工商户的混合销售行为，视为销售货物，不缴纳营业税；其他单位和个人的混合销售行为，视为提供应税劳务，缴纳营业税。

（3）纳税人兼营应税行为和货物或者非应税劳务的，应当分别核算应税行为的营业额和货物或者非应税劳务的销售额，其应税行为营业额缴纳营业税，货物或者非应税劳务销售额不缴纳营业税；未分别核算的，由主管税务机关核定其应税行为的营业额。

（4）单位以承包、承租、挂靠方式经营的，承包人、承租人、挂靠人（以下统称承包人）发生应税行为，承包人以发包人、出租人、被挂靠人（以下统称发包人）名义对外经营并由发包人承担相应法律责任的，以发包人为纳税人；否则，以承包人为纳税人。

（5）建筑安装业务实行分包或转包的，分包或转包者为纳税人。

2. 主要检查方法

（1）检查纳税人的营业执照或税务登记证，通过上面登记的内容确认纳税人的经营范围，界定该纳税人是属于营业税的纳税义务人还是增值税的纳税义务人。对无照经营和超出营业执照核定经营范围的，要注重实地检查。

（2）检查纳税人的“主营业务收入”、“其他业务收入”等账户的明细账或合同类资料，核定纳税人的具体经营行为，分析纳税人缴纳营业税的行为是否正确。如混合销售业务中，看销售货物销售额和提供营业税应税劳务营业额占全部收入的比重计算是否正确；商业企业向供货方收取的与商品销售量、销售额并无必然关系的进场费、广告促销费、上架费、展示费、管理费等是否按规定缴纳了营业税。

（3）对承包经营的行为，检查双方签订的承包、租赁合同或协议，看是否同时符合下列三个条件：① 承包方以出包方名义经营，由出包方承担相应的法律责任；② 承包方的经营收支全部纳入出包方的财务会计核算；③ 出包方与承包方的利益分配是以出包方的利润为基础。如果同时符合这三个条件，则不征收营业税；如果不同时符合，则看其是否履行了营业税纳税义务。

（二）扣缴义务人的检查

（1）中华人民共和国境外的单位或者个人在境内提供应税劳务、转让无形资产或者销售不动产，在境内未设有经营机构的，以其境内代理人为扣缴义务人；在境内没有代理人的，以受让方或者购买者为扣缴义务人。

检查企业的经营合同类资料，看是否与境外的单位或者个人签订而在境内发生的应税行为，若是，还要看该境外单位或者个人在境内是否设有机构；未设有机构的，该企业就要作为扣缴义务人履行代扣代缴义务。

（2）建筑业工程实行总承包、分包方式的，检查总承包人是否履行该扣缴业务。若纳税人提供的建筑业应税劳务符合下列情形之一：① 纳税人从事跨地区工程提供建筑业应税劳务的，② 纳税人在劳务发生地没有办理税务登记或临时税务登记的，则无论工程是否实行分包，税务机关都要检查建设单位和个人是否为营业税的扣缴义务人。

（3）检查演出的售票者在出现下列情况时是否履行了纳税义务：① 单位或者个人进行演出，由他人售票的；② 演出经纪人为个人的。

（4）检查分保险业务的初保人是否履行了扣缴业务。

（5）检查专利权、非专利技术、商标权、著作权和商誉的转让人是否为个人，以判断受让人是否是扣缴义务人。

[案例 5－12] 风华建材公司的车队为该公司下属二级核算单位，后由该公司一名职工李某承包经营。车队承包后仍以公司名义对外经营，未独立建账，也未自行申报纳税。2010 年 3 月税务检查人员经过调查取证发现，李某的车队对外单位提供运输服务时，取得的收入未做记录，未申报纳税，而公司也未过问。检查人员根据发票存根联的核对、计算，查实自 2008 年 10 月至 2010 年 2 月间，车队的运输收入为 550 万元，其中 2010 年的收入为 150 万元，均未申报纳税。

[分析]

该案件发生的主要原因是，企业将车队承包给个人后，未执行有关的财务规定，任由个人负责一切经营，而个人承包只关心其经营业务，对有关的纳税义务却置之不理，因此造成了企业与车队双方都不对税收负责任，从而造成承包企业长期逃避缴纳税款的情况。

根据规定，承包人以发包人、出租人、被挂靠人（以下统称发包人）名义对外经营并由发包人承担相应法律责任的，以发包人为纳税人。因此，该公司应当履行纳税义务，对未申报纳税的部分，补缴营业税 16.5 万元（550 × 3%，其中 2010 年以前为 400 × 3% ＝12 万元），还应补缴城市维护建设税、教育费附加及代扣代缴李某的个人所得税（略）。会计处理为：

借：以前年度损益调整	120 000
营业税金及附加	45 000
贷：应交税费——应交营业税	165 000
借：应交税费——应交营业税	165 000
贷：银行存款	165 000

二、税目税率的检查

（一）税目税率的法律规定

营业税的税目按照行业、类别的不同分别设置，现行营业税共设置了 9 个税目。具体的税目、税率如表 5－2 所示：

表 5－2　　营业税税目、税率

序号	税　目	税率（%）
1	交通运输业	3
2	建筑业	3
3	金融保险业	5
4	邮电通信业	3
5	文化体育业	3
6	娱乐业	5—20
7	服务业	5
8	转让无形资产	5
9	销售不动产	5

（二）主要检查内容

1. 税目的检查

该项检查主要注意检查对不同税目的划分是否正确。

（1）运输业与其他税目的划分。① 凡与运输业务有关的各项劳务活动，均属于交通运输业的征税范围，包括通用航空业务，航空地面服务，打捞，理货，港务局提供的引航、系解缆、搬家、停泊及引水员交通费、过闸费、货物港务费等。② 远洋运输业的程租、期租和航空运输业的湿租业务属于此税目。

（2）建筑业与其他税目的划分。① 注意营业税修缮（不动产、构筑物）与增值税修理的划分。② 报装环节一次收取的管道煤气集资费（初装费）按此税目缴纳营业税，而燃气公司在售气或提供应税劳务时代有关部门收取的管道煤气集资费要按增值税价外费用缴纳增值税。

（3）邮政业务中营业税与增值税的划分。① 邮政部门发行报刊，征收营业税；其他单位和个人发行报刊，征收增值税。② 集邮商品（如邮票、首日封、邮折等）的生产及邮政部门以外的其他单位和个人销售的，均征收增值税。

（4）文化体育业与其他税目的划分。① 经营游览场所（公园、动植物园等）按“文化体育业”税目征税。② 以租赁方式为文化活动、体育比赛提供场所，不属于此税目，应按“服务业——租赁”征税。③ 对于有线电视台向用户提供服务而收取的有线电视安装费（或称建设费）、收视维护费、广告费等，其中广告费按“服务业”税目征收营业税和文化事业建设费，有线电视安装费应按“建筑业”税目征税，收视费应按“文化体育业”中的播映征税。

（5）服务业与其他税目的划分。① 远洋运输业的光租和航空运输业的干租业务属于此税目。② 旅游景点经营索道取得的收入按照“服务业——旅游业”征税。③ 交通部门有偿转让高速公路收费权行为，应按“服务业——租赁”项目征税。④ 无船承运业务按照“服务业——代理业”税目征税。⑤ 对港口设施经营人收取的港口设施保安费，应按照“服务业”税目全额征税。⑥ 单位和个人受托种植植物、饲养动物的行为，应按照“服务业”税目征税。

（6）转让无形资产与其他税目的划分。① 电影发行单位以出租电影拷贝形式，将电影拷贝播映权在一定期限内转让给电影放映单位的行为按“转让无形资产”税目征税。② 以无形资产投资入股，参与接受投资方的利润分配、共同承担投资风险的行为，不征收营业税，投资后转让该项股权，也不征收营业税。

（7）销售不动产与其他税目的划分。① 企业合并、兼并过程中的不动产转移，不属于销售不动产。② 以不动产投资入股，参与接受投资方的利润分配、共同承担投资风险的行为，不征收营业税，投资后转让该项股权，也不征收营业税。③ 销售不动产连同土地使用权一并转让的，比照销售不动产征税。

2. 适用税率的检查

（1）检查纳税人的具体涉税行为适用的税率是否正确。如自 2005 年 6 月 1 日起，对公路经营企业收取的高速公路车辆通行费收入统一减按 3% 的税率征收营业税。

（2）纳税人兼营不同税目应税行为的，检查其是否分别核算了不同税目的营业额、转让额、销售额，并按各自的适用税率计算应纳税额；若未分别核算，检查其是否从高适用税率计算应纳税额。纳税人兼营免税、减税项目的，检查其是否单独核算免税、减税项目的营业额；未单独核算营业额的，检查其是否采取了免税、减税措施。

三、计税依据和应纳税额的检查

（一）交通运输业的检查

1. 基本法律规定

按照税法规定，交通运输业应缴纳的营业税等于提供的营运劳务所取得的营业额乘以规定的适用税率（3%）。

其中，营业额一般为收取的全部价款和价外费用。另外，还有几点特殊规定：

（1）纳税人将承揽的运输业务分给其他单位或者个人的，以其取得的全部价款和价外费用扣除其支付给其他单位或者个人的运输费用后的余额为营业额。

（2）运输企业自中华人民共和国境内运输旅客或者货物出境，以全程运费减去付给该承运企业的运费后的余额为营业额。

（3）运输企业从事联运业务，以实际取得的营业额为计税依据。

2. 主要检查要点

（1）将“主营业务收入”等收入明细账与营业税纳税申报表及有关的发票、收款单据等原始凭证核对，检查已实现的营运收入是否及时足额申报纳税，有无将收入不及时入账、漏报收入或以收抵支的现象。

（2）检查有无将应税营运收入计入“营业外收入”账户，故意少计收入、少缴税款的。

（3）检查“应付账款”、“预收账款”、“其他应付款”等往来账户及其相应的原始凭证，看有无将已实现的收入长期挂账，不做收入处理的现象。

（4）检查“主营业务支出”等支出类明细账，看是否存在以收入直接冲减费用支出、少计收入的现象。

（5）对于发生国际运输业务或联运业务的运输企业，检查其是否具有对方填开的运输发票或税务机关认可的抵扣凭证，不得随意扣除支出的运费。

[案例 5－13]① 某地税务机关在检查当地甲运输公司上年度的纳税情况时发现，该公司上年 11 月份发生一次联运业务，取得营运收入总额为 60 万元。按照联运分段任务，公司只负责 50% 的运输路程，其他运输机构承担另外 50% 的运输路程，按规定，甲公司支付给其他运输机构转运费 30 万元。另外，甲公司在运输途中支付汽油费 2 万元，支付停车费用和搬运装卸费用 2.5 万元，支付驾驶员的餐饮住宿费 0.5 万元。

甲运输公司的会计处理为：

借：银行存款	600 000
贷：主营业务收入	250 000
应付账款	300 000
销售费用	5 000

计算确认该次缴纳的营业税及会计处理为：

$$(600\,000-300\,000-20\,000-25\,000-5\,000)\times 3\% = 7\,500\ (\text{元})$$

借：营业税金及附加	7 500
贷：应交税费——应交营业税	7 500

[分析]

该公司的会计处理错误。运输途中支付的汽油费、停车费和装卸搬运费、食宿费等

① 杨森平，刘在军．纳税检查．广州：暨南大学出版社，2009：167.

费用不能直接冲销费用，而应计入收入缴纳营业税。因此，应补缴营业税 1 500 元（50 000×3%，暂不考虑其他税款和滞纳金）。

调整分录为：

借：以前年度损益调整　　1 500

　贷：应交税费——应交营业税　　1 500

（二）建筑业的检查

1. 基本法律规定

建筑业应缴纳的营业税等于提供的建筑、修缮、安装、装饰等各种工程作业劳务所取得的营业收入乘以规定的适用税率（3%）。关于计税依据的规定，需要注意：

（1）总承包人将工程分包给他人的，以全部承包额减除付给分包人的价款后的余额为营业额。

（2）纳税人提供建筑业劳务（不含装饰劳务）的，其营业额应当包括工程所用原材料、设备及其他物资和动力价款在内，但不包括建设方提供的设备的价款。

（3）安装工程作业，凡所安装的设备的价值作为安装工程产值的，其营业额应包括设备的价款在内。

（4）自建行为的营业额根据同类工程的价格确定，无同类工程价格的，使用组成计税价格：计税价格＝工程成本×（1＋成本利润率）÷（1－营业税税率）。

2. 主要检查要点

（1）建筑业营业税的营业额包括建筑安装企业向建设单位收取的工程价款和工程价款以外收取的各种费用。检查时应参照工程承包合同和纳税申报表，并结合"主营业务收入"账户，检查纳税人的应税收入是否全额纳税。

（2）结合"主营业务收入"、"工程物资"、"营业外收入"等账户的原始凭证和记账凭证，检查有无分解工程价款的情况。检查时应注意以下现象：一是将工程耗用的材料不计施工成本，而是直接冲减库存材料；二是将向发包单位收取的索赔款不作为计税收入；三是向发包单位收取的提前竣工奖等奖励款不计入收入，而是计入"应付职工薪酬"等账户，或者直接冲减工程成本；四是将材料差价直接冲减工程成本或材料等账户，不计入收入。

（3）建筑业工程实行总承包、分包方式的，检查纳税人的营业额是否为工程全部承包额减去付给分包或转包人的价款后的余额。

（4）纳税人提供建筑业劳务（不含装饰劳务）的，检查其营业额是否包括了工程所用原材料、设备及其他物资和动力价款在内；纳税人提供的安装工程作业，凡所安装的设备的价值作为安装工程产值的，检查其营业额是否包括了设备的价款在内。

［**案例 5－14**］某市城建集团承包华新丝织公司的新厂房建设，合同规定劳务收入

为 1 000 万元，同时为该丝织企业提供相应的建筑用钢材、混凝土等物资价值 500 万元。税务人员检查时发现，城建集团在申报缴纳营业税时，仅以 1 000 万的劳务收入申报缴纳了 30 万元。

［分析］

纳税人提供建筑业劳务（不含装饰劳务）的，检查其营业额包括了工程所用原材料、设备及其他物资和动力价款在内。所以该城建集团应该缴纳的税额为 15 000 000 × 3% = 450 000（元），应补缴营业税 = 450 000 − 300 000 = 150 000（元）（不考虑其他因素）

会计处理为：

借：营业税金及附加　　150 000

　　贷：应交税费——应交营业税　　150 000

（三）金融保险业的检查

1. 基本法律规定

（1）一般贷款业务的营业额为贷款利息收入（包括各种加息、罚息）。

（2）纳税人经营融资租赁业务，以其向承租人收取的全部价款和价外费用（包括残值）减去出租方承担的出租货物的实际成本后的余额，以直线法折算出本期的营业额。

（3）金融商品转让业务，按股票、债券、外汇、其他金融商品四大类来划分，营业额 = 卖出价 − 买入价。

（4）金融经纪业务和其他金融业务（中间业务）的营业额为手续费（佣金）类的全部收入，包括代收代垫款项。

（5）保险业的初保业务以全部保费收入为营业额。保险公司办理储金业务的营业额，以纳税人在纳税期内的储金平均余额乘以人民银行公布的一年期存款利率折算的月利率计算。

（6）金融保险业以外汇为营业额的，应折算成人民币后计算营业额。汇率使用上，金融企业采用收入当天或当季末央行基准汇价折合；保险企业采用收入当天或当月末央行基准汇价折合。

2. 主要检查要点

（1）对于一般贷款业务，检查“利息收入”、“利息支出”、“销售费用”等账户，查看纳税人有无随意分解收入，或者将费用、支出直接冲减收入。对于委托贷款业务，检查“应付账款”、“手续费收入”账户，查看其是否存在漏记收入的行为。

（2）对于逾期贷款，检查其是否及时计入收入。根据规定，自 2003 年 1 月 11 日起，金融企业发放的贷款逾期（含展期）90 天（含 90 天）尚未收回的，纳税义务发生时间为纳税人取得利息收入权利的当天；原有的应收未收贷款利息逾期90天以上的，该笔贷款的应收未收利息纳税义务发生时间为实际收到利息的当天。

（3）对于融资租赁的收入，首先检查纳税人从事此融资租赁业务是否经过了中国人民银行和对外经济贸易合作部（现为商务部）的批准，其次根据租赁合同和“租赁收益”等资料和账户，检查其计算是否正确。

（4）对于保险业务，结合纳税人的纳税申报表和“保费收入”等相关账户的明细账，检查纳税人的申报数是否正确，有无少报、漏报等情况；还要检查保险公司是否存在无赔偿奖励业务、分保业务等，以及对营业税的计算是否正确。

[**案例5－15**] 某市一家金融机构主要经营存贷款业务，并提供其他金融服务。税务机关对其2010年第二季度的业务进行检查时，发现如下问题：

（1）当期吸收存款3 000万元，取得贷款利息收入1 500万元，支付各项存款利息1 000万元。该机构就贷款利息收入和存款利息支出的差额500万元申报缴纳了营业税。

（2）2010年7月1日，以银行存款500万元对甲公司投资，协议规定，甲公司每年向该金融机构支付固定利润48万元，每月月末支付4万元，当季共收到甲公司12万元。该机构认为以货币投资的行为不属于贷款业务，故未予以计算营业税。

（3）当期收取“逾期贷款”利息收入20万元（该笔贷款已逾期110天），并没有计算此项收入的营业税。

[**分析**]

（1）一般贷款业务的营业额为贷款利息收入，所以业务（1）应纳营业税税额为：

$$1\,500 \times 5\% = 75 \text{（万元）}$$

应补缴营业税 $= 75 - 25 = 50$（万元）

（2）金融企业以资金入股形式对外投资，若接受投资方的利润分配，共担风险的，不征收营业税，对只收取固定利润或保底利润的行为应当征收营业税，所以业务（2）应补缴营业税：

$$12 \times 5\% = 0.6 \text{（万元）}$$

（3）自2003年1月11日起，金融企业发放的贷款逾期（含展期）90天（含90天）尚未收回的，纳税义务发生时间为纳税人取得利息收入权利的当天；原有的应收未收贷款利息逾期90天以上的，该笔贷款的应收未收利息纳税义务发生时间为实际收到利息的当天。所以业务（3）应就20万的利息收入计算纳税。应补缴营业税：

$$20 \times 5\% = 1 \text{（万元）}$$

当季该金融机构共应补缴营业税：$50 + 0.6 + 1 = 51.6$（万元）

(四) 邮电通信业的检查

邮电通信业一般以收入全额为营业额。

电信部门以集中受理方式为一些客户提供跨省的出租电路业务，由受理地区的电信部门按取得的全部价款减除分割给参与跨省业务的电信部门的价款后的余额为营业额计征营业税；对参与提供跨省电信业务的电信部门，按各自取得的全部价款为营业额计征营业税。

邮政电信单位与其他单位合作，共同为用户提供邮政电信服务及其他服务并由邮政电信单位统一收取价款的，以全部收入减去支付给合作方价款后的余额为营业额。

检查时要通过收入类账户总账账户及所属的明细账，审查应收的项目是否已全额入账，入账的收入是否已全额申报纳税。还要检查费用类账户等明细账和有关会计凭证，查看有无将费用直接抵减收入等问题。

(五) 文化体育业的检查

文化体育业的营业额是指纳税人经营文化业、体育业取得的全部收入，其中包括演出收入、播映收入（不含广告播映）、其他文化收入，经营游览场所收入和体育收入。

通过检查"主营业务收入"、"其他业务收入"等账户，看其各项收入是否全额入账，是否及时申报纳税，是否对个人经纪人履行了代扣代缴义务。由于文化体育业的收入多以门票收入为主，培训则以定期收取学费的形式取得收入。所以，在检查时，要注意审核经营单位的各类门票、财务部门监制的教育专用收据、会员证的领用及赠票情况，并与账户、报表信息核对，还要检查培训单位有无自制收据另行收取费用，不计收入的行为。

(六) 娱乐业的检查

以收入全额为营业额，包括门票收费、台位费、点歌费、烟酒、饮料、茶水、鲜花、小吃等收费及经营娱乐业的其他各项收费。

检查时首先要注意纳税人收入的划分是否正确，有无将适用高税率的收入计入低税率的收入额中。同时，由于娱乐业的税率是不一致的，实际中纳税人兼营的行为非常普遍，因此要注意纳税人是否认真划分了适用不同税率的各项业务的收入。其次，娱乐业存在一定的特殊性，在消费者不索要发票的情况下，纳税人的实际收入难以确定，所以检查时不能仅停留在会计资料上，还要进行实地检查，掌握纳税人的经营规模、营业时间、业务范围、收费标准等，以便合理估计其营业额。

(七) 服务业的检查

1. 基本法律规定

服务业一般以收入全额为营业额。另外还有几个重要的特殊规定：

(1) 代理业的营业额为向委托方实际收到的报酬；

（2）从事广告代理业务的，以其全部收入减去支付给其他广告公司或广告发布者（包括媒体、载体）的广告发布费后的余额为营业额；

（3）纳税人从事旅游业务的，以其取得的全部价款和价外费用扣除替旅游者支付给其他单位或者个人的住宿费、餐费、交通费、旅游景点门票和支付给其他接团旅游企业的旅游费后的余额为营业额；

（4）从事物业管理的单位，以与物业管理有关的全部收入减去代业主支付的水、电、燃气以及代承租者支付的水、电、燃气、房屋租金的价款后的余额为营业额；

（5）从事无船承运业务的，以向委托人收取的全部价款和价外费用扣除其支付的海运费以及保管、港杂、装卸费后的余额为营业额；

（6）教育部考试中心及其直属单位与合作单位合作开展考试业务，以其全部收入减去付给合作单位合作费后的余额，按照代理业缴纳营业税。

2. 主要检查要点

对于查账征收的企业，检查时要注意：

（1）账簿、账户的设置是否健全，核算的收入是否及时、是否真实准确。要注意账户与原始凭证的对照检查，比如餐饮业中，必要时可依据原材料的耗用单据测算营业收入额，从而审核纳税人有无少报收入的情况。

（2）检查成本费用的支出是否正常。如广告业中，有无将广告制作费用混入广告发布费进行扣除的情况。

（3）检查发票开具及领、用、存情况，并对照收入账户，查看纳税人是否按规定开具发票，是否存在开具虚假发票等情况。

（4）检查纳税人的收费标准是否正常，有无明显偏低而又无正当理由的情况。

对于核定征收的企业，一是要注意检查纳税人的实际经营规模和会计核算质量是否符合核定征收的法定条件；二是纳税人申报阶段性停业时，要检查其真实性，看其是否存在假报停业实际营业的情况。

［案例5－16］ 天香饭店2010年5月份取得的营业收入情况如下：

（1）餐厅营业收入500万元；

（2）客房营业收入800万元；

（3）饭店所属洗衣房营业收入100万元；

（4）饭店所属歌舞厅营业收入300万元；

（5）饭店所属写字楼出租收入200万元。

检查人员发现，除餐厅和客房收入外，该饭店并未就其他收入申报纳税。

［分析］

按规定，饭店所属洗衣房的收入和写字楼的租赁收入都应作为饭店的应税收入按照

“服务业”计征营业税，饭店所属的歌舞厅的收入应当作为饭店的应税收入按照“娱乐业”计征营业税，所以该饭店共应补缴税款（假设娱乐业的税率为5%）：

$(100+300+200)\times 5\% = 30$（万元）

会计分录为：

借：营业税金及附加　　300 000

　　贷：应交税费——应交营业税　　300 000

（八）转让无形资产和销售不动产的检查

转让无形资产在一般情况下全额计税；但是转让土地使用权，按差额计税。

单位和个人销售或转让其购置的不动产或受让的土地使用权，以全部收入减去不动产或土地使用权的购置或受让原价后的余额为营业额；单位和个人销售或转让抵债所得的不动产、土地使用权的，以全部收入减去抵债时该项不动产或土地使用权作价后的余额为营业额。

检查无形资产的转让，要将“其他业务收入”、“其他业务支出”、“无形资产”等账户与有关原始凭证、记账凭证进行核对，看有无隐瞒收入，或将收入直接冲减成本等现象，尤其要注意核实纳税人“无形资产”账户贷方发生额的对应账户有无不符合规定核算的情况。

检查房地产企业销售不动产的行为，要结合房地产项目开发的特点，通过“主营业务收入”、“其他业务收入”、“营业税金及附加”等损益类账户和“应收账款”等往来账户检查。检查中要注意：一是检查开发项目和开发量；二是检查房地产销售量；三是检查应税收入、开发成本、期间费用等；四是检查销售合同、销售发票和销售台账。

检查非房地产企业销售不动产的行为，重点检查“固定资产清理”账户。

[案例5-17] 信达房地产公司主要从事房地产开发、商品房销售及相关配套服务。2010年5月有关人员对公司一季度的经营情况进行检查时发现两个问题：

（1）3月一凭证记载公司将一栋房屋捐赠给附近一所小学，该房屋由其他建筑公司承建，账面成本为150万元（成本利润率为10%），账务处理为：

借：营业外支出　　1 500 000

　　贷：开发产品　　1 500 000

（2）4月凭证记载公司转付某施工队工程款时部分以一套房屋抵付，该同类房屋的市场价格为100万元。账务处理为：

借：应付账款——某施工队　　1 000 000

　　贷：开发产品　　1 000 000

[分析]

根据规定，单位将不动产无偿赠与他人，视同销售不动产征税。所以业务（1）应补缴营业税：

$$150\times(1+10\%)/(1-5\%)\times5\%=8.68\text{（万元）}$$

业务（2）中，该公司以房屋抵顶工程款，应按照核实的同类房屋的市场价格计算缴纳营业税。应补缴的税额为：100×5% =5（万元）

四、其他项目的检查

（一）税收优惠的检查

营业税的税收优惠项目较多，检查时应核对合同类资料和有关结算手续，确认收入的性质；检查收入明细账，看纳税人是否将应税收入和免税收入分开核算；检查审批类减免税项目是否有减免税批文，报案类减免税项目是否按规定履行了报案手续。

（二）纳税义务发生时间的检查

营业税的纳税义务发生时间为纳税人收讫营业收入款项或者取得索取营业收入款项凭据的当天；为书面合同约定的付款日期的当天；未签订书面合同或者书面合同未确定付款日期的，为应税行为完成的当天。另外对某些具体项目还有进一步的明确规定。

检查时结合有关的原始资料，检查“预收款项”、“其他应收款”、“其他应付款”等账户，确定预收款项的时间、用途和具体的经济性质，核实纳税人有无将实际符合确认收入条件的预收款项长期挂账不确认收入，故意拖延纳税义务发生时间。尤其要注意对房地产企业的检查。

结合合同类资料，检查“主营业务收入”等账户，核实纳税人是否按照合同约定确认收入并申报缴纳税款。

（三）纳税地点的检查

营业税的纳税地点原则上采取属地征收的方法，就是纳税人在经营行为发生地缴纳应纳税款。具体规定如下：

（1）纳税人提供应税劳务，应当向应税行为发生地的主管税务机关申报纳税。纳税人从事运输业务的，应当向其机构所在地主管税务机关申报纳税。

（2）纳税人转让土地使用权，应当向土地所在地主管税务机关申报纳税。纳税人转让其他无形资产，应当向其机构所在地的主管税务机关申报纳税。

（3）单位和个人出租土地使用权、不动产的营业税纳税地点为土地、不动产所在地；单位和个人出租物品、设备等动产的营业税纳税地点为出租单位机构所在地或个人居住地。

（4）纳税人销售不动产，应当向不动产所在地主管税务机关申报纳税。

（5）纳税人提供的劳务发生在外县（市），应向应税劳务发生地的主管税务机关申报纳税；如未向应税劳务发生地申报纳税的，由其机构所在地或者居住地主管税务机关补征税款。

（6）纳税人承包的工程跨省、自治区、直辖市的，向其机构所在地主管税务机关申报纳税。

对纳税地点的检查，主要是通过对工商及税务登记资料、合同类资料的审核，确认纳税人的纳税地点，核实纳税人是否在规定的地点缴纳营业税。

第六章

所得税的检查

内容提要

所得税是除流转税以外的另一大税种，包括企业所得税和个人所得税。企业所得税，由于其计算较为复杂，是纳税检查中难度最大的一个税种。本章第一节对企业所得税的纳税人、征税对象、计税依据、资产、税率以及税收优惠等方面的检查进行了介绍，并配合案例分析，以使检查内容更加简单易懂。本章第二节主要介绍了个人所得税的纳税人、税率、应税所得项目、税额抵免以及税收优惠方面的检查，其中，由于个人所得税在征税时对各项所得采取了不同的计税方法，因此对于应税所得项目的检查，要对不同的所得分别予以考虑。

第一节　企业所得税的检查

一、纳税人的检查

企业所得税的纳税义务人，是指在中华人民共和国境内的企业和其他取得收入的组织。根据《中华人民共和国企业所得税法》第一条规定，除个人独资企业、合伙企业不适用企业所得税法外，凡在我国境内，企业和其他取得收入的组织（以下统称企业）为企业所得税的纳税人，依照本法规定缴纳企业所得税①。

（一）居民企业和非居民企业的检查

企业所得税的纳税人分为居民企业和非居民企业，居民企业是指依法在中国境内成立，或者依照外国（地区）法律成立但实际管理机构在中国境内的企业。这里的企业包括国有企业，集体企业、私营企业、联营企业、股份制企业，外商投资企业、外国企业以及有生产、经营所得和其他所得的其他组织。其中，有生产、经营所得和其他所得

① 中国注册会计师协会．税法．北京：经济科学出版社，2010：324.

的其他组织，是指经国家有关部门批准，依法注册、登记的事业单位、社会团体等组织。由于我国的一些事业单位、社会团体等组织会开展多种经营和有偿服务活动，取得除财政拨款、各项规费收入以外的经营收入，这就具备了经营的特点，应当纳入征税范围。非居民企业是指依照外国（地区）法律成立且实际管理机构不在中国境内，但在中国境内设立机构、场所的，或者在中国境内未设立机构、场所，但有来源于中国境内所得的企业。上述机构、场所，是指在中国境内从事生产经营的机构、场所，包括：①管理机构、营业机构、办事机构；②工厂、农场、开采自然资源的场所；③提供劳务的场所；④从事建筑、安装、装配、修理、勘探等工程作业的场所；⑤其他从事生产经营活动的机构、场所。

（二）检查注意事项

（1）居民企业和非居民企业纳税人的界定区分。居民企业就来源于中国境内、境外的所得缴纳企业所得税，而对于非居民企业，仅就来源于境内的相关联的所得缴纳企业所得税。正确判断一个企业属于居民企业还是非居民企业是进一步进行企业所得税检查的前提基础。

（2）《企业所得税法》中规定，个人独资企业以及合伙企业是不适用该法的，而是适用《个人所得税法》，因此，我们要注意区分企业的性质。

（3）实行汇总纳税的企业，必须经过国家税务总局批准，否则，企业不得自行确定汇总纳税。所谓汇总纳税又称“汇总缴纳”，是指对企业集团和设有分支机构的企业，采取由企业集团的核心企业或总机构汇总所属成员企业集中缴纳所得税的一种税收征收办法。

[**案例6-1**] 某企业以其按照外国法律成立为由，确定本企业是非居民企业纳税人，仅就其境内所得缴纳企业所得税，对于其境外所得不向本国缴纳企业所得税。税务稽查机关经过调查，发现该企业在本国设有对该企业生产经营、人员、账务、财产等实施实质性全面管理和控制的机构，因此，重新认定该企业为居民企业纳税人，应当就其境内、境外所得向我国缴纳企业所得税，对其境外取得的所得补缴企业所得税。

二、征税对象的检查

企业所得税的征税对象，是指企业的生产经营所得、其他所得和清算所得。包括居民企业所得税的征税对象和非居民企业所得税的征税对象。

（一）居民企业和非居民企业征税对象的检查

居民企业应就来源于中国境内、境外的所得为征税对象，所得具体包括销售货物所得、提供劳务所得、转让财产所得、股息红利等权益性投资所得、利息所得、租金所得、特许权使用费所得、接受捐赠所得和其他所得。非居民企业在中国境内设立了机构、场所的，应当就其所设机构、场所取得的来源于中国境内的所得，以及虽发生在中国境外但与其所设机构、场所有实际联系的所得缴纳企业所得税。相反，非居民企业在中国境内未设立机构、场所的，或者虽设立机构、场所但取得的所得与之没有实际联系的，仅就其来源于中国境内的所得缴纳企业所得税。

（二）检查注意事项

（1）征税对象的确定原则。征税对象必须是有合法来源的所得，是扣除成本费用以后的纯收益，还必须是实物或货币所得。

（2）居民企业和非居民企业纳税人机构设立的区分，如果纳税人在我国境内设立总机构，其所得包括来自中国境内外的全部所得，即就其境内外的全部所得计税。

（3）如果纳税人总机构或分支机构从我国境外取得的所得已在所在国缴纳所得税，即可凭纳税凭证在总机构的应纳税款中进行抵免，但抵免额不得超过境外所得按照我国税法计算的应纳税额。计算时遵循分国不分项的原则。

[**案例 6－2**] 我国某制药公司 2009 年国内所得为 1 000 万元，该公司在甲国有一家子公司，年所得为 100 万元，甲国所得税率为 15%，该制药公司拥有子公司 50% 的股份，甲国子公司预提所得税税率为 10%。该制药厂仅就其在国内取得的所得 1 000 万元申报缴纳企业所得税 250 万元。

案例分析：由于该制药公司属于居民企业，应就来源于中国境内、境外的所得缴纳企业所得税。该企业的行为漏缴了对与境外所得的企业所得税。

该制药公司分得子公司股息 =（100 − 100 × 15%）× 50% = 42.5 万元

该制药公司应承担的子公司所得税 =（42.5 × 15%）÷（1 − 15%）= 7.5 万元

子公司预提所得税 = 42.5 × 10% = 4.25 万元

该制药公司来自境外子公司的所得 = 42.5 + 7.5 = 50 万元

在甲国应纳税额 = 7.5 + 4.25 = 11.75 万元

抵免限额 = 50 × 25% = 12.5 万元 > 11.75 万元，所以可抵免额为 11.75 万元

该制药公司应向我国缴纳企业所得税 =（1 000 + 50）× 25% − 11.75
= 250.75 万元

所以，该制药公司还应向我国补缴税款 7 500 元（250.75 − 250）。

三、计税依据的检查

企业所得税的计税依据，也就是应纳税所得额，按照《企业所得税法》的规定，计税依据为企业每一个纳税年度的收入总额，减除不征税收入、免税收入、各项扣除项目以及允许弥补的以前年度亏损后的余额。基本公式为：

应纳税所得额＝收入总额－不征税收入－免税收入－各项扣除项目－允许弥补的以前年度亏损

因此，对计税依据检查的具体内容，应相应地包括对收入总额、不征税收入、免税收入、准予扣除项目以及允许弥补的以前年度亏损等项目进行检查，从而确定企业申报缴纳企业所得税是否正确。

（一）收入总额的检查

1. 销售货物收入的检查

《企业所得税法实施细则》第14条阐述，企业所得税法第6条第（1）项所称销售货物收入，是指企业销售商品、产品、原材料、包装物、低值易耗品以及其他存货取得的收入。

对销售货物收入的检查可以从以下方面进行：

（1）检查销售货物收入确认的标准是否正确。企业销售商品时，同时满足以下条件的，应确认为收入的实现：① 商品销售合同已经签订，企业已将商品所有权相关的主要风险和报酬转移给购货方；② 企业对已售出的商品既没有保留通常与所有权相联系的继续管理权。也没有实施有效控制；③ 收入的金额能够可靠地计量；④ 已发生或将发生的销售方的成本能够可靠地核算。因此，检查人员需要检查的是企业的销售行为是否同时满足以上四个条件，倘若都符合，均应确认为应税所得。

在这里我们还需要注意的是，要区分税收、会计收入确认标准的差异，会计收入确认的标准除了以上四条外，还包括“相关的经济利益很可能流入企业”，而从税法组织财政收入的角度考虑，即便经济利益不可能流入企业，也应确认为应税所得。

（2）检查销售货物收入确认的时间是否正确。企业销售商品采用托收承付方式的，在办妥托收手续时确认收入；销售商品采取预收款方式的，在发出商品时确认收入；销售商品需要安装和检验的，在购买方接受商品以及安装和检验完毕时确认收入，如果安装程序比较简单，可在发出商品时确认收入；销售商品采用支付手续费方式委托代销的，收到代销清单时确认收入。

对于这个方面，检查人员需要向企业会计人员了解该企业采取各种销售方式的交易数量、会计处理方法等，了解企业做账习惯，在实际检查账目时，要求企业出具相关收入凭证和记录。在查阅企业的明细账时，应根据记录内容和凭证号，调阅有关原始、记账凭证，根据有关发货、收货证明确定其发出日期，根据所附的托收回单、送款单等确定其收款依据，以判断入账时间是否正确。

（3）检查销售折让、折扣及销售退回处理是否规范。对于销售折让，要重点检查企业给予对方折让的原因是否是因为售出商品的质量不合格等原因，是否存在故意压低价格而从中营私舞弊的现象。对于折扣，首先要区分商业折扣和现金折扣，商品销售涉及商业折扣的，应按照扣除商业折扣后的金额确定销售商品收入金额，而现金折扣应在实际发生时作为财务费用扣除。此外，还要注意检查企业是否存在擅自抬高或压低折扣以调整“主营业务收入”的现象以及有无抬高折扣而从购买方获取好处的现象。对于销售退回的检查，包括检查销售退回的真实性，货款是否已退还给买方，是否如数冲减了“主营业务收入”。

（4）检查对视同销售收入的确认是否正确。检查企业是否发生了非货币性资产交换，检查企业是否将货物、财产、劳务用于捐赠、偿债、赞助、集资、广告、样品、职工福利或者利润分配等用途。

[案例 6-3] 2010 年 3 月，某事务所税务代理人员受托对某鸡肉加工厂 2009 年账册资料进行审查时发现，2009 年 8 月，企业将一批鸡肉作为礼品发给本企业职工，成本价格为 7 200 元，同类产品售价为 15 000 元，企业的会计处理为：

借：应付职工薪酬　　　　7 200

　贷：库存商品——鸡肉　　　　7 200

将鸡肉作为礼品发给职工，应视同销售征收增值税并调增应纳税所得额。计算方法如下：

应补缴增值税 = 15 000 × 17% = 2 550（元）

应补缴城市维护建设税 = 2 550 × 7% = 178.5（元）

应补缴教育费附加 = 2 550 × 3% = 76.5（元）

应调增应纳税所得额 = 15 000 − 7 200 − 178.5 − 76.5 = 7 545（元）

2. 提供劳务收入的检查

提供劳务收入是指企业从事建筑安装、修理修配、交通运输、仓储租赁、金融保险、邮电通信、咨询经纪、文化体育、科学研究、技术服务、教育培训、餐饮住宿、中介代理、卫生保健、社区服务、旅游、娱乐、加工以及其他劳务服务活动取得的收入。

提供劳务收入的检查主要通过“主营业务收入”账户核算，主要是检查其入账时间以及入账金额是否准确。

3. 转让财产收入的检查

（1）转让固定资产收入的检查。主要是对“固定资产清理”、“累计折旧”、“营业外收入”、“营业外支出”等科目的账户进行检查。具体的检查内容包括固定资产的售价、折旧额是否正确以及转让固定资产的有关费用是否正确。

（2）转让有价证券、股权以及其他财产收入的检查。在短期投资中，重点检查投资的真实性，查看是否存在以投资为名的资金挪用现象，其次要查看企业的转让收入或投资收益是否及时入账。在实际稽查中，应根据“交易性金融资产”或“可供出售金融资产”的期初数、发生数以及期末余额对照现金日记账、银行日记账和其他应收账款明细账确定当年发生的投资收益和转让收益。另外还应检查短期投资明细账，确定债券利率、存续期间、股利分配方案等资料，核对收益实现日期、数额是否正确。

[**案例6-4**] 甲公司于2008年7月15日购入乙公司股票，实际支付价款为205万元，其中5万元为已宣告但尚未领取的现金股利。2008年7月20日，甲公司收到上述已宣告分派的5万元现金股利。甲公司的会计处理如下：

2008年7月15日投资时：

借：交易性金融资产	2 000 000
应收股利	50 000
贷：银行存款	2 050 000

2008年7月20日，收到乙公司分派的现金股利时：

借：银行存款	50 000
贷：应收股利	50 000

2009年1月12日，乙公司宣告分派2008年度现金股利，甲公司获得1万元。乙公司于2月1日分派现金股利，甲公司收到现金股利的会计处理为：

借：应收股利	10 000
贷：投资收益	10 000
借：银行存款	10 000
贷：应收股利	10 000

分析：2008年7月20日，甲公司收到乙公司分派现金股利5万元，为短期投资取得时实际支付的价款中包含已宣告发放但尚未领取现金股利，税法规定不作为投资所得。

2009年2月1日，甲公司收到的现金股利1万元，为短期投资持有期间取得的现金股利，税务上应确认为股票投资收益，因此甲公司在计算2月份企业所得税时，应调增应纳税所得额1万元。

长期投资中，对于持有至到期投资收益的检查，应根据“持有至到期投资”的期初数、发生数以及期末余额对照现金日记账、银行日记账和“应收利息”明细账，确定当年发生的投资收益和转让收益，检查投资是否真实，有无将债权收回或中途转让所取得款项高于账面价值的差额，挪作他用的，有无期末不将“投资收益”结转“本年利润”，少计当年所得的问题。对于权益性投资（长期股权投资），其投资收益的确认有两种办法，一种是成本法，即按被投资企业发放的股利确定为投资企业的投资收益，其检查方法与短期投资类似。另一种是权益法，指投资企业所投股份在被投资企业中占到一定比例，可以对它具有共同控制或重大影响时，应采用权益法进行核算。这种情况下，首先注意投资收益确认的时间，应是收到被投资企业送来的净收益通知单，而在实际收到分回资金时，不再重复记入投资收益；其次收益的增减额应是按其在被投资中所占投资比例所分享的净资产增减额。另外，在稽查过程中还应注意投资企业是否将分回的投资收益挂在往来账下，隐瞒收入或作调节收入之用。

4. 股息、红利等权益性投资收益的检查

股息、红利等权益性投资收益，是指企业因权益性投资从被投资方取得的收入。除国务院财政、税务主管部门另有规定外，按照被投资方作出利润分配决定的日期确认收入的实现。检查时主要检查“交易性金融资产”、“可供出售金融资产”、“长期股权投资”等账户借方发生额及上年借方余额，未体现投资收益的，应重点检查“其他应付款”、“应付账款”等往来账户，检查纳税人是否将投资收益挂在往来账上，是否存在不入账或少入账的问题。

5. 利息收入的检查

利息收入，是指纳税人将资金提供他人使用或他人占用企业资金所取得的收入，包括存款利息、贷款利息、债券利息、欠款利息等收入。应按照合同约定的债务人应付利息的日期确认收入的实现。对利息收入的检查主要是检查“银行存款”账户的发生额，核实纳税人取得的利息收入是否及时、准确入账；检查“长期借款”、“短期借款”、“财务费用”等账户借方红字发生额，看企业是否存在用利息收入直接冲减借款或财务费用等现象。

6. 租金收入的检查

租金收入，是指企业提供固定资产、包装物或者其他有形资产的使用权取得的收入。按照合同约定的承租人应付租金的日期确认收入的实现。这类检查，通过“其他业务收入”、“营业外收入”等账户，检查企业的租金收入是否及时、足额入账，有无截留或挪作他用的情况。

7. 特许权使用费收入的检查

特许权使用费收入，是指企业提供专利权、非专利技术、商标权、著作权以及其他特许权的使用权取得的收入。按照合同约定的特许权使用人应付特许权使用费的日期确认收入的实现。特许权使用费收入主要通过“其他业务收入”核算，检查时注重检查纳税人的特许权转让是否属实，特许权使用费收入是否及时、足额入账，是否存在将收入直接冲减费用、损失的情况。

8. 接受捐赠收入的检查

接受捐赠收入，是指企业接受的来自其他企业、组织或者个人无偿给予的货币性资产、非货币性资产。按照实际收到捐赠资产的日期确认收入的实现。检查时注重检查纳税人的入账价值是否准确，是否存在只核算了“营业外收入”而没有在期末将其并入应纳税所得额的情况。

9. 其他收入的检查

其他收入，包括企业资产溢余收入、逾期未退包装物押金收入、确实无法偿付的应付款项、已做坏账损失处理后又收回的应收款项、债务重组收入、补贴收入、违约金收入、汇兑收益等。检查时，要通过审阅有关凭证、会计账目以及所签订合同，查看企业是否存在隐瞒收入的情况，其收入是否及时、足额入账。

（二）不征税收入和免税收入的检查

1. 不征税收入的检查

不征税收入包括财政拨款、依法收取并纳入财政管理的行政事业性收费和政府性基金以及国务院规定的其他不征税收入。对于财政拨款收入的检查，要检查企业是否存在骗取财政拨款、未按规定用途使用财政拨款的情形。对行政事业性收费、政府基金的检查，主要查看企业的这类收费、政府基金是否纳入预算管理，有无将不属于纳入财政管理的收费项目作为不征税收入扣除以少纳企业所得税的现象。

2. 免税收入的检查

免税收入包括国债利息收入、符合条件的居民企业之间的股息、红利等权益性投资收益、在中国境内设立机构、场所的非居民企业从居民企业取得与该机构、场所有实际联系的股息红利等权益性投资收益以及符合条件的非营利组织收入。检查国债利息时，要审查企业反映国债利息收入的明细账户及相关原始凭证、记账凭证，看企业是否存在将非国债利息收入混入国债利息收入，少缴纳企业所得税的情形。

（三）准予扣除项目的检查

1. 成本项目检查

（1）材料成本的检查。

对于外购材料成本的检查，要通过检查各种明细账、原始凭证及其汇总表，查看企业有无列入不属于材料成本开支范围的其他费用，从而扩大材料的成本。对于委托加工材料的检查，主要查看委托加工的运杂费、加工费是否计入了加工成本；有无将加工剩余的材料以及有回收价值的下脚料抵付加工费，是否存在既不调整加工材料成本又不作其他业务收入处理的情形。

[案例 6－5] 某机器制造厂以钢管 20 吨，单价 4 500 元，委托机器零部件加工厂加工零部件。5 月份支付加工费 12 000 元，运输费 10 000 元，机器零部件于 10 月份全部验收入库，并支付运费 10 000 元。该机器制造厂账务处理如下：

发出原材料时：

借：委托加工物资　　90 000

　　贷：原材料　　90 000

支付加工费、运输费时：

借：委托加工物资　　12 000

　　管理费用　　10 000

　　贷：银行存款　　22 000

收回机器零部件支付运费：

借：管理费用　　10 000

　　贷：银行存款　　10 000

机器零部件验收入库时：

借：库存商品　　102 000

　　贷：委托加工物资　　102 000

分析：该机器制造厂在委托加工材料时，对往返途中支付的运费 20 000 元没有计入委托加工材料成本，而直接计入了“管理费用”账户，造成当期该机器制造厂的应纳税所得额减少 20 000 元。

（2）工资成本的检查。

对于工资成本，其重点检查目标就是发生的工资成本是否真实。为此，应通过“应付职工薪酬”科目，检查企业有无虚列员工名单、谎报工资的现象；有无将企业的资产或财产损失、捐赠甚至违法支出列入工资的现象；所提取的职工福利费、工会经费和职工教育经费是否符合税法规定的依据和比例等。

（3）制造费用的检查。

关于固定资产折旧的检查，后文会具体介绍。对办公费、水电费、修理费等以现金或银行存款直接支付的费用检查时，主要查看“制造费用”明细账，对变化异常的发生额要注意查明原因，检查有无擅自提高费用开支标准的情形。

2. 成本计算的检查

生产成本，是指为制造产品或提供劳务而发生的成本，主要由直接材料、直接人工和制造费用三个项目构成。

直接材料，指直接用于产品生产并构成产品实体或主要成分的原料、主要材料、外购半成品、有助于产品形成的辅助材料，以及直接用于产品生产的各种燃料和动力费用。对直接材料的归集应遵循以下原则：凡属于制造产品耗用的直接材料费用，应直接计入“生产成本——基本生产成本”；凡属于辅助生产车间为进行产品或劳务生产而耗用的直接材料费用，应直接计入“生产成本——辅助生产成本”；凡属于几种产品共同耗用的直接材料费用，因领用时无法确定每种产品耗用的数量，应按照一定标准在各种产品之间进行分配。然后根据分配环节和对象进行归集，计入“生产成本——基本生产成本”或“生产成本——辅助生产成本”科目。直接人工，指企业给予直接参加产品制造的生产工人的报酬以及其他相关支出。直接人工的归集主要依据考勤记录、产量和工时记录，检查时，可查阅相关记录资料。制造费用，指企业车间为生产产品和提供劳务而发生的各项间接费用。为了归集、汇总和分配企业在生产过程中发生的制造费用，应设置“制造费用”科目，通过该科目账户来检查企业对制造费用的归集是否正确。

对于发生的生产成本，应在完工产品和在产品之间进行分配。对于大量大批的单步骤生产企业，主要采用品种法来计算产品成本，由于其产品生产不分步骤，生产周期短，一般产品成本均计入完工产品成本。对于单件、小批生产的企业，主要采用分批法计算产品成本，由于其以生产周期作为成本计算期，在每件或每批产品完工前，汇集在生产成本明细账中的费用就是在产品成本，完工后则构成完工产品成本，一般不存在生产成本在两者之间的分配问题。对于大量大批的多步骤生产企业，主要采用分步法计算产品成本。其生产工艺可以分多步骤间断进行，月末时，一般既有完工产品又有在产品，所以要注意产品成本在两者之间的分配问题。检查时，了解企业的生产类型是一个重要前提。

企业的完工产品包括产成品、自制材料及自制工具、模型等低值易耗品，以及为在建工程生产的专用设备和提供的修理劳务等。本月完工产品的成本应从“生产成本”科目的贷方转入有关科目：其中完工入库的产成品的成本，转入“产成品”科目的借方；完工自制材料、工具、模型等的成本，转入“原材料”等科目的借方；为企业在建工程提供的劳务费用，月末不论是否完工，都应将其实际成本转入“在建工程”科目的借方。“生产成本——基本生产成本”科目月末余额，就是基本生产车间在产品的成本。通过检查“产成品”、“原材料”等相关科目来审核企业对完工产品成本的计算是否正确。

3. 期间费用检查

（1）管理费用检查内容及方法。

管理费用是指企业的行政部门为管理组织经营活动提供各项支援性服务而发生的费用。

对管理费用进行检查时，要对支出的具体内容进行分析，主要检查有无不属于管理费用的支出；有无违反开支标准和发放范围的支出；有无违反财经纪律的支出等。

检查时，首先检查“管理费用”总账的借方发生额，对发生额异常的月份进行重点分析，找出存在的问题；然后检查“管理费用”明细账的借方发生额和摘要栏，逐项检查。

（2）销售费用检查内容及方法。

销售费用是指应由企业负担的为销售商品而发生的费用，包括广告费、运输费、装卸费、包装费、展览费、保险费、销售佣金（能直接认定的进口佣金调整商品进价成本)、代销手续费、经营性租赁费及销售部门发生的差旅费、工资、福利费等费用。

对销售费用的检查，主要检查有无扩大销售费用开支范围的情况；有无提高销售费用列支标准的问题；有无弄虚作假、贪污浪费的问题。另外，由于销售费用包含的费用项目较多，所以，要对其下设的子项目进行明细检查，可以选出部分重要项目进行检查，有助于提高检查效率。

[**案例 6-6**] 某企业 2009 年取得的销售收入为 2 000 万元，广告费实际支出额为 450 万元。该企业在本年度将广告费 450 万元全额从销售收入中扣除。

分析：根据税法规定，企业发生的符合条件的广告费和业务宣传费支出，除国务院财政、税务主管部门另有规定外，不超过当年销售（营业）收入 15% 的部分，准予扣除；超过部分，准予结转以后纳税年度扣除。

该企业 2009 年广告费税前扣除限额 = 2 000 × 15% = 300 万元

本年度该企业实际支付广告费 450 万元 > 300 万元，本年度广告费只允许税前扣除 300 万元，应调增应纳税所得额 150 万元，尚未扣除的广告费 150 万元，可结转以后年度扣除。

(3) 财务费用检查内容及方法。

财务费用是指企业筹集经营性资金而发生的费用，包括利息净支出、汇总净损失、金融机构手续费以及其他非资本化支出。

对财务费用的检查，主要检查企业的财务处理是否正确；有无将不属于财务费用的支出列入财务费用中；有无只计财务支出而不计财务收入的情况；支付的财务费用是否超出税法规定的标准。

4. 税金的检查

税金是指企业发生的除企业所得税和允许抵扣的增值税以外的企业缴纳的各项税金及其附加。即企业按规定缴纳的消费税、营业税、城市维护建设税、关税、资源税、土地增值税、房产税、车船税、土地使用税、印花税、教育费附加等产品销售税金及附加。这些已纳税金准予扣除。

税金的检查，主要是检查企业的税金扣除项目是否准确，有无将不属于扣除范围的税金计入其中。

5. 损失的检查

企业在生产经营活动中实际发生的、与取得应税收入有关的资产损失，包括现金损失，存款损失，坏账损失，贷款损失，股权投资损失，固定资产和存货的盘亏、毁损、报废、被盗损失，自然灾害等不可抗力因素造成的损失以及其他损失可在计算应纳税所得额时扣除。

检查时，主要包括两方面的内容，一是发生的损失是否真实，二是计入损失的金额是否准确，有无将故意造成的损失计入其中。

6. 亏损弥补的检查

税法中规定，企业某一纳税年度发生的亏损可以用下一年度的所得弥补，下一年度所得不足弥补的，可以逐年延续弥补，但最长不得超过 5 年。

如果企业连续发生年度亏损，下一年营利后，应首先弥补以前年度的亏损。若盈利额大于以前年度累计的亏损额，且未超过弥补年限，可将亏损一次性弥补；否则，先弥补第一个年度的亏损额，以此类推。若超过法定弥补年限，未补足部分则不得再弥补。对于这方面的检查，主要是看企业对损失的弥补方式是否符合法律规定，是否存在超过法定弥补年限的损失弥补情形。

四、资产的检查

资产是由于资本投资而形成的财产，对于资本性支出以及无形资产受让、开办、开发费用，不允许作为成本、费用从纳税人的收入总额中做一次性扣除，只能采取分次计提折旧或分次摊销的方式予以扣除。税法规定，纳入税务处理范围的资产形式主要有固定资产、生物资产、无形资产、长期待摊费用、投资资产、存货等，均以历史成本为计税基础。

1. 固定资产的检查

（1）固定资产计税基础的检查。

固定资产的取得方式有很多，计税基础也不尽相同。对固定资产计税基础的检查，主要是根据有关制度规定，确定其计价是否正确。固定资产时常有增减变动，对于固定资产增加的检查，主要也就是对其计价的检查，而固定资产减少，主要有出售、报废清理、盘亏、意外灾害损失等几种情况，它所发生的收入或支出均在“固定资产清理”账户中反映，检查固定资产中所发生的收入和支出是否全部入账，有无瞒报收入、虚报损失等情况。

（2）固定资产折旧的检查。

对固定资产折旧的检查，包括对折旧范围的检查、折旧的计提方法的检查和折旧的计提年限的检查。其中，对折旧范围的检查，主要是检查企业是否将不得计提折旧的固定资产计提了折旧扣除。对于折旧的计提方法，按照规定，企业应当自固定资产投入使用月份的次月起计提折旧；停止使用的固定资产，自停止使用月份的次月起停止计提折旧。固定资产在计提折旧前，应当估计残值，从固定资产原值中减除，预计净残值一经确定，不得变更。对折旧计提年限，主要检查企业计提折旧是否符合税法规定年限。对于采用直线法计提折旧的，重点是检查是否按照国家规定的折旧年限和净残值率计算，是否存在人为变更情况。

[**案例 6－7**] 某企业 2008 年取得两台不同种类的新设备，其中，一台设备原值 100 万元，预计净残值 10 万元，另一台设备原值 150 万元，预计净残值 20 万元，按照税法规定，两台设备的最低折旧年限为 10 年。2009 年，一台设备经检测已经出现技术性落后，因此，该企业对两台设备同时采取了缩短折旧年限的方式，折旧年限缩短为 6 年。

分析：税法规定，企业的固定资产由于技术进步等原因，确需加速折旧的，可以缩短折旧年限或者采取加速折旧的方法。可采用以上折旧方法的固定资产是指：① 由于技术进步，产品更新换代较快的固定资产；② 常年处于强震动、高腐蚀状态的固定资产。税务稽查机关调查发现，该企业的另一项设备并没有发生上述税法规定的两种情况，而企业却缩短了该设备的折旧年限，以使得该企业少缴了企业所得税税款。

2. 无形资产的检查

（1）无形资产计税基础的检查。

税法规定，外购无形资产以购买和支付的相关税费，以及直接归属于使该资产达到预定用途发生的其他支出为计税基础；自行开发的无形资产，以开发过程中该资产符合资本化条件后至达到预定用途前发生的支出为计税基础；通过捐赠、投资、非货币性资产交换、债务重组等方式取得的无形资产，以该资产的公允价值和支付的相关税费为计税基础。检查时，主要是检查企业对无形资产计税基础的确定是否准确。

（2）无形资产摊销的检查。

无形资产摊销的检查，一方面要检查无形资产摊销的范围，看企业摊销的无形资产是否属于税法规定的不得计算摊销费用扣除的范围。另一方面，还要检查企业对无形资产的摊销方法及年限是否符合规定。无形资产的摊销要采取直线法，摊销年限不得低于 10 年。

3. 生物资产的检查

（1）生物资产计税基础的检查。

生产性生物资产按照以下方法确定计税基础，对于外购的生产性生物资产，以购买价款和支付的相关税费为计税基础；通过捐赠、投资、非货币性资产交换、债务重组等方式取得的生产性生物资产，以其公允价值和支付的相关税费为计税基础。主要检查"生产性生物资产"明细账中的借方发生额，对新增的生物性资产查阅相关合同、协议和原始凭证，通过实地查看核实生物资产的计价是否准确。

（2）生物资产折旧的检查。

生物资产的折旧的检查主要检查其折旧方法以及折旧年限。生产性生物资产按照直线法计提的折旧，准予扣除。应当自生产性生物资产投入使用月份的次月起计算折旧；停止使用的生产性生物资产，应当自停止使用月份的次月停止计算折旧。

4. 长期待摊费用检查

长期待摊费用，是指企业发生的应在一个年度以上或几个年度进行摊销的费用。检查时，通过检查“长期待摊费用”明细账，查看有无将其他固定资产的维修等支出列入改建支出，或将其他不允许税前列支的支出计入改建支出的情形。通过检查长期待摊费用摊销计算表，检查计算表中的摊销年限，检查对租入固定资产的改良支出是否在剩余租赁期内平均摊销；对已提足折旧的固定资产的改良支出是否按照预计尚可使用年限分期摊销；对已改建的固定资产延长使用年限的，是否适当延长了折旧年限；对其他应当作为长期待摊费用的支出，是否自支出发生月份的次月起，分期摊销，摊销年限是否低于 3 年。

五、税率的检查

企业所得税实行比例税率。现行规定，基本税率为 25%，适用于居民企业和在中国境内设有机构、场所且所得与机构、场所有关联的非居民企业。低税率为 20%，适用于在中国境内未设立机构、场所的，或者虽设立机构、场所但取得的所得与其所设机构、场所没有实际联系的非居民企业，但实际征税时适用 10% 的税率。国家需要重点扶持的高新技术企业适用 15% 的税率。小型微利企业适用 20% 的税率。检查时，主要查看企业对税率的适用是否准确。

六、税收优惠的检查

所得税优惠检查的范围是正在享受企业所得税减免税优惠政策的企业，主要包括高新技术企业、小型微利企业、新办软件生产企业、福利生产企业及其他享受税收优惠的相关企业。

检查时，要核实企业是否符合享受优惠政策对象的条件，享受优惠的项目是否在法定范围之内，享受优惠的时间是否在法定期限以内，享受优惠的金额是否准确，企业同时从事减免项目和非减免项目的，有无分别核算，不能分别核算的，不得享受减免税。

第二节　个人所得税的检查

一、纳税人以及税率的检查

（一）纳税义务人和扣缴义务人的检查

个人所得税的纳税义务人依据住所和居住时间两个标准，可分为居民纳税义务人和非居民纳税义务人。居民纳税义务人，是指在中国境内有住所，或者无住所而在中国境内居住满一年的个人，负有无限纳税义务。非居民纳税义务人，是指不符合居民纳税义务人判定标准（条件）的纳税义务人，承担有限纳税义务，即仅就其来源于中国境内的所得，向中国缴纳个人所得税。对纳税义务人的检查，关键是要区分居民纳税义务人和非居民纳税义务人。对居民纳税人和非居民纳税人的检查方法主要有：

（1）对在中国境内任职的外籍人员，检查其与任职单位签署的合同、薪酬发放资料，对照个人护照记录，到进出境机关核实了解进出境时间，并根据相关税收协定的规定，判断其属于居民纳税义务人还是非居民纳税义务人①。

（2）检查居民纳税义务人的纳税义务履行情况时，尤其要重点检查其境外取得的所得是否按时缴纳了税款，检查是否存在居民纳税人按非居民纳税义务人履行纳税义务的情形。

（3）通过检查企业“应付职工薪酬”、“应付利息”、“财务费用”等账户，查询纳税人买卖股票、证券、基金及福利彩票等获得的所得，检查纳税人在一个纳税年度获得的各项所得总和是否达到12万元以上，是否按规定办理了纳税申报。

[案例6-8] 我国某居民2009年来自国内所得8万元，另外还从A国取得应税收入，因在A国出版著作，获得稿酬收入（版税）折合成人民币15 000元，并在A国缴纳该项收入的个人所得税1 220元。该居民仅就国内所得申报缴纳了2万元个人所得税，解释原因是其获得的境外所得已在国外缴纳过税款。

分析： 经过调查，由于该居民在我国境内有住所，属于我国个人所得税的居民纳税人，应就其境内、境外所得征税。

$$\text{境外所得缴纳的个人所得税可抵免限额} = [15\,000 \times (1-20\%) \times 20\%] \times (1-30\%) = 1\,680\text{ 元}$$

该居民在A国缴纳的税收1 220元，低于抵免限额，因此可以全额抵扣，并需在中国补缴差额部分的税款，计460元（1 680－1 220）。

根据《个人所得税法》和《个人所得税法实施条例》的规定，扣缴义务人是指，个人所得税以支付所得的单位或个人为扣缴义务人，扣缴义务人在向个人支付应税款项时，应当按照税法规定代扣税款，按时缴纳税款。检查时，通过“应付职工薪酬”、“应交税费——应交个人所得税”等明细账，审查职工薪酬发放单，核实职工的工资收入，扣缴义务人是否按规定履行了代扣代缴义务。通过检查“生产成本”、“管理费用”、“销售费用”等明细账，核实企业有无支付给外聘人员的费用，是否按规定代扣

---

① 杨森平，刘在军．纳税检查．广州：暨南大学出版社，2009：253.

代缴了税款。通过检查“利润分配——应付股利”、“财务费用”等账户，核实对支付给个人的股息、红利、利息是否全额计算扣缴了税款。

（二）税率的检查

对适用税率的检查，要注意个人所得的项目不同，适用的税率也不同。检查时，要重点检查工资薪金所得、个体工商户生产经营所得和对企事业单位的承包承租经营所得以及个人取得畸高劳务报酬所得适用的税率是否正确。

二、应税所得项目的检查

（一）工资、薪金所得的检查

工资、薪金所得，是指个人因任职或者受雇而取得的工资、薪金、奖金、年终加薪、劳动分红、津贴、补贴以及任职或者受雇有关的其他所得。对工资、薪金所得的检查，主要是检查纳税人取得的工资、薪金收入总额，扣除按规定免税项目所得和费用扣除额后的余额的计算是否正确，取得的所得是否如实申报，有无少报、瞒报情况。

1. 单位支付应税工资、薪金收入的检查

对扣缴义务人支付个人的应税工资、薪金收入，主要是检查纳税义务人或者扣缴义务人申报纳税的工资、薪金收入总额是否真实，有无少报工资、薪金收入的情况。由于工资、薪金应税收入项目种类较多、形式多样，检查时，应特别注意检查不通过“应付工资”账户核算的工资、薪金性质的应税收入项目，比如实物性应税工资、薪金收入项目，以防止税收的流失。

2. 费用等扣除项目的检查

对于减除费用的检查，应注意两个方面：一是从境内两处或两处以上取得工资、薪金所得，或者纳税人在一个月内从单位多次取得工资、薪金所得，以及居民纳税人分别从境内、境外获取的所得，有无重复扣除生计费用的问题；二是取得雇佣单位和派遣单位两处工资时，有无扣除两次生计费用的问题。

对于附加减除费用的检查，主要应注意有无扩大附加减除费用扣除范围的问题。

3. 特殊情形下取得工资、薪金应纳税所得额的检查

对个人一次性取得数月奖金或年终加薪、劳动分红检查时，要注意纳税人有无将其按月份进行分摊计算应纳税所得额，导致少纳税款的问题。对年薪制企业经营者取得工资、薪金收入检查时，首先要检查该企业的工资制度是否是年薪制，其次要检查其预缴、年终清缴税款是否正确。特殊行业职工工资、薪金收入的检查，主要是检查有无非特殊行业的职工利用特殊行业的特殊方法分摊所得以达到少纳税款的目的。

[案例6-9] 某房地产公司销售员张某由于其销售业绩突出，于2009年10月份获得年终一次性奖金8 000元，每月基本工资、薪金为3 000元，该公司对张某获得的一

次性奖金代扣代缴个人所得税额 1 225 元（8 000 × 20% − 375），张某对每月基本工资、薪金申报缴纳个人所得税额为 75 元[（3 000 − 2 000）× 10% − 25]，张某共承担个人所得税额为 1 300 元。

分析：对于当月取得全年一次性奖金的纳税方法，税法规定，如果雇员当月工资薪金所得高于（或等于）税法规定的费用扣除额的，适用公式为：

应纳税额 = 雇员当月取得全年一次性奖金 × 适用税率 − 速算扣除数

如果雇员当月工资薪金所得低于税法规定的费用扣除额的，适用公式为：

应纳税额 =（雇员当月取得全年一次性奖金 − 雇员当月工资薪金所得与费用扣除额的差额）× 适用税率 − 速算扣除数

其中，全年一次性奖金所适用的税率和速算扣除数是指将该一次性奖金除以 12 所对应的税率以及速算扣除数，因此，张某 8 000 元的奖金所对应税率应为 10%，速算扣除数为 25。

张某对全年一次性奖金应纳税额 = 8 000 × 10% − 25 = 775 元

因此，张某多缴个人所得税 450 元（1 225 − 775）。

（二）个体工商户生产、经营所得的检查

个体工商户生产、经营所得，包括：① 个体工商户从事工业、手工业、建筑业、交通运输业、商业、饮食业、服务业、修理业及其他行业取得的所得；② 个人经政府有关部门批准，取得执照，从事办学、医疗、咨询以及其他有偿服务活动取得的所得；③ 上述个体工商户和个人取得的与生产、经营有关的各项应税所得；④ 个人因从事彩票代销业务而取得的所得，应按照“个体工商户的生产、经营所得”项目计征个人所得税。⑤ 其他个人从事个体工商业生产、经营取得的所得。

主要检查有无将两处或以上取得的生产、经营所得分开计算纳税，降低适用税率，减少应纳税额的情况；检查有无隐匿收入、夸大损失等不正当手段减少应纳税所得额的情况。

（三）企事业单位承包经营、承租经营所得的检查

对企事业单位的承包经营、承租经营所得，是指个人承包经营或承租经营以及转包、转租取得的所得。

检查时，一是检查被承包或承租企业的工商登记执照的性质，是否变更为个体工商户。如果工商登记仍为企业的，则应进一步审查其是否首先按规定申报了企业所得税，然后按照承包、承租经营合同规定取得的所得申报个人所得税；如果工商登记已变更为个体工商户，则应审查是否按个体工商户的生产、经营所得项目申报个人所得税。二是

对应纳税所得额的检查。主要检查是否如实申报承包、承租经营所得，有无故意减少应税所得额的情况；检查是否按规定扣除生产成本、费用和损失等必要费用，有无随意扩大承包、承租经营的扣除范围的情况。

（四）劳务报酬所得的检查

劳务报酬所得，是指个人独立从事各种非雇佣的劳务所取得的所得。

检查时，首先要依据获取所得的个人与所得支付方存在的雇佣关系的存续时间、性质、依据、方式等方面，明确区分劳务报酬所得和工资薪金所得的差别，有无混淆两项所得的情形。在此基础上，个人从接受服务方取得劳务报酬，一般是到税务机关代开发票，应检查企业取得的发票是否合法，是否按规定扣缴了税款；雇佣方负担税款的，应检查其扣缴义务人是否将不含税的劳务报酬收入换算成了含税收入计税。此外，还要注意检查企事业单位有无接受零星劳务支付劳务费而不要求提供劳务方出具发票，也不扣缴个人所得税的情形；企事业单位有无内部员工为本单位或关联单位提供应税劳务获取劳务报酬，单位不扣缴，员工个人也不申报缴纳个人所得税的情形。

[案例 6-10] 李某为 H 公司的设计工程师，2010 年 5 月份经公司经理介绍，受托到 M 公司提供设计服务，最终取得设计收入 8 000 元，按协议由李某自行缴纳个人所得税。李某个人所得税计算如下：

应交个人所得税 = (8 000 - 2 000) × 20% - 375 = 825（元）

分析：李某将其获得的劳务报酬所得按工资、薪金所得计税，造成少缴个人所得税的情况。因为李某与 M 公司之间不存在固定岗位持续工作的长期雇用关系，其获得的设计费并非以工资形式获取，所以李某获得的 8 000 元应当属于劳务报酬所得，应按劳务报酬所得的计税方法计算缴纳个人所得税。具体如下：

李某的应纳个人所得税税额 = 8 000 × (1 - 20%) × 20% = 1 280（元）

李某应补缴个所得税税额 = 1 280 - 825 = 455（元）

（五）稿酬所得和特许权使用费所得的检查

稿酬所得，是指个人因其作品以图书、报刊形式出版、发表而取得的所得。特许权使用费所得，是指个人提供专利权、商标权、著作权、非专利技术以及其他特许权的使用权取得的所得。

(1) 对稿酬所得的检查，应注意以下几个问题：

① 作者出版一部著作所得稿酬，不管是分次取得还是一次性取得，均应一次性计征个人所得税；所取得的再版稿酬应作为另一次收入，应当再次计征个人所得税。作者的作品先在刊物上连载，应就其连载同一作品的全部稿酬所得一次性计征个人所得税；其后，又单独出书所得稿酬，应当再次计征个人所得税。

② 两个或两个以上的个人共同取得同一项目的收入，按规定需要减除费用的，可以对两个人取得的收入分别减除费用。

③ 对于任职、受雇于报刊、杂志等单位的记者、编辑等专业人员，在本单位的报刊、杂志上发表作品取得的收入，属于因任职、受雇而取得的所得，应当与当月工资收入合并，按“工资、薪金所得”项目缴纳个人所得税。除上述情况外的，应按“劳务报酬所得”项目缴纳个人所得税。

(2) 对特许权使用费所得的检查，主要通过分析纳税人的专利拥有情况、应税收入状况，检查纳税人有无隐瞒收入的现象；应注意纳税人能否提供合法的有效凭证，看是否存在虚列费用税前扣除的现象。

(六) 利息、股息、红利所得的检查

利息、股息、红利所得，是指个人拥有债权、股权而取得的利息、股息、红利所得。

利息，是指个人拥有债权而取得的利息，包括存款利息、贷款利息和各种债券的利息。股息、红利，是指个人拥有股权取得的股息、红利。按照一定的比率对每股发给的息金叫股息；公司、企业应分配的利润，按股份分配的叫红利。

对利息、股息、红利所得的检查，主要检查纳税人有无故意隐瞒所得不报的情况，是否按规定缴纳了个人所得税。可以从企业向个人支付利息情况进行着手，检查时，应根据“应付股利”、“应付利息”、“财务费用”等账户，审查企业有无把支付的利息、股息、红利所得按照工资、薪金所得，少代扣代缴个人所得税的情况。

(七) 财产租赁所得的检查

财产租赁所得，是指个人出租建筑物、土地使用权、机器设备、车船以及其他财产取得的所得。

对财产租赁所得的检查，主要检查纳税人有无隐瞒其财产租赁收入，少缴个人所得税的情形。检查时，还要注意一点，税法规定，准予扣除的项目除了规定费用和有关税费外，还准予扣除能够提供有效、准确凭证，证明由纳税人负担的该出租财产实际开支的修缮费用，但允许扣除的修缮费用，以每次 800 元为限，一次扣除不完的，准予在下一次继续扣除，直到扣完为止。

[案例 6-11] 王某将自有的一间 100 平米的房屋出租给李某经营餐馆，双方协议，租期 1 年，年租金 96 000 元，分 12 次每月初支付 8 000 元。其中，本月维修该房屋发生修缮费用 3 000 元，取得普通发票，除个人所得税外，其他准予扣除的税费合计 1 226 元均已缴纳。王某当月申报缴纳个人所得税 594.8 元。按照规定，发生的 3 000 元修缮费用不能一次性扣除，800 元为每次扣除最高限额。王某当月应纳个人所得税为 955.84 元[(8 000 - 1 226 - 800) × (1 - 20%) × 20%]，其少纳个人所得税 361.04 元

(955.84－594.8)。

（八）财产转让所得的检查

财产转让所得，是指个人转让有价证券、股权、建筑物、土地使用权、机器设备、车船以及其他财产取得的所得。

1. 财产转让应税收入的检查

通过了解掌握个人财产的转让情况，检查有无隐瞒不报或者少报财产转让收入的情况，纳税人是否依法进行了申报。

2. 扣除项目的检查

财产转让所得应纳税额的计算是从收入总额中，减去财产原值和合理税费之后的余额乘以税率，因此在检查时，根据核实纳税人或相关人员提供的财产凭证或其他有关凭证确认，检查有无扩大财产原值的情况，有无扩大缴纳的税金及有关合理费用的情况。

3. 个人住房转让所得的检查

随着房地产市场的活跃，个人转让房地产的行为也逐步升温，因此对个人住房转让所得的检查是纳税检查中所不可忽视的工作内容。

个人住房转让以实际成交价格为转让收入，纳税人申报的住房成交价格明显低于市场价格又无正当理由的，征收机关有权核定其转让收入。纳税人可凭有效凭证，经税务机关审核从转让收入中扣除房屋原值、转让过程中缴纳的税金及有关合理费用。根据房屋性质的不同，分为商品房、自建住房、经济适用房、已购公有住房、城镇拆迁安置住房等，需要针对其转让房屋的性质，确定其房屋原值。转让过程中缴纳的税金是指营业税、城市维护建设税、教育费附加、土地增值税、印花税等。合理费用，是指纳税人按照规定实际支付的住房装修费用、住房贷款利息、手续费、公证费等。检查时，要注意有无扩大税金和有关合理费用的情况。

（九）偶然所得和其他所得的检查

偶然所得，是指个人得奖、中奖、中彩以及其他偶然性质的所得。

检查时，应注意取得的偶然所得是否为实物所得，如果是实物所得，应检查其折合的人民币是否正确，有无故意压低价格的情况。税法规定，偶然所得应缴纳的个人所得税税款，一律由发奖单位或机构代扣代缴，所以要检查代扣代缴单位是否正确履行了代扣代缴义务。

[案例6－12] 2009年，黄某因购买体育彩票中奖获得奖金100万元，其中将40万元通过当地民政部门捐赠给贫困山区用于道路建设，税务机关发现黄某的个人所得税申报存在问题：

应纳税额＝(100－40)×20%　＝12万元

分析：税法规定，个人将其所得通过中国境内的社会团体、国家机关向教育和其他社会公益事业以及遭受自然灾害地区、贫困地区捐赠，捐赠额未超过纳税义务人申报的应纳税所得额30%的部分，可以从其应纳税所得额中扣除。

黄某允许扣除的公益性捐赠额 = 100 × 30% = 30 万元 < 40 万元

因此，黄某多扣除了10万元，应补缴个人所得税2万元（10 × 20%）。

三、税额抵免的检查

税法规定，纳税义务人从中国境外取得的所得，准予其在应纳税额中扣除已在境外缴纳的个人所得税税额。

检查时，应审查纳税人是否提供了境外税务机关填发的完税凭证原件，对境外缴纳的个人所得额是否真实。另外，税法要求，在中国境内有住所，或者无住所而在境内居住满1年的个人，从中国境内和境外取得的所得，应当分别计算应纳税额。

［**案例6－13**］ M市地税稽查局经群众举报，某软件开发公司经理王某于2009年10月获得一笔来源于境外的所得，没有申报缴纳个人所得税款。经调查，王某去年在国外某公司进行了一笔投资，本年6月份取得该国净股息所得5 000美元，折合成人民币为33 300元，已被扣缴个人所得税875美元，折合成人民币5 827.5元，并收到了该国的合法完税凭证。王某没有再向国内居住地地税局申报缴纳个人所得税额。

分析：根据我国《个人所得税法》规定，王某在我国境内有住所，是我国税法规定的居民纳税人，应就其来源于境内、境外的所得向我国申报缴纳个人所得税。为避免重复征税，其在国外缴纳的个人所得税可在抵免限额内予以抵免。

来自该国所得的抵免限额 = (33 300 + 5 827.5) × 20% = 7 825.5（元）

王某在该国已经缴纳的所得税额5 827.5元小于抵免限额7 825.5元，因此可以全部抵免。但王某还需要向我国补缴个人所得税。

王某应补缴个人所得税额 = 7 825.5 − 5 827.5 = 1 998（元）

四、税收优惠的检查

我国对于个人所得税的税收优惠，主要包括免征个人所得税的优惠，减征个人所得税的优惠以及暂免征收个人所得税的优惠。除此之外，《个人所得税法实施条例》规定："在中国境内无住所，但是居住1年以上5年以下的个人，其来源于中国境外的所得，经主管税务机关批准，可以只就由中国境内公司、企业以及其他经济组织或者个人支付的部分缴纳个人所得税；居住超过5年的个人，从第6年起，应当就其来源于中国境内外的全部所得缴纳个人所得税。”《个人所得税法实施条例》还规定：“在中国境内无住所，但是在一个纳税年度中在中国境内连续或者累计居住不超过90日的个人，其来源于中国境内的所得，由境外雇主支付并且不由该雇主在中国境内的机构、场所负担的部分，免于缴纳个人所得税。”

对于税收优惠的检查，主要检查个人享受的税收优惠是否符合税法规定的享受优惠的具体条件，有无骗取税收优惠的情形。对于企业以“生活补助”名义发放的项目，要逐项检查原始资料，核对受助人员是否符合补助条件，有无名为补助、实为变相福利的情况。

第七章

其他税种的检查

内容提要

除流转税和所得税外，资源税、房产税等税种尽管在全国税收收入总量中所占的比例不大，但是它们在商品不同流转环节、收入分配以及宏观调控上都发挥着较大的作用，有些甚至构成地方政府的主要财政来源，因此对这些税种的检查也不容忽视。本章主要介绍资源税、印花税、土地增值税、房产税、城镇土地使用税的相关法律规定及检查方法，重点内容包括各税种的具体特点和检查技巧。

第一节　资源税的检查

一、纳税义务人、扣缴义务人和征税范围的检查

（一）相关法律规定

资源税的纳税义务人为在中华人民共和国境内开采应税矿产品或生产盐的单位和个人。资源税的扣缴义务人为收购未税矿产品的单位。

资源税征税范围有矿产品和盐两大类，其中矿产品包括原油、天然气、煤炭、其他非金属矿原矿、黑色金属矿原矿、有色金属矿原矿，盐包括固体盐和液体盐。

（二）主要检查方法

1. 临时开采资源的纳税人未按规定进行申报的检查

对临时开采、不定期作业、零散隐蔽的纳税人进行检查时应注意以下几个方面：

（1）到矿产资源管理部门调查，摸清辖区内开采矿产品或生产盐的企业经营者名单，掌握其采矿许可证的颁发情况。

（2）实地检查经营者的具体经营内容，核实是否属于资源税的应税范围，以此确认经营者是否为资源税的纳税义务人。

（3）检查经常性发生收购未税矿产品业务的单位时，从检查“原材料”、“应付账

款”、“其他应付款”、“银行存款”、“应交税费”等账户入手，并结合实地查看，确定购进耗用的原材料是否为资源税应税产品，以发现是否存在收购未税矿产品行为，同时也便于及时从中发现不定期开采、临时开采或零散开采的资源税纳税人。

2. 伴生矿产品未按规定进行申报的检查

对纳税人开采矿产品或生产盐的过程中伴生、伴采矿未按规定申报纳税进行检查时，应深入车间、仓库，通过实地观察生产场所，了解生产经营流程、耗材和产品，查询与纳税人有经营往来关系的单位及个人，检查纳税人的“原材料”、“库存商品”、“其他应付款”、“管理费用”、“应交税费”等账户，核对入库单、货物运输发票等原始资料，查核纳税人是否有在开采、生产、购进等环节隐匿属于某一特定应税资源范围的行为。

二、计税依据的检查

（一）相关法律规定

资源税的应纳税额，按照应税产品的课税数量和规定的单位税额计算。煤炭，对于连续加工前无法正确计算原煤移送使用数量的，可按加工产品的综合回收率，将加工产品实际销量和自用量折算成原煤数量作为课税数量；金属和非金属矿产品原矿，因无法准确掌握纳税人移送使用原矿数量的，可将其精矿按选矿比折算成原矿数量作为课税数量。

（二）主要检查方法

1. 自产、自用应税产品数量的检查

企业在生产、生活过程中消耗自用产品，数量操控性不强，难以核准。如煤炭企业的食堂、浴室耗用的生活用煤，下属商店、服务公司等耗用的取暖用煤等，检查时可直接检查“库存商品”明细账的贷方发生额和“生产成本”的借方发生额，对照产品实物账及“产品出库单”或“领料单”，核实企业是否按当期应税产品的实际消耗数量作为资源税的计税数量。如果当期有产品损耗，还应认真检查“待处理财产损益”明细账及“账存实存对比表”和“盘存单”，以便核实损耗的具体原因及真实数量，报经有关部门审批后，再从计税数量中予以剔除。将核实数量与企业纳税申报表上的申报数量相核对，如不相符，应按核实的数量计算应纳税款，确定应补税数额。还应检查“生产成本”总账及明细账，特别是涉及“生产成本”贷方发生额的，要根据记账凭证上的科目对应关系逐笔查对，核实纳税人是否有将生产的应税产品自用后直接冲减“生产成本”，不作库存商品增加和减少的账务处理，进而少申报缴纳税款。

2. 煤矿以自产原煤连续加工洗煤、选煤或用于炼焦、发电用煤的检查

对于连续加工前无法计算耗用量，按产品综合回收率计算的，检查时需从“库存

商品”明细账入手，先核实加工后的入库产品数量，再核实企业还原计算的原煤数量和资源税纳税申报表，验证企业使用的折算比是否符合规定，折算使用的加工后产品数量是否真实，折算的原煤课税数量是否准确。

3. 按选矿比将精矿折算为原矿数量的检查

首先应检查“库存商品——××精矿”明细账，查看原始入库单据，并实地监测，核实车间精矿数量是否账实相符，并按规定的选矿比计算出原矿数量，再与企业申报的原矿数量相比较，核实是否少申报缴纳税款。

4. 应税产品产量的检查

检查时可先检查“生产成本”账户的贷方结转数量，并与产品成本计算表上的“完工产品数量”、“库存商品”账户借方当期增加数量相核对，核实当期增加数量，确定当期实际产量，再与纳税申报表上的申报数量进行核对，从中发现企业是否有申报课税数量小于实际生产数量，或“库存商品”账面数量小于实际生产数量的问题。

5. 扣缴义务人收购未税矿产品数量的检查

扣缴义务人属于商品流通企业的，应检查“库存商品”明细账的借方发生额，并结合检查“商品入库单”和购货发票等原始凭证，核实购进未税矿产品的数量。扣缴义务人属工矿企业的，应检查其“原材料”账户，结合“材料入库单”、“发货票”、“货物运输发票”等原始资料的审核，查实购进未税矿产品的数量，再与企业申报纳税的课税数量相核对，若申报数量小于核实的数量，说明扣缴义务人少扣缴了税款。

三、适用税目和税额的检查

（一）相关法律规定

资源税的税目、税额，依照《资源税税目税额幅度表》及财政部的有关规定执行。纳税人开采或者生产不同税目应税产品的，应当分别核算不同税目应税产品的课税数量，未分别核算或者不能准确提供不同税目应税产品的课税数量的，从高适用税额。扣缴义务人适用的税额按如下规定执行：独立矿山、联合企业收购未税矿产品的单位，按照本单位应税矿产品税额标准，依据收购的数量代扣代缴资源税；其他收购单位收购的未税矿产品，按税务机关核定的应税矿产品税额标准，依据收购的数量代扣代缴资源税。

（二）主要检查方法

1. 降低或混淆应税产品等级的检查

检查时，先检查“生产成本”、“库存商品”等账户，核实生产入库和销售结转应税产品的等级、数量认定是否正确；再检查“银行存款”、“主营业务成本”、“主营业务收入”等账户，核实结转的应税产品的销售成本和销售价格，佐证应税产品的等级、数量认定是否无误；然后按核实认定的等级，确定适用的单位税额；最后根据各等级数量、适用的单位税额计算应纳税额，与企业“应交税费——应交资源税”账户的贷方发生额以及纳税申报表上的应纳税额核对，从中发现企业是否存在降低或混淆产品等级少申报缴纳税款的行为。

2. 油田的稠油、高凝油与稀油的检查

首先检查“生产成本”、“库存商品”等明细账以及油田的生产记录，核实企业稠油、高凝油及稀油的产量；其次检查“银行存款”、“主营业务成本”、“主营业务收入”等账户以及销售发票等资料，对照销售价格，掌握企业稠油、高凝油及稀油的实际销售数量，推算企业稠油、高凝油及稀油的实际产量，进而查实企业有无混记、混销稠油、高凝油与稀油的情况。其中对划分不清的，一律按原油的数量课税。

3. 液体盐加工成固体盐进行销售的检查

对盐场（厂）检查时，可以采取倒推计算法，即先从企业的销售环节入手，根据开具销售发票上记载的销售数量和单位价格，确定销售盐的种类和数量；再检查企业的生产加工环节，按照盐的生产加工流程，核实液体盐和固体盐的生产、加工、结转数量；将检查掌握的有关数据资料对比分析，核实数量上、分类上是否一致，同时对照税金计算表，发现企业是否存在将固体盐当作液体盐进行申报以降低适用税额、减少应税数量的问题。

四、税收优惠的检查

（一）相关法律规定

资源税的相关税收优惠：

（1）开采原油过程中用于加热、修井的原油，免税。

（2）纳税人开采或者生产应税产品过程中，因意外事故或者自然灾害等原因遭受重大损失的，由省、自治区、直辖市人民政府酌情决定减税或者免税。

（3）对地面抽采煤层气暂不征收资源税。

（二）主要检查方法

1. 使用原油免税情况的检查

检查与原油免税有关的会计资料，使用审批手续，出库、入库记录，核实免税原油的使用数量。并通过询问调查有关人员，掌握原油的实际流向和用途，并根据使用单位的工作计划、生产记录和有关的技术资料，验证开采过程中用于加热、修井使用原油的真实性，核查有无以加热、修井名义领取原油但实际改变用途的情况。对不能准确提供使用数量或不单独核算的，不得享受免税待遇。

2. 纳税人损失数量减免税的检查

在检查中可采取账实对照的方法进行检查，即以各种资产账目为基础，核对企业的报损清单，对部分损失较大的资产或贵重资产进行实地清查，以核实企业损失的真实数量，看企业有无多报、虚报损失的情况。

[**案例7-1**] 某矿山开采铁矿石，并精选部分原矿，该铁矿每吨应纳资源税25元，2010年8月，在对该矿山上半年的纳税情况进行检查时，将"主营业务收入——原矿销售收入"明细账上的销售数量，与精矿销售数量相加，正好与纳税申报表上的数量相等。说明该矿在计算缴纳资源税时，没有将精矿折算为原矿，而是直接按销售的精矿数量计算纳税（销售精矿300吨，经核定的选矿比例为1:1.5）。经查实，属新任会计人员业务不熟悉造成的。

《资源税暂行条例》第6条规定，"纳税人开采或生产应税产品销售的，以销售数量为课税数量；纳税人开采或者生产应税产品自用的，以自用数量为课税数量"。《资源税暂行条例实施细则》第5条规定，"纳税人不能准确提供应税产品销售量或移送使用数量的，以应税产品的产量或主管税务机关确定的折算比换算成的数量为课税数量。"

该矿山直接按精矿销售数量计算缴纳资源税，使计税数量减少150吨（300×1.5-300），造成少缴纳资源税3 750元，应予以补缴税款。

(1) 补缴少缴的税款

借：营业税金及附加	3 750	
贷：应交税费——应交资源税		3 750

(2) 上缴应补缴的税款

借：应交税费——应交资源税	3 750	
贷：银行存款		3 750

第二节　印花税的检查

一、纳税义务人和征税范围的检查

(一) 相关法律规定

在中华人民共和国境内书立、领受《税目税率表》中所列举的凭证和财政部确定的其他凭证的单位和个人，都是印花税的纳税义务人。这些单位和个人，按照书立、使用、领受应税凭证的不同，可以分别确定为立合同人、立据人、立账簿人、领受人和使用人五种。

免纳印花税的凭证：已缴纳印花税的凭证的副本或者抄本；财产所有人将财产赠给政府、社会福利单位、学校所立的书据；经财政部批准免税的其他凭证；国家指定的收购部门与村民委员会、农民个人书立的农副产品收购合同；无息、贴息贷款合同；外国政府或者国际金融组织向我国政府及国家金融机构提供优惠贷款所书立的合同。

（二）主要检查方法

1. 应税合同的检查

（1）检查过程中，应当以经济主体所订立的契约或意向书是否具有合同的性质，是否能起到合同的作用为标准，而不是以其订立的契约或意向书的名称为标准，判断其是否属于具有法律效力的合同或具有合同性质的凭证，进而判断其是否应该贴花纳税。

（2）检查时要注意纳税人有无故意混淆合同性质的行为，如将有息贷款合同作为无息贷款合同、将农村手工业品购销合同作为农副产品收购合同。对存在上述情况的，应深入企业单位内部供销、储运、业务等各有关部门，根据实质重于形式的原则，对企业单位所订立的各种合同、单据进行分类，区分哪些是应税合同、哪些是非应税合同以及免税合同。

（3）将应税合同的纳税贴花金额进行汇总，并与“管理费用”账户中的印花税支出数额进行核对，核实是否有应税未贴或少贴印花税的情况。

2. 应税书据的检查

（1）应分清书据的订立方式，如果书据是以合同方式签订的，则持有书据的各方都应按全额纳税贴花；如果书据是由单方订立的，则应由立据人贴花，接受书据人不必再次贴花。但应注意的是，如果立书据人未贴或少贴印花，书据的持有人已接受了这张书据，应当由持有人负责对其补贴印花税票。

（2）核实免税书据的具体内容，应注意纳税人是否混淆了应税书据与免税书据，有无将应税书据当作免税或不征税书据处理的现象，从而核实应税书据是否已按规定计税贴花。

3. 应税账簿的检查

（1）分清企业单位的会计核算形式。对采用一级核算的，只就财会部门设置的账簿纳税贴花，对设置在其他部门、车间的明细分类账簿不贴花；对采用分级核算形式的，除财会部门的账簿应贴花外，财会部门设置在其他部门和车间的明细分类账，也应按规定贴花。

（2）分清企业单位的记账方式和营业账簿形式。在采用手工记账方式下，日常设置的营业账簿，无论是订本式账簿，还是活页式、卡片式账簿，都应按规定贴花。对日常用单页表式记载资金活动情况，即以表代账的，在未形成账簿（册）前，暂不贴花，待装订成册时，按册贴花。在采用电子计算机记账方式下，对平时输入计算机的综合、明细核算资料，在输出打印账页、装订成册后，应按照规定贴花。

（3）应深入到企业单位的财会部门了解企业的财务会计核算形式和设置账簿的名称、种类与内容，在此基础上再检查各种应税账簿是否已按规定贴花。对记载资金的账簿，检查“资本公积”和“实收资本”账户金额是否增加，增加金额部分是否已贴足印花；对其他应税账簿，要检查账簿首页上角是否贴足印花税票，贴花后是否按规定画销。

4. 领受人的检查

（1）分清政府部门颁发的权利、许可证照与其他企业、单位、社会中介机构出具的单据和证明的界限，注意其获得的由政府部门颁发的权利、许可证照是否已按规定计税贴花。

（2）了解权利、许可证照的来源、种类与名称，在检查应税的权利、许可证照的同时，核实其贴花情况。

5. 使用人的检查

（1）通过审核合同内容确认合同签订的地点，对于在国内签订合同的，应以立合同人为纳税人，并且签订合同的各方都应各自就其所签订的合同金额计税贴花。对于合同在国外签订、在国内使用的，不论其使用人与立合同人是否一致，均应以使用人为纳税人，使用人应就其所使用的合同计税贴花。应注意合同使用人（尤其是企业）有无借口合同在国外已纳税而在国内不贴花。

（2）应把对使用人的检查和对立合同人的检查联系起来，首先了解企业在生产经营过程中与外界所签的协议、订立的合同以及所实际履行的约定，并对其进行分类，区分应税合同与非应税合同以及免税合同，并在应税合同中找出哪些合同是在国外订立，由该企业在国内使用的。然后再检查企业应税合同的纳税情况，核实其有无少贴或不贴花的行为。

二、计税依据的检查

（一）相关法律规定

纳税人根据应纳税凭证的性质，分别按比例税率或者按件定额计算应纳税额。印花税的计税依据有两种，一是对合同、产权转移书据及记载资金的账簿，按凭证所载金额作为计税依据，实行从价定率计税贴花；二是对记载资金账簿以外的营业账簿，权利、许可证照，按件为计税依据，计税贴花。

（二）主要检查方法

（1）对应税合同计税依据检查时，首先要逐项审阅应税合同，确定计税金额和应纳税额。如对各类技术合同只就合同所载的报酬金额贴花，研究开发经费不作为计税依据。其次，把确定的应纳税额与粘贴的应税合同上的印花税票或缴纳印花税的缴款书核对，补贴少贴的印花。

(2) 对记载资金的营业账簿计税依据检查时，检查“实收资本”和“资本公积”账户，资金总额增加的，审核企业是否按规定补贴了印花。

(3) 对适用定额税率的应税凭证计税依据检查时，核实应税凭证的件数及每件应税凭证的计税贴花情况，应注意纳税人是否有疏忽遗漏或故意隐匿应税凭证的问题。

[案例 7-2] 税务人员发现某企业存在偷逃印花税的问题，税务人员重点对该企业加工、购销合同进行检查。税务人员从检查账目人手，对原材料购进和委托加工明细账进行查阅，在核对原材料购进原始凭证时，发现该企业与某金属材料供应公司签订的购货合同一份，金额 300 000 元，合同编号为15#。

该企业本月应交的印花税没有将此笔计算在内。经查，该企业本月共计算缴纳印花税10份，漏记购进合同1份，金额 300 000 元；2 份加工合同，漏记加工费 280 000 元。

该企业签订购销、委托加工合同，不按规定缴纳印花税，违反了《中华人民共和国印花税暂行条例》第 5 条的规定，根据印花税轻税重罚的原则，经研究决定处以所欠税款 5 倍的罚款：

购销合同应补缴印花税：300 000 ×0.3‰ =90（元）

委托加工合同应补缴印花税 =280 000 ×0.5‰ =140（元）

合计应补缴印花税 =90 +140 =230（元）

账务调整如下：

补缴税款时：

借：管理费用	230	
贷：银行存款		230

上交税务罚款：

借：营业外支出	1 150	
贷：银行存款		1 150

第三节 土地增值税的检查

一、纳税义务人的检查

(一) 相关法律规定

转让国有土地使用权、地上的建筑物及其附着物（以下简称转让房地产）并取得收入的单位和个人，为土地增值税的纳税义务人，应当依照《土地增值税暂行条例》

交纳土地增值税。

（二）主要检查方法

（1）检查“固定资产”和“无形资产”明细账，了解其拥有的国有土地使用权、地上建筑物及其附着物发生增减变化的情况，发生减少的，要通过土地、房产等管理部门核实被查单位拥有的国有土地使用权、地上建筑物及其附着物的变化，进一步确定是否转让了其拥有的房地产和土地并取得收入，转让并取得收入的单位或个人为土地增值税纳税义务人。

（2）对不设置账簿或账簿记录不完整的单位和个人，应当深入实地进行调查，通过走访、询问土地、房产、受让方等部门和单位了解被查单位是否发生了有偿转让国有土地使用权、地上的建筑物及其附着物的行为，发生转让行为并取得收入的单位或个人为土地增值税纳税义务人。

（3）对未办理土地使用权证而转让土地的单位和个人，结合“营业外收入”、“其他业务收入”、“资本公积”和“银行存款”等账户，确定是否有未办理土地使用证而转让土地使用权的情况。根据国税函〔2007〕645号文件的规定：只要土地使用者享有占有、使用、收益或处分该土地的权利，且有合同等证据表明其实质转让、抵押或置换了土地使用权并取得了相应的经济利益，土地使用者及其对方当事人应当依照税法规定缴纳营业税、土地增值税和契税等相关税收。

二、征税范围的检查

（一）相关法律规定

土地增值税的征税范围为转让国有土地使用权、地上的建筑物及其附着物。征税范围的具体划分，详见表7－1、表7－2、表7－3。

表7－1　土地增值税征税范围

经济行为	征税范围
1. 以转让方式转让国有土地使用权、地上的建筑物及附着物	1. 转让国有土地使用权的。 2. 取得国有土地使用权进行房屋开发、建造，并出售的。 3. 出售存量房地产的。
2. 以房地产进行投资、联营	以土地（房地产）作价入股进行投资或联营的，凡所投资、联营的企业从事房地产开发的，或者房地产开发企业以其建造的商品房进行投资和联营的，或是投资联营企业将上述房地产再转让。

续表 7 – 1

经济行为	征税范围
3. 开发的房地产用于职工福利、奖励、对外投资、分配给股东或投资人、抵偿债务、换取其他单位和个人的非货币性资产	房地产开发企业将开发产品用于职工福利、奖励、对外投资、分配给股东或投资人、抵偿债务、换取其他单位和个人的非货币性资产等，发生所有权转移时应视同销售房地产。
4. 合作建房	一方出地，一方出资金，双方合作建房，建成后转让的。

表 7 – 2　　土地增值税不征税的范围

经济行为	不征税范围
1. 以继承、赠与方式转让房地产	1. 房地产的继承。 2. 房地产的赠与。
2. 房地产的出租	1. 房地产出租，产权不变更。 2. 房地产开发企业将开发的部分房地产转为企业自用或用于出租等商业用途时，产权未发生转移的。
3. 房地产的抵押	抵押期间的房地产。
4. 房地产的交换	对个人之间互换自有居住用房地产的，经当地税务机关核定的。
5. 房地产的代建房行为	虽有收入取得，但没有发生房地产权属的转移的。
6. 房地产的重新评估	不发生房地产权属的转移，房产产权、土地使用人也未取得收入的。

表 7 – 3　　土地增值税免征范围

经济行为	免征范围
1. 以房地产进行投资、联营	非从事房地产开发的单位以房地产进行投资、联营。即投资、联营的一方以土地（房地产）作价入股进行投资，或作为联营条件将房地产转让到所投资、联营的企业中。这种行为具有投资的性质，与房地产的出售不同，没有取得转让房地产的收入，按有关规定暂免征收土地增值税。

续表 7-3

经济行为	免征范围
2. 合作建房	对于一方出地，一方出资金，双方合作建房，建成后按比例分配自用的，暂免征收土地增值税。
3. 国家收回国有土地使用权、征用地上的建筑物及其附着物	因国家收回国有土地使用权、征用地上的建筑物及其附着物而使房地产权属发生转让的。
4. 企业兼并转让房地产	对企业在兼并行为中发生的转让房地产行为暂免征收土地增值税

（二）主要检查方法

1. 征税范围确认的检查

检查“固定资产”、“无形资产”、“银行存款”等账户，核查单位有无转让国有土地使用权、地上建筑物等行为的发生。如果发生土地使用权的转移，还应进一步确定转让土地的权属是否为国家所拥有。转让国有土地使用权取得收入的行为应征收土地增值税；转让农村集体所有的土地使用权所取得的收入，不征收土地增值税。

2. 土地使用权转让与出让区分的检查

土地使用权属转移包括两种方式：转让与出让。国有土地使用权的转让是指土地使用者通过出让等形式取得土地使用权后，将土地使用权再转让的行为，包括出售、交换和赠与，属于土地增值税的征税范围。国有土地使用权出让是指国家以土地所有者的身份将土地使用权在一定年限内让与土地使用者，并由土地使用者向国家支付土地使用权出让金的行为，不属于土地增值税的征税范围。

3. 房地产开发企业与非房地产开发企业投资和联营的检查

对于房地产开发企业，检查企业“长期股权投资”等账户，发现企业有对外投资和联营行为，应进一步检查“开发产品”和“投资性房地产”账户，确定企业对外投资和联营的形式，对于以其建造的商品房对外投资或联营的，属于土地增值税的征税范围。

对于非房地产开发企业，检查企业“长期股权投资”、“固定资产”、“无形资产”等明细账，如果发现以土地（房地产）作价入股进行投资或联营的，凡所投资、联营的企业从事房地产开发的，应属于土地增值税的征税范围；凡所投资、联营的企业从事非房地产开发的，则不属于土地增值税的征税范围。

4. 被兼并企业转让国有土地使用权、地上建筑物及其附着物的检查

通过合同、协议、批文等资料和“固定资产”、“无形资产”等账户，重点查实国有土地使用权、地上建筑物及其附着物等转让行为发生的时间、形式，如果属于被兼并

企业将国有土地使用权、地上建筑物及其附着物转让到兼并企业的，暂免征收土地增值税，其他行为应属于土地增值税的征税范围。

5. 搬迁企业土地、房产的检查

对于有搬迁行为的企业，要询问企业负责人、财务人员，掌握具体的搬迁情况，查看当地的城市规划，查实是否因城市实施规划、国家建设需要而搬迁，对于符合免税条件的免征土地增值税。达不到以上条件的，属于土地增值税的征税范围。

三、扣除项目的检查

（一）相关法律规定

计算土地增值额的扣除项目：取得土地使用权所支付的金额；开发土地的成本、费用；新建房及配套设施的成本、费用，或者旧房及建筑物的评估价格；与转让房地产有关的税金；财政部规定的其他扣除项目。

（二）主要检查方法

1. 取得土地使用权支付金额的检查

（1）重点检查“开发成本”账户，查阅和土地交易有关的证明文件及原始凭证，核实土地坐落位置和开发项目是否相符。到财政、土地部门了解国家有关收费政策，正确计算开发项目的缴费金额，核实土地成本归集项目是否真实、完整。如有返还土地出让金政策的，应检查企业“银行存款”、“开发成本”等明细账户，确定是否存在不入账加大扣除金额的情况。

（2）对分期开发的房地产项目，要结合总体开发规划实地查看，准确计算总体开发面积。通过检查“库存商品”、“开发成本——土地成本”、“银行存款”、“主营业务收入”、“主营业务成本”等账户，核查已销房产土地成本的分摊金额是否正确。

2. 开发土地和新建房及配套设施成本的检查

（1）结合“拆迁协议书”到拆迁户实地确定拆迁政策和面积，检查“银行存款”、“开发成本”明细账户，查实有无虚假拆迁、虚报拆迁价格和面积的情况。

（2）到统计部门了解开发项目所在地的建安成本单位价格，与开发单位建安成本进行对比，成本差异较大的，要检查建筑合同，查清承建形式、面积、付款方式和时间，查实有无虚报建安成本的情况。

（3）检查房地产转让合同，确认公共配套设施的使用方式，如果建成后有偿转让的，应查看收入账户，通过计算收入核实准予扣除的成本、费用。

（4）检查“开发成本”明细账，并与有关会计凭证核对，核实有无将不属于开发产品的基础设施费、公共配套设施费和开发间接费用计入了开发费用的问题，已发生开发费用的分配与结转是否合理、准确。

3. 开发土地和新建房及配套设施费用的检查

(1) 检查"开发成本"明细账和"管理费用"、"销售费用"账户，核实有无加大加计扣除基数的问题。

(2) 对财务费用中利息支出检查，要查阅所提供金融机构证明的可靠性，利息是否超过按商业银行同类同期贷款利率计算的金额，超过部分和罚息不能扣除。

(3) 对属于多个房地产项目共同的成本费用，应核实成本费用分割方法是否正确，已售出房产项目的费用扣除是否准确。

4. 旧房及建筑物评估价格的检查

(1) 重点审核评估文书是否由政府批准设立的房地产评估机构出具，审核房产评估价格是否经税务部门确认。

(2) 对旧房重置成本价和成新度的确认。重点核实评估报告中是否包含了土地的评估价值，对包括在内的，应予以剔除，以取得土地使用权的实际支付价款（即历史成本）计算土地的价值。

(3) 对纳税人转让旧房扣除额的检查，应确定其土地的受让价格。审核向土地管理部门补缴土地出让金金额或取得土地使用权的支付金额，对不能提供已支付地价款凭据的，不允许扣除取得土地使用权所支付的金额。

5. 与转让房地产有关税金的检查

(1) 结合售房合同，检查企业"开发成本"和"管理费用"账户，检查有无将非转让房地产环节的印花税计入开发成本重复扣除的情况。

(2) 检查"应交税费"和"其他业务收入"、"营业外收入"等账户，核实企业有无将转让房地产以外的营业税应税项目实现的营业税金及附加重复扣除。

6. 财政部规定的其他扣除项目的检查

(1) 检查营业执照，确定企业是否为房地产开发企业，非房地产开发企业不能享受加计扣除。

(2) 检查"应交税费"明细账和土地增值税申报表，检查在加计20%扣除时是否将代收费用从计算的基数中剔除。

[案例7-3] 某国家机关转让一幢旧房，转让价格为900万元。该房建于70年代，当时造价为70万元，如果按转让时的建材价格及人工费用计算，盖同样的房子需380万元。由于旧房占地原来是行政划拨的，因此转让旧房时，该国家机关补交了国有土地出让金180万元。已知该旧房有六成新。

根据我国税法的有关规定，转让旧房时，应以房屋及建筑的评估价格、取得土地使用权所支付的地价款和按国家统一规定交纳的有关费用和在转让环节缴纳的有关费用，以及在转让环节缴纳的税金作为扣除项目金额计征土地增值税。评估价格须经当地税务机关确认。

计算土地增值税的过程如下：

（1）计算取得土地使用权所支付的金额。按照税法的有关规定，该国家机关补交的划拨国有土地出让金 180 万元，即为取得土地使用权所支付的金额。

（2）计算房屋建筑物的评估价格。

380 × 60% ＝228（万元）

（3）计算可扣除的税金。按照税法规定，本案例中的房产转让者系税法所称“其他的土地增值税纳税义务人”，其缴纳的转让印花税应予以扣除。

营业税：900 × 5% ＝45（万元）

城市维护建设税及教育费附加：

45 ×（7% ＋3%）＝4.5（万元）

印花税：900 × 0.05% ＝0.45（万元）

可扣除税金的总额：

45 ＋4.5 ＋0.45 ＝49.95（万元）

（4）计算扣除项目总金额。

180 ＋228 ＋49.95 ＝457.95（万元）

（5）计算增值额和增值率。

增值额＝900 －457.95 ＝442.05（万元）

增值率＝442.05 ÷457.95 ＝96.5%

（6）计算应纳土地增值税额。

442.05 × 40% －457.95 × 5% ＝153.96（万元）

第四节 房产税的检查

一、纳税义务人和征税范围的检查

（一）相关法律规定

1. 征税范围

房产税的征税范围限于城镇的经营性房屋。对建在城市、县城、建制镇和工矿区的经营性房屋征税，对建在农村的房屋不管是否用于经营，都不征税。

2. 纳税义务人

房产税的纳税义务人是征税范围内的房屋的产权所有人，包括国家所有和集体、个人所有房屋的产权所有人、承典人、代管人或使用人。具体规定如下：

（1）产权属于国家所有的，由经营管理单位纳税；产权属于集体和个人所有的，由集体和个人纳税。

（2）产权出典的，由承典人依照房产余值缴纳房产税。

（3）产权所有人、承典人不在房屋所在地的，由房产代管人或使用人纳税。

（4）产权未确定或租典纠纷未解决的，亦由房产代管人或使用人纳税。

（5）无租使用其他单位房产的应税单位和个人，依照房产余值代缴房产税。

（二）主要检查方法

1. 纳税人的检查

（1）通过检查房产权属证明等书面资料，确定产权所有人；

（2）对于产权出典的，检查相关协议、承典合同等资料，确定承典人；

（3）对于产权所有人、承典人不在房产所在地的，或者产权未确定及租典纠纷未解决的，通过实地调查、核查相关资料，确定实际的房产代管人或者使用人；

（4）检查纳税人的“固定资产”、“在建工程”等账户，与纳税人实际房产使用情况进行比对，审核其房产租用情况，无租使用免税房产的是否缴纳房产税。

2. 征税范围的检查

房产税的征税范围限于城市、县城、建制镇和工矿区。在检查时，首先，要查看纳税人的房产是否属于确定的房产税征税区域，同时注意区分征税范围内应税房产和免税房产的界限；最后，检查纳税人“固定资产”、“在建工程”等账户，或通过实地勘察是否有已建成投入使用但未入账的房产。

二、计税依据和适用税率的检查

（一）相关法律规定

房产税计税依据是房产的计税价值或房产的租金收入。按照房产计税价值征税的，称为从价计征；按照房产租金收入计征的，称为从租计征。

1. 从价计征

房产税依照房产原值一次减除 10% 至 30% 后的余值计算缴纳。具体减除幅度，由省、自治区、直辖市人民政府规定。没有房产原值作为依据的，由房产所在地税务机关参考同类房产核定。凡以房屋为载体，不可随意移动的附属设备和配套设施，如给排水、采暖、消防、中央空调、电气及智能化楼宇设备等，无论在会计核算中是否单独记账与核算，都应计入房产原值，计征房产税。

2. 从租计征

房产出租的，以房产租金收入为房产税的计税依据。

房产税的税率，依照房产余值计算缴纳的，税率为1.2%；依照房产租金收入计算缴纳的，税率为12%。自2001年11月1日起，对个人按市场价格出租的居民住房，其应缴纳的房产税暂减按4%的税率征收。

（二）主要检查方法

（1）在核实房产用途的基础上，检查“其他业务收入”账户的贷方发生额，核实有无房产租金收入。有租金收入的，应查阅房屋租赁合同或协议，核实租金收入是否及时入账；核对纳税申报表，核实是否如实申报房产税，是否应按照房租计征错按房产计税余值计征。同时，结合检查“其他业务支出”等费用账户或往来账户，核实有无以收抵支或转移租金收入的情况。

（2）检查“固定资产——房屋”明细账的借方发生额或“固定资产”卡片，一是将其与“房产税纳税申报表”进行核对，核实申报数是否账表相符；二是与有关房产原始价值资料进行核对，核实房产价值是否全部入账；三是承建房产应与承建合同、“在建工程”账户核对，核实房产价款；四是购入房产应与购货合同及发票核对，核实是否是实际购价；五是自建房产应与“在建工程”账户核对，核实是否是实际造价。

[案例7-4] 税务人员对某工业企业的房产税缴纳进行检查。该企业“固定资产”明细账显示，房产原值600万元，其中，生产车间用房350万元，托儿所、技校用房120万元，职工宿舍用房80万元，临街商店房屋3间，房产原值50万元。该商店房屋用于出租，每月每间房租金2 000元。本年度委托施工企业建设生产车间一座，4月份验收并交付使用，工程造价60万元。该市规定按房产原值一次扣除30%后的余值计税。该企业全年申报缴纳房产税59 040元，计算过程如下：

$$\begin{aligned}应纳房产税 &= 6\ 000\ 000 \times (1-30\%) \times 1.2\% + 2\ 000 \times 12 \times 3 \times 12\% \\ &= 59\ 040\ (元)\end{aligned}$$

税务人员经过分析后认为该企业上述计算方法有误，第一，该企业出租的商业用房在按租金收入征税后，对原值不再征税，而企业误按房产原值总额征税；第二，托儿所、技校用房在计算缴纳房产税时，应从房产原值中予以扣除；第三，纳税人委托施工企业建设的房屋，从办理验收手续之次月起缴纳房产税，而不是从下一年度起纳税。

正确的计算过程为：

$$
\begin{aligned}
\text{应纳房产税} &= (6\,000\,000 - 1\,200\,000 - 500\,000) \times (1 - 30\%) \times 1.2\% + \\
&\quad 2\,000 \times 12 \times 3 \times 12\% + 600\,000 \times (1 - 30\%) \times 1.2\% \times 8 \div 12 \\
&= 36\,120 + 8\,640 + 3\,360 = 48\,120 \text{（元）}
\end{aligned}
$$

$$\text{应退房产税} = 59\,040 - 48\,120 = 10\,920 \text{（元）}$$

第五节　城镇土地使用税的检查

一、纳税义务人和征税范围的检查

（一）相关法律规定

（1）在城市、县城、建制镇、工矿区范围内使用土地的单位和个人，为城镇土地使用税的纳税人，应当依照本条例的规定缴纳土地使用税。所称单位，包括国有企业、集体企业、私营企业、股份制企业、外商投资企业、外国企业以及其他企业和事业单位、社会团体、国家机关、军队以及其他单位；所称个人，包括个体工商户以及其他个人。

（2）下列土地免缴土地使用税：

① 国家机关、人民团体、军队自用的土地；

② 由国家财政部门拨付事业经费的单位自用的土地；

③ 宗教寺庙、公园、名胜古迹自用的土地；

④ 市政街道、广场、绿化地带等公共用地；

⑤ 直接用于农、林、牧、渔业的生产用地；

⑥ 经批准开山填海整治的土地和改造的废弃土地，从使用的月份起免缴土地使用税五年至十年；

⑦ 由财政部另行规定免税的能源、交通、水利设施用地和其他用地。

（3）对免税单位无偿使用纳税单位的土地（如公安、海关等单位使用铁路、民航等单位的土地），免征土地使用税；对纳税单位无偿使用免税单位的土地，纳税单位应照章缴纳土地使用税。纳税单位与免税单位共同使用、共有使用权土地上的多层建筑物，对纳税单位可按其占用的建筑面积占建筑总面积的比例计征城镇土地使用税。

（4）土地使用税由拥有土地使用权的单位或个人缴纳。拥有土地使用权的纳税人不在土地所在地的，由代管人或实际使用人纳税；土地使用权未确定或权属纠纷未解决的，由实际使用人纳税；土地使用权共有的，由共有各方分别纳税。

（5）在城镇土地使用税征税范围内实际使用应税集体所有建设用地、但未办理土地使用权流转手续的，由实际使用集体土地的单位和个人按规定缴纳城镇土地使用税。

（二）主要检查方法

1. 纳税义务人的检查

通过实地检查土地的具体使用情况及用途，根据纳税义务人确认的规定，审核确定纳税人。检查拥有土地使用权的单位和个人不在土地所在地的，或者土地使用权未确定的以及权属纠纷未解决的纳税人，实际使用人或代管人是否按规定申报纳税。同时注意检查纳税人有无使用免税单位的土地，是否按照规定履行纳税义务。

2. 征税区域的检查

城镇土地使用税的征税范围限于城市、县城、建制镇和工矿区。在检查时，要查看纳税人的实际经营场所用地是否属于确定的城镇土地使用税征税区域。如在征税区域之内则征城镇土地使用税，否则不征城镇土地使用税。同时注意检查土地是否用于农业种植、养殖等，如果核实为农业生产等用地，免征土地使用税。

二、计税依据和适用税额的检查

（一）相关法律规定

（1）土地使用税以纳税人实际占用的土地面积为计税依据，依照规定税额计算征收。

（2）纳税人实际占用的土地面积，是指由省、自治区、直辖市人民政府确定的单位组织测定的土地面积，尚未组织测量，但纳税人持有政府部门核发的土地使用证书的，以证书确认的土地面积为准；尚未核发土地使用证书的，应由纳税人据实申报土地面积。

（3）土地使用税每平方米年税额如下：

① 大城市 1.5 元至 30 元；

② 中等城市 1.2 元至 24 元；

③ 小城市 0.9 元至 18 元；

④ 县城、建制镇、工矿区 0.6 元至 12 元。

（二）主要检查方法

（1）检查时，可将纳税人纳税申报表中的土地面积与土地使用证所记载面积相对照，调阅原征地凭证、土地管理机关的批文等文件进行核对，必要时也可实际丈量，核实纳税人申报的土地面积是否真实，有无少报、漏报现象。

（2）检查适用单位税额时，根据纳税人所处的地理位置，对照人民政府对本地区土地的等级划分界限及规定的单位税额，核实纳税人适用单位税额是否正确。

[案例 7-5] 某供热企业占地面积为 80 000 平方米，其中厂房 63 000 平方米（有一间 3 000 平方米的车间无偿提供给公安消防使用），行政办公楼 5 000 平方米，厂办子弟学校 5 000 平方米，厂办招待所 2 000 平方米，厂办医院和幼儿园各 1 000 平方米，

厂区内绿化用地 3 000 平方米；2005 年度该企业取得供热总收入 5 000 万元，其中 2 000 万元为向居民供热取得的收入。城镇土地使用税单位税额为每平方米 3 元。计算方法：

1. 厂房 63 000 平方米（有一间 3 000 平方米的车间无偿提供给公安消防使用），公安消防是免税单位，免税单位无偿使用纳税单位的土地，免税；

2. 厂办医院和幼儿园各 1 000 平方米，能与其他用地明确区分的，免税；

3. 向居民供热并向居民收取采暖费的供热企业暂免税，对于既向居民供热，又向企业供热的，按居民供热收入占总收入比例确定免税界限。

综上所述，该企业应纳税 =（80 000 - 3 000 - 5 000 - 1 000 × 2）× 3 ×（5 000 - 2 000）/5 000 = 126 000（元）。

第八章

税收法律责任

内容提要

税收法律责任是违法主体因实施涉税违法行为而应依法承担的法律后果。本章主要内容包括税收法律责任的构成和种类、税收征管中的违法行为及法律责任。本章的难点在于违法行为种类繁琐复杂，各种税收违法行为的处罚标准容易混淆。

第一节　税收法律责任概述

法律责任是违法主体因其违法行为所应承担的法律后果。税收法律关系的主体包括税务机关、税务人员、纳税人、扣缴义务人、税务代理人等。税收法律责任是指违法主体因实施涉税违法行为而应依法承担的法律后果。

一、税收法律责任的构成

税收法律责任的构成是指税收违法行为实施者承担税收法律责任的条件。一般情况下，税收法律责任的构成包括以下几个方面：

（一）税收法律责任主体

税收法律责任的主体，是指因实施税收违法行为而应承担后果的自然人、法人和其他单位。

（二）主观过错

主观过错是指税收违法行为人的主观心理状态，包括故意和过失两类。按照现行我国法律规定，如果行为人在主观上既没有故意也不存在过失，就不承担相应的税收法律责任。

（三）税收违法行为

税收违法行为是税收法律责任构成的核心要素，有行为才有责任，无行为无责任。税收违法行为包括作为和不作为，前者如抗税行为，后者如不办理税务登记的行为；依据社会危害程度的不同，税收违法行为还可以分为一般税收违法行为（即狭义的税收违法行为）和税收犯罪行为。

（四）损害后果

损害后果是指税收违法行为造成的损失和伤害。这种损失和伤害一般情况下指的是实际发生的损失和伤害。

（五）因果关系

因果关系是指税收违法行为和损害后果之间存在法律上的必然联系，是认定违法行为人是否应当承担法律责任的基本依据。如果行为人实施了税收违法行为，也存在损害后果，但两者之间没有因果关系，则行为人不承担法律责任。

二、税收法律责任的种类

税收法律责任的种类指的是税收法律责任的表现形式。根据划分标准的不同，税收法律责任有多种表现形式，其中最重要的分类，是根据引起法律责任的违法行为的性质及其承担责任的方式，将税收法律责任分为税收违法行政责任和税收违法刑事责任。

（一）税收违法行政责任

所谓行政法律责任是指法律关系主体违反行政管理法律、法规的规定，不履行行政管理法律、法规所规定的义务尚不够承担刑事责任时应承担的法律责任。行政法律责任按其制裁形式是否涉及经济内容，可以分为行政处分和行政处罚。

《税收征管法》中，行政处分形式按其违法程度，可以分为：警告、记过、记大过、降级、降职、留用察看、开除等，适用于违反《税收征管法》中规定的自然人，包括税务人员和其他违法人员。

在《税收征管法》及其实施细则中，行政处罚的形式主要有三种：罚款、没收违法所得和责令限期改正。关于税务行政处罚的内容在下一章有详细讲解。

（二）税收违法刑事责任

所谓刑事法律责任，是指法律关系主体违反法律的规定，情节严重构成犯罪所应承担的法律责任。

税收法律关系主体违反刑事法律规定所构成的犯罪主要有：逃避缴纳税款罪、抗税罪、伤害罪、杀人罪、行贿罪、诈骗罪、受贿罪、玩忽职守罪等。

犯罪所承担的法律责任就是刑罚。刑罚分为主刑和附加刑。主刑有管制、拘役、有期徒刑、无期徒刑、死刑五种。附加刑有罚金、剥夺政治权利、没收财产三种。

企业事业单位可以构成某些犯罪的主体，其主管人员和直接负责人员是刑事法律主体的重要组成部分，人民法院在追究企业事业单位的法律责任的同时，也一定会依法追究其主管人员和直接负责人员的刑事责任。

税收法律主体既违反行政法律规定，又违反刑事法律规定，需要承担两种法律责任时，必须依照法律规定，先追究其行政法律责任，再移送司法机关追究其刑事责任。

第二节 税收征管中的违法行为及法律责任

一、纳税人的违法行为及法律责任

（一）违反税务管理制度的行为及法律责任

1. 违反税务登记、账簿凭证管理的行为及法律责任

《税收征管法》第60条规定，纳税人有下列行为之一的，由税务机关责令限期改正，逾期不改正的，可以处以2 000元以下的罚款；情节严重的，处以2 000元以上1万元以下的罚款。

（1）未按照规定的期限申报办理税务登记、变更或注销登记的；

（2）未按照规定设置、保管账簿或保管记账凭证和有关资料的；

（3）未按照规定将财务、会计制度或财务、会计处理办法和会计核算软件报送税务机关的；

（4）未按照规定将其全部银行账号向税务机关报告的；

（5）未按照规定安装、使用税控装置，或者损毁或者擅自改动税控装置的。

纳税人不办理税务登记的，由税务机关责令限期改正；逾期不改正的，经税务机关提请，由工商行政管理机关吊销其营业执照。

纳税人未按照规定使用税务登记证件，或者转借、涂改、损毁、买卖、伪造税务登记证件的，处2 000元以上1万元以下的罚款；情节严重的，处1万元以上5万元以下的罚款。

2. 违反纳税申报的行为及法律责任

《税收征管法》第62条规定，纳税人未按照规定的期限办理纳税申报和报送纳税资料的，由税务机关责令限期改正，可以处以2 000元以下罚款；情节严重的，可以处以2 000元以上1万元以下的罚款。

所称“办理纳税申报”，包括填报纳税申报表、财务会计报表以及税务机关根据实际需要要求纳税人报送的其他纳税资料。如果纳税人没有按期办理纳税申报，从而未在规定的期限内缴纳税款的，税务机关还可以按日加收滞纳税款0.5‰的滞纳金。

（二）违反税款征收制度的行为及法律责任

1. 偷税行为及法律责任

《税收征管法》第63条规定，纳税人伪造、变造、隐匿、擅自销毁账簿、记账凭证，或者在账簿上多列支出或者不列、少列收入，或者经税务机关通知申报而拒不申报或者进行虚假的纳税申报，不缴或者少缴应纳税款的，是偷税。对纳税人偷税的，由税务机关追缴其不缴或者少缴的税款、滞纳金，并处不缴或者少缴的税款50%以上5倍以下的罚款；构成犯罪的，依法追究刑事责任。

2. 编造虚假计税依据和不申报的行为及法律责任

《税收征管法》第64条规定，纳税人、扣缴义务人编造虚假计税依据的，由税务机关责令改正，并处5万元以下的罚款。

纳税人不进行纳税申报，不缴或者少缴应纳税款的，由税务机关追缴其不缴或者少缴的税款、滞纳金，并处不缴或者少缴税款的50%以上5倍以下的罚款。

3. 逃避追缴欠税的行为及法律责任

《税收征管法》第65条规定，纳税人欠缴应纳税款，采取转移或隐匿财产的手段，妨碍税务机关追缴欠缴的税款的，由税务机关追缴欠缴的税款、滞纳金，并处以欠缴税款50%以上5倍以下的罚款。

这里的欠缴应纳税款是指纳税人超过纳税期限仍未缴纳的税款，“采取转移或者隐匿财产的手段”指从银行账户提款转移资金或者隐藏商品、货物等财产以及其他行为。应注意区分一般欠税行为和有意逃避追缴欠税行为的界限。

4. 骗取国家出口退税的行为及法律责任

《税收征管法》第66条规定，以假报出口或者其他欺骗手段，骗取国家出口退税款，由税务机关追缴其骗取的退税款，并处以骗取退税款1倍以上5倍以下的罚款，构成犯罪的，依法追究刑事责任。

5. 抗税行为及法律责任

《税收征管法》第67条规定，以暴力、威胁方法拒不缴纳税款的，是抗税。除由税务机关追缴其拒缴的税款、滞纳金外，依法追究刑事责任。情节轻微、未构成犯罪的，由税务机关追缴其拒缴的税款，处以拒缴税款5倍以下的罚款。

6. 逾期仍未缴纳和解缴税款的行为及法律责任

《税收征管法》第68条规定，纳税人、扣缴义务人在规定的期限内不缴或者少缴应纳或者应解缴的税款，经税务机关责令限期缴纳，逾期仍未缴纳的，税务机关除按《税收征管法》第40条的规定采取强制执行措施追缴其不缴或者少缴的税款外，可以处不缴或少缴税款50%以上5倍以下的罚款。

（三）不配合税务机关依法检查的行为及法律责任

《税收征管法》第 70 条规定，纳税人、扣缴义务人逃避、拒绝或者以其他方式阻挠税务机关检查的，由税务机关责令改正，可以处 1 万元以下的罚款；情节严重的，处 1 万元以上 5 万元以下的罚款。

《税收征管法实施细则》第 96 条规定，纳税人有下列情形之一的，依照《税收征管法》第 70 条的规定处罚：

（1）提供虚假资料，不如实反映情况，或者拒绝提供有关资料的。

（2）拒绝或者阻止税务机关记录、录音、录像、照相和复制与案件有关的情况和资料的。

（3）在检查期间，纳税人、扣缴义务人转移、隐匿、销毁有关资料的。

（4）有不依法接受税务检查的其他情形的。

（四）违反发票管理制度的行为及法律责任

1. 非法印制发票、非法生产发票相关物品的行为及法律责任

非法印制发票、非法生产发票相关物品的行为分为四类：

（1）没有发票印制权的企业或者个人非法印制发票。《税收征管法》第 22 条规定，增值税专用发票由国家税务总局指定的企业印制；其他发票由省、自治区及直辖市国家税务局、地方税务局按照有关规定指定的企业印制。违反这一规定印制发票的，属于非法印制发票。

根据《税收征管法》第 71 条规定，违反《税收征管法》第 22 条规定，非法印制发票的，由税务机关销毁非法印制的发票，没收违法所得和作案工具，并处 1 万元以上 5 万元以下的罚款。

《税收征收管理法实施细则》第 91 条规定：非法印制、转借、倒卖、变造或者伪造完税凭证的，由税务机关责令改正，处 2 000 元以上 1 万元以下的罚款；情节严重的，处 1 万元以上 5 万元以下的罚款；构成犯罪的，依法追究刑事责任。

（2）有发票印制权的企业违法印制发票的行为。《发票管理办法》以及国家税务总局的有关文件对发票的印制规格、数量等问题有明确规定，有发票印制权的企业违反上述规定印制发票的，属于违法行为。

根据《发票管理办法》第 36 条的规定，有发票印制权的企业违法印制发票的，税务机关应责令限期改正，没收非法所得，可以并处 1 万元以下罚款。

（3）非法制造发票防伪专用品的行为。《发票管理办法》第 8 条规定，发票防伪专用品由国家税务总局指定的企业生产，其他企业生产的属于非法制造。

根据《发票管理办法》第 36 条的规定，非法制造发票防伪专用品的，税务机关应责令限期改正，没收非法所得，可以并处 1 万元以下罚款。

（4）私自制作发票监制章的行为。《发票管理办法》第 10 条规定，发票监制章由省、自治区、直辖市税务机关制作，其他单位和个人制作的属于违法行为。

根据《发票管理办法》第 38 条规定，私自制作发票监制章的，税务机关应查封、扣押或者销毁有关物品，没收非法所得和作案工具，可以并处 1 万元以上 5 万元以下罚款。

2. 未按规定领购、开具、取得、保管发票，未按规定接受税务机关对发票的检查的行为及法律责任

根据《发票管理办法》第 36 条的规定，有上述行为之一的，税务机关应责令限期改正，没收非法所得，可以并处 1 万元以下的罚款。

3. 非法携带、邮寄、运输、存放空白发票的行为及法律责任

根据《发票管理办法》第 37 条的规定，有上述行为之一的，税务机关应收缴发票，没收非法所得，可以并处 1 万元以下罚款。

4. 倒买倒卖发票、发票防伪专用品的行为及法律责任

根据《发票管理办法》第 38 条的规定，有上述行为之一的，税务机关应查封、扣押或者销毁有关物品，没收非法所得和作案工具，可以并处 1 万元以下罚款。

最后应当说明的是，行为人有上述违反发票管理制度行为，导致他人未缴、少缴或骗取税款的，依据《发票管理办法》第 39 条的规定，税务机关除没收非法所得，可以并处未缴、少缴或骗取税款 1 倍以下罚款。

（五）有税收违法行为而拒不接受税务机关处理的行为及法律责任

《税收征管法》第 72 条规定，从事生产、经营的纳税人、扣缴义务人有本法规定的税收违法行为，拒不接受税务机关处理的，税务机关可以收缴其发票或者停止向其发售发票。

二、扣缴义务人的违法行为及法律责任

（一）未按规定设置、保管扣缴税款的账簿、凭证的行为及法律责任

《税收征管法》第 61 条规定：扣缴义务人未按照规定设置、保管代扣代缴、代收代缴税款账簿或者保管代扣代缴、代收代缴税款记账凭证及有关资料的，由税务机关责令限期改正，可以处 2 000 元以下的罚款；情节严重的，处 2 000 元以上 5 000 元以下的罚款。

（二）未按规定期限报送扣、收税款报告表的行为及法律责任

《税收征管法》第 62 条规定：扣缴义务人未按照规定的期限向税务机关报送代扣代缴、代收代缴税款报告表和有关资料的，由税务机关责令限期改正，可以处 2 000 元以下的罚款；情节严重的，可以处 2 000 元以上 1 万元以下的罚款。

（三）不缴或少缴已扣已收税款的行为及法律责任

《税收征管法》第63条规定：扣缴义务人采取伪造、变造、隐匿、擅自销毁账簿记账凭证，或者在账簿上多列支出或者不列、少列收入，不缴或者少缴已扣、已收税款，由税务机关追缴其不缴或少缴的税款、滞纳金，并处不缴或者少缴税款50%以上5倍以下的罚款；构成犯罪的，依法追究刑事责任。

（四）在规定期限内不缴或少缴应解缴税款的行为及法律责任

《税收征管法》第68条规定：扣缴义务人在规定期限内不缴或者少缴应纳或者应解缴的税款，经税务机关责令限期缴纳，逾期仍未缴纳的，税务机关除依照本法第40条的规定采取强制执行措施追缴其不缴或者少缴的税款外，可以处不缴或者少缴的税款50%以上5倍以下的罚款。

（五）未履行代扣、代收税款义务的行为及法律责任

《税收征管法》第69条规定：扣缴义务人应扣未扣、应收而不收税款的，由税务机关向纳税人追缴税款，对扣缴义务人处应扣未扣、应收未收税款50%以上3倍以下的罚款。

（六）不配合税务机关依法检查的行为及法律责任

《税收征管法》第70条规定，纳税人、扣缴义务人逃避、拒绝或者以其他方式阻挠税务机关检查的，由税务机关责令改正，可以处1万元以下的罚款；情节严重的，处1万元以上5万元以下的罚款。

《税收征管法实施细则》第96条规定，纳税人、扣缴义务人有下列情形之一的，依照《税收征管法》第70条的规定处罚：

（1）提供虚假资料，不如实反映情况，或者拒绝提供有关资料的；

（2）拒绝或者阻挠税务机关记录、录音、录像、照相和复制与案件有关的情况和资料的；

（3）在检查期间，纳税人、扣缴义务人转移、隐匿销毁有关资料的；

（4）有不依法接受税务检查的其他情形的。

［**案例8－1**］2008年4月，某市地税局在对该市某出版社进行例行检查时发现该出版社在3月份支付某作家稿费5 000元，未代扣代缴个人所得税560元。该市地税局遂依照法定程序作出税务处理决定，由出版社补缴未代扣代缴的个人所得税，并处1 000元罚款。

请问：该市地税局的决定是否正确，为什么？

分析：

1. 由出版社补缴税款的决定错误。《税收征管法》第69条规定，扣缴义务人应扣未扣、应收未收税款的，由税务机关向纳税义务人追缴税款。

2. 对出版社处以 1 000 元罚款符合法律规定。《税收征管法》第 69 条规定，扣缴义务人应扣未扣、应收未收税款的，由税务机关向纳税人追缴税款，对扣缴义务人处应扣未扣、应收未收税款 50% 以上 3 倍以下的罚款。

三、其他机构、人员的违法行为及法律责任

（一）税务代理人的违法行为及法律责任

《税收征收管理法实施细则》第 98 条规定：税务代理人违反税收法律、行政法规，造成纳税人未缴或者少缴税款的，除由纳税人缴纳或者补缴应纳税款、滞纳金外，对税务代理人处纳税人未缴或者少缴税款 50% 以上 3 倍以下的罚款。

（二）有关税务人员的违法行为及法律责任

1. 擅自改变税收管理范围的法律责任

《税收征管法》第 76 条规定：税务机关违反规定擅自改变税收征收管理范围和税款入库预算级次的，责令限期改正，对直接负责的主管人员和其他直接责任人员依法给予降级或者撤职的行政处分。

2. 不向司法机关移送涉税案件的行为及法律责任

《税收征管法》第 77 条规定：纳税人、扣缴义务人有本法第 63 条、第 65 条、第 66 条、第 67 条、第 71 条规定的行为涉嫌犯罪的，税务机关应当依法移交司法机关追究刑事责任。

税务人员徇私舞弊，对依法应当移交司法机关追究刑事责任的不移交，情节严重的，依法追究刑事责任。

3. 税务人员与纳税人、扣缴义务人共同犯罪的行为及法律责任

《税收征管法》第 80 条规定：税务人员与纳税人、扣缴义务人勾结，唆使或者协助纳税人、扣缴义务人有本法第 63 条、第 65 条、第 66 条规定的行为，构成犯罪的，依法追究刑事责任；尚不构成犯罪的，依法给予行政处分。

4. 渎职行为及法律责任

《税收征管法》第 81 条规定：税务人员利用职务上的便利，收受或者索取纳税人、扣缴义务人财物或者谋取其他不正当利益，构成犯罪的，依法追究刑事责任；尚不构成犯罪的，依法给予行政处分。

《税收征管法》第 82 条规定：税务人员徇私舞弊或者玩忽职守，不征或者少征应征税款，致使国家税收遭受重大损失，构成犯罪的，依法追究刑事责任；尚不构成犯罪的，依法给予行政处分。

税务人员滥用职权，故意刁难纳税人、扣缴义务人的，调离税收工作岗位，并依法给予行政处分。

税务人员对控告、检举税收违法违纪行为的纳税人、扣缴义务人以及其他检举人进行打击报复的，依法给予行政处分；构成犯罪的，依法追究刑事责任。

5. 违反规定征收税款的行为及法律责任

《税收征管法》第 83 条规定：违反法律、行政法规的规定提前征收、延缓征收或者摊派税款的，由其上级机关或者行政监察机关责令改正，对直接负责的主管人员和其他直接责任人员依法给予行政处分。

《税收征管法》第 84 条规定：违反法律、行政法规的规定，擅自作出税收的开征、停征或者减税、免税、退税、补税以及其他同税收法律、行政法规相抵触的决定的，除依照本法规定撤销其擅自作出的决定外，补征应征未征税款，退还不应征收而征收的税款，并由上级机关追究直接负责的主管人员和其他直接负责人员的行政责任；构成犯罪的，依法追究刑事责任。

6. 未按照规定进行回避的行为及法律责任

《税收征管法》第 85 条规定：税务人员在征收税款或者查处税收违法案件时，未按照本法规定进行回避的，对直接负责的主管人员和其他直接负责人员，依法给予行政处分。

7. 私分所扣押、查封的商品、货物或者其他财产的行为及法律责任

《税收征收管理法实施细则》第 97 条规定：税务人员私分扣押、查封的商品、货物或者其他财产，情节严重，构成犯罪的，依法追究刑事责任；尚不构成犯罪的，依法给予行政处分。

（三）为纳税人、扣缴义务人非法提供方便、导致税款不能正常入库的行为及法律责任

《税收征收管理法实施细则》第 93 条规定：为纳税人、扣缴义务人非法提供银行账户、发票、证明或者其他方便，导致未缴少缴税款或者骗取国家出口退税的，税务机关除没收非法所得外，可以处未缴、少缴或者骗取的税款 1 倍以下的罚款。

（四）银行及金融机构不配合税务机关依法执行职务的行为及法律责任

《税收征管法》第 73 条规定：纳税人、扣缴义务人的开户银行或者其他金融机构拒绝接受税务机关依法检查纳税人、扣缴义务人存款账户，或者拒绝执行税务机关作出的冻结存款或者扣缴税款的决定，或者在接到税务机关的书面通知后帮助纳税人、扣缴义务人转移存款，造成税款流失的，由税务机关处 10 万元以上 50 万元以下的罚款，对直接负责的主管人员和其他直接负责人员处 1 000 元以上 1 万元以下的罚款。

《税收征收管理法实施细则》第 92 条规定：银行和其他金融机构未依照《税收征管法》的规定在从事生产、经营的纳税人的账户中登录税务登记证件号码，或者未按规定在税务登记证件中登录从事生产、经营的纳税人的账户账号的，由税务机关责令其

限期改正，处2 000元以上2万元以下的罚款；情节严重的，处2万元以上5万元以下的罚款。

（五）其他有关单位不配合税务机关依法检查的行为及法律责任

《税收征收管理法实施细则》第95条规定：税务机关依照《税收征管法》第50条第（5）项的规定，到车站、码头、机场、邮政企业及其分支机构检查纳税人有关情况时，有关单位拒绝的，由税务机关责令改正，可以处1万元以下的罚款；情节严重，处1万元以上5万元以下的罚款。

四、税收征管中的犯罪行为及法律责任

（一）逃避缴纳税款罪及法律责任

《刑法》第201条规定：纳税人采取欺骗、隐瞒手段进行虚假纳税申报或者不申报，逃避缴纳税款数额较大并且占应纳税额10%以上的，处3年以下有期徒刑或者拘役，并处罚金；数额巨大并占应纳税额30%以上的，处3年以上7年以下有期徒刑，并处罚金。

扣缴义务人采取前款所列手段，不缴或者少缴已扣、已收税款，数额较大的，依照前款的规定处罚。

对多次实施前两款行为，未经处理的，按照累计数额计算。

有第1款行为，经税务机关依法下达追缴通知后，补缴应纳税款，缴纳滞纳金，已受行政处罚的，不予追究刑事责任；但是，五年内因逃避缴纳税款受过刑事处罚或者被税务机关给予二次以上行政处罚的除外。

[**案例8－2**] 某县地税局于2008年4月对某旅行社2007度纳税情况依法实施了税务检查。经查，该旅行社2007年通过采取收入不入账、伪造记账凭证等方式少缴营业税等共计61 500元，占其全年应纳税额的15%。试分析：该旅行社的行为属何种违法行为？对此种行为税务机关应如何处理？

分析：

1. 该旅行社的行为属逃避缴纳税款罪。参见《税收征管法》第63条的规定。

2. 对逃避缴纳税款罪，税务机关首先应追缴所逃避缴纳税款、按规定加收的滞纳金。由于该旅行社逃避缴纳税款罪行为用《刑法》第201条衡量已构成犯罪，税务机关应将该案移送司法机关依法追究其刑事责任。

（二）抗税罪及法律责任

抗税罪是指以暴力、威胁方法拒不缴纳应缴税款的行为。所谓暴力、威胁方法、是指对税务工作人员的人身进行打击、强制或者对税务工作人员施以精神上的压力，如殴打、围攻、捆绑、恐吓、要挟税务工作人员等。

《刑法》第 202 条规定：以暴力、威胁方法拒不缴纳税款的，处 3 年以下有期徒刑或者拘役，并处拒缴税款 1 倍以上 5 倍以下罚金；情节严重的，处 3 年以上 7 年以下有期徒刑，并处拒缴税款 1 倍以上 5 倍以下罚金。

以单位形式作出的暴力抗税行为，以自然人共同犯罪处理。非纳税人共同故意抗税的，以抗税罪的共犯论处。

[**案例 8－3**] 李某系某市郊区个体运输户，2008 年 1 月到 5 月，李某在未办理工商营业执照、税务登记的情况下，擅自进行非法经营。2008 年 3 月，该郊区地税分局发现后，先后三次派税务征收人员向其征税，李某均以没钱为由拒绝纳税。此后，税务分局又于 4 月 30 日、5 月 14 日分别给李某下达限期缴税通知书，李某不仅拒绝在限期缴税通知书上签字，而且对税务人员进行人身攻击，并扬言："如果再来找麻烦，可别怪我不客气，缺胳膊少腿可别怪我没事先通知你们。"李某的行为是否违法？如果违法其性质是什么，应当怎样处理？

分析：

1. 李某的行为违法。

2. 李某以暴力、威胁方法拒不缴纳税款，是抗税的表现。按照《刑法》第 202 条的规定，应当处 3 年以下有期徒刑或者拘役，并处拒缴税款 1 倍以上 5 倍以下罚金；情节严重的，处 3 年以上 7 年以下有期徒刑，并处拒缴税款 1 倍以上 5 倍以下罚金。

（三）逃避追缴税款罪及法律责任

纳税人欠缴应纳税款，采取转移或者隐匿财产的手段，致使税务机关无法追缴欠缴的税款，数额较大的，构成逃避追缴欠税罪。转移或者隐匿财产是指欠税人把本属于本人或者本单位的财物置于他处或者他人名下，划入他人账户或隐藏在秘密处，以防税务机关发现，致使税务机关无法追缴欠缴的税款。

《刑法》第 203 条规定：纳税人欠缴应纳税，采取转移或者隐匿财产的手段，致使税务机关无法追缴欠缴的税款，数额在 1 万元以上不满 10 万元的，处 3 年以下有期徒刑或者拘役，并处或者单处欠缴税款 1 倍以上 5 倍以下罚金；数额在 10 万元以上的，处 3 年以上 7 年以下有期徒刑，并处欠缴税款 1 倍以上 5 倍以下罚金。

单位犯有逃避缴纳欠税罪的，对单位判处罚金，并对其直接负责的主管人员和其他直接负责人员，按上述规定处罚。

（四）骗取出口退税罪及法律责任

纳税人采取假报出口或者其他欺骗手段，骗取国家出口退税款，数额在 1 万元以上的，构成骗取出口退税罪。

《刑法》第 204 条规定：纳税人以假报出口或者其他欺骗手段，骗取国家出口退税款，数额较大的，处5年以下有期徒刑或者拘役，并处骗取税款1倍以上5倍以下罚金；数额巨大或者有其他严重情节的，处5年以上10年以下有期徒刑，并处骗取税款1倍以上5倍以下罚金；数额特别巨大或者有其他特别严重情节的，处10年以上有期徒刑或者无期徒刑，并处骗取税款1倍以上5倍以下罚金或者没收财产。

纳税人缴纳税款后，采取前款规定的欺骗方法，骗取所缴纳税款的，依照《刑法》第201条的规定定罪处罚；骗取税款超过所缴纳的税款部分，依照前款的规定处罚。

单位犯有骗取出口退税罪的，对单位判处罚金，并对其直接负责的主管人员和其他责任人员，按照上述规定进行处罚。

（五）虚开增值税专用发票或者虚开用于骗取出口退税、抵扣税款发票罪及法律责任

虚开增值税专用发票或者虚开用于骗取出口退税、抵扣税款的其他发票的，构成虚开增值税专用发票或者虚开用于骗取出口退税、抵扣税款发票罪。

《刑法》第205条规定：虚开增值税专用发票或者虚开用于骗取出口退税、抵扣税款的其他发票的，处3年以下有期徒刑或者拘役，并处2万元以上20万元以下罚金；虚开的税款数额较大或者有其他严重情节的，处3年以上10年以下有期徒刑，并处5万元以上50万元以下罚金；虚开的税款数额巨大或者有其他特别严重情节的，处10年以上有期徒刑或者无期徒刑，并处5万元以上50万元以下罚金或者没收财产。

有前款行为骗取国家税款，数额特别巨大，情节特别严重，给国家利益造成特别重大损失的，处无期徒刑或者死刑，并处没收财产。

单位犯虚开增值税专用发票或者虚开用于骗取出口退税、抵扣税款发票罪的，对单位判处罚金，并对其直接负责的主管人员和其他直接责任人员，处3年以下有期徒刑或者拘役；虚开的税款数额较大或者有其他严重情节的，处3年以上10年以下有期徒刑；虚开的税款数额巨大或者有其他特别严重情节的，处10年以上有期徒刑或者无期徒刑。

虚开增值税专用发票或者虚开用于骗取出口退税、抵扣税款的其他发票，是指有为他人虚开、为自己虚开、让他人为自己虚开、介绍他人虚开行为之一的。

（六）伪造、出售伪造的增值税专用发票罪及法律责任

伪造、出售伪造的增值税专用发票罪是指违反发票管理法规，伪造、出售伪造的增值税专用发票的行为。

《刑法》第206条规定：伪造或者出售伪造的增值税专用发票的，处3年以下有期徒刑、拘役或者管制，并处2万元以上20万元以下罚金；数量较大或者有其他严重情节的，处3年以上10年以下有期徒刑，并处5万元以上50万元以下罚金；数量巨大或者有其他特别严重情节的，处10年以上有期徒刑或者无期徒刑，并处5万元以上50万

元以下罚金或者没收财产。

伪造并出售伪造的增值税专用发票，数量特别巨大，情节特别严重，严重破坏经济秩序的，处无期徒刑或者死刑，并处没收财产。

单位犯伪造、出售伪造的增值税专用发票罪的，对单位判处罚金，并对其直接负责的主管人员和其他直接责任人员，处3年以下有期徒刑、拘役或者管制；数量较大或者有其他严重情节的，处3年以上10年以下有期徒刑；数量巨大或者有其他特别严重情节的，处10年以上有期徒刑或者无期徒刑。

（七）非法出售增值税专用发票罪及法律责任

非法出售增值税专用发票罪是指违反国家税收征管法和发票管理办法，非法出售增值税专用发票的行为。

《刑法》第207条规定：非法出售增值税专用发票的，处3年以下有期徒刑、拘役或者管制，并处2万元以上20万元以下罚金；数量较大的，处3年以上10年以下有期徒刑，并处5万元以上50万元以下罚金；数量巨大的，处10年以上有期徒刑或者无期徒刑，并处5万元以上50万元以下罚金或者没收财产。

单位犯非法出售增值税专用发票罪的，对单位判处罚金，并对其直接负责的主管人员和其他责任人员按照上述规定进行处罚。

（八）非法购买增值税专用发票或者购买伪造的增值税专用发票罪及法律责任

非法购买增值税专用发票或者购买伪造的增值税专用发票罪，是指违反国家税收征管法和发票管理办法的规定，非法购买增值税专用发票或者购买伪造的增值税专用发票的行为。

《刑法》第208条规定：非法购买增值税专用发票或者购买伪造的增值税专用发票的，处5年以下有期徒刑或者拘役，并处或者单处2万元以上20万元以下罚金。

非法购买增值税专用发票或者购买伪造的增值税专用发票又虚开或者出售的，分别依照《刑法》第205条、第206条、第207条的规定定罪处罚。

单位犯非法购买增值税专用发票或者购买伪造的增值税专用发票罪的，对单位判处罚金，并对其直接负责的主管人员和其他责任人按照上述规定进行处罚。

（九）伪造、擅自制造或者出售伪造、擅自制造可以用于骗取出口退税、抵扣税款的其他发票罪及法律责任

伪造、擅自制造或者出售伪造、擅自制造可以用于骗取出口退税、抵扣税款的其他发票罪，是指行为人仿造可以用于出口退税、抵扣税款其他发票的样式，私自制造假发票，或者经税务机关批准印制发票的企业违反规定擅自超额印制发票，或者出售伪造、擅自制造其他发票的行为。

《刑法》第209条规定：伪造、擅自制造或者出售伪造、擅自制造的可以用于骗取

出口退税、抵扣税款的其他发票的，处 3 年以下有期徒刑、拘役或者管制，并处 2 万元以上 20 万元以下罚金；数量巨大的，处 3 年以上 7 年以下有期徒刑，并处 5 万元以上 50 万元以下罚金；数量特别巨大的，处 7 年以上有期徒刑，并处 5 万元以上 50 万元以下罚金或者没收财产。

伪造、擅自制造或者出售伪造、擅自制造的前款规定以外的其他发票的，处 2 年以下有期徒刑、拘役或者管制，并处或者单处 1 万元以上 5 万元以下罚金；情节严重的，处 2 年以上 7 年以下有期徒刑，并处 5 万元以上 50 万元以下罚金。

非法出售可以用于骗取出口退税、抵扣税款的其他发票的，依照上述规定处罚。

（十）盗窃、使用欺骗手段骗取增值税专用发票或者可以用于骗取出口退税、抵扣税款的其他发票罪及法律责任

《刑法》第 210 条规定：盗窃增值税专用发票或者可以用于骗取出口退税、抵扣税款的其他发票的，依照盗窃罪定罪处罚。

（《刑法》第 264 条：盗窃公私财物，数额较大或者多次盗窃的，处 3 年以下有期徒刑、拘役或者管制，并处或者单处罚金；数额巨大或者有其他严重情节的，处 3 年以上 10 年以下有期徒刑，并处罚金；数额特别巨大或者有其他特别严重情节的，处 10 年以上有期徒刑或者无期徒刑，并处罚金或者没收财产；有下列情形之一的，处无期徒刑或者死刑，并处没收财产：

（1）盗窃金融机构，数额特别巨大的；

（2）盗窃珍贵文物，情节严重的。）

使用欺骗手段骗取增值税专用发票或者可以用于骗取出口退税、抵扣税款的其他发票的，依照诈骗罪定罪处罚。

（《刑法》第 266 条：诈骗公私财物，数额较大的，处 3 年以下有期徒刑、拘役或者管制，并处或者单处罚金；数额巨大或者有其他严重情节的，处 3 年以上 10 年以下有期徒刑，并处罚金；数额特别巨大或者有其他特别严重情节的，处 10 年以上有期徒刑或者无期徒刑，并处罚金或者没收财产。）

（十一）税务机关或者其他国家机关的工作人员违反法律、行政法规行为的法律责任

《刑法》第 404 条规定，税务机关的工作人员徇私舞弊，不征或者少征应征税款，致使国家税收遭受重大损失的，处 5 年以下有期徒刑或者拘役；造成特别重大损失的，处 5 年以上有期徒刑。

此外，税务机关或者其他国家机关工作人员有下列情形之一的，依照《全国人民代表大会常务委员会关于惩治虚开、伪造和非法出售增值税专用发票犯罪的决定》（以下简称《决定》）的有关规定从重处罚：

与犯罪分子相勾结，实施《决定》规定的犯罪行为的；

明知是虚开的发票，予以退税或者抵扣税款的；

明知犯罪分子实施《决定》规定的犯罪行为，而提供其他帮助的。

《刑法》第405条规定，税务机关的工作人员违反法律、行政法规的规定，在发售发票、抵扣税款、出口退税工作中玩忽职守，致使国家利益遭受重大损失的，处5年以下有期徒刑或者拘役；致使国家利益遭受特别重大损失的，处5年以上有期徒刑。

其他国家机关工作人员违反国家规定，徇私舞弊，致使国家利益遭受重大损失的，依照上述规定处罚。

[**案例8-4**] 2010年6月，税务机关对天海公司2009年度纳税情况进行检查，该公司2009年应纳税总额为400万元，发现该公司存在以下违法行为：

1. 以在账簿上少列收入为手段，少缴增值税20万元；

2. 让他人为自己虚开运输发票30份，运输费100万元，已抵扣税额7万元，造成少缴增值税7万元；

3. 代他人开具普通销售发票2份，每份开具金额为5 000元；

税务机关应对该公司如何处理？

分析：

1. 该公司以在账簿上少列收入和让他人为自己虚开运输发票抵扣税款，造成少缴增值税7万元的行为，根据《税收征管法》第63条的规定，已构成偷税，税务机关应作如下处理：

（1）追缴其少缴税款27万元的增值税；

（2）从滞纳税款之日起至实际缴纳之日止，按日加收欠缴税款0.5‰的滞纳金；

（3）对该公司的偷税行为，处以所偷税款50%以上5倍以下罚款。

2. 对该公司不按规定开具发票的行为，根据《发票管理办法》第36条的规定，处以1万元以下的罚款。

3. 对该公司让他人为自己虚开运输发票抵扣税款的行为，涉嫌虚开增值税专用发票或者虚开用于骗取出口退税抵扣税款发票罪，应按规定移送公安机关查处。

第九章

税务行政处罚

内容提要

税务行政处罚是法律问题，也是税收的基本问题。对于违反税收行政法规的税收违法行为所应承担的税收法律责任以及应该受到什么样的税务行政处罚，上一章已经进行了详细的论述。本章主要介绍税务行政处罚的原则、种类、设定、程序以及处罚的执行。本章的难点在于对基本概念的准确理解与把握。

第一节　税务行政处罚概述

一、税务行政处罚的概念

税务行政处罚是指自然人、法人或其他组织有违反税收征收管理秩序的违法行为，尚未构成犯罪，依法应当承担行政法律责任，由税务机关给予的行政处罚。

税务行政处罚是行政处罚的重要组成部分，其基本法律依据为《中华人民共和国行政处罚法》和《中华人民共和国税收征收管理法》（以下简称《行政处罚法》）和《税收征管法》。为了规范税务行政处罚的实施，保护纳税人和其他税务当事人的合法权益，1996年9月28日国家税务总局颁布了《税务案件调查取证与处罚决定分开制度实施办法》和《税务行政听证程序实施办法》，并于1996年10月实施。这一系列法规、规章使税务行政处罚活动更加规范。

二、税务行政处罚的原则

税务行政处罚的原则，是指对税务行政处罚一系列活动的有关法规的准则，根据《行政处罚法》、《税收征管法》的规定，税务行政包括以下具有普遍指导意义的原则内容。

（一）处罚法定原则

处罚法定原则，是税务行政合法性原则在税务行政处罚中的具体表现和要求，指税务行政处罚必须依法进行。处罚法定原则包括：一是实施处罚的主体必须是法定的行政主体，即有处罚权的税务机关；二是处罚的依据是法定的，即实施处罚必须有税收法律、法规的明确规定；三是税务行政处罚的程序合法，即遵循法定程序。

（二）公开、公正原则

公正，一是要防止偏听偏信；二是要使当事人了解其违法行为的性质，并给其申辩的机会；三是要防止自查自断，实行查处分开制度。

（三）过罚相当原则

过罚相当是指在税务行政处罚的设定和实施方面，都要根据税务违法行为的性质、情节、社会危害性的大小而定，防止畸轻畸重或者一刀切的行政处罚现象。税务行政处罚的种类和给予处罚的幅度轻重要与当事人违法行为对社会的危害程度的大小相符。

（四）处罚与教育相结合原则

税务行政处罚的目的是纠正违法行为，教育公民自觉守法，处罚只是手段，不是目的。因此，税务机关在实施行政处罚时，要责令当事人改正或者限期改正违法行为，对情节轻微的违法行为可酌情是否实施处罚。

（五）监督制约原则

对税务机关实施行政处罚实行多方面的监督制约。一是税务机关内部，如对违法行为的调查与处罚的决定分开，当场作出的处罚决定要向所属行政机关备案等。二是税务机关与其他组织之间，如决定罚款的机关与收缴的机构分离。三是税务机关外部，包括税务机关系统上下级和司法部门，具体体现主要是税务行政复议和税务行政诉讼。

（六）保障当事人合法权利原则

依法行政是对税务机关进行行政处罚的基本要求。税务机关在实施税务行政处罚时，要以国家的法律和税收政策法规为依据，保障纳税人和其他当事人的合法权利，如果侵犯了纳税人或其他当事人的合法权利，其法律责任由税务机关承担。

（七）“一事不再罚”原则

《行政处罚法》第24条规定：“对当事人的同一个违法行为，不得给予两次以上罚款的行政处罚。”这就是我们通常所说的一事不再罚原则。这一原则是西方国家立法中一项重要责任制度，目的在于防止法律规范之间的设定冲突，重复设定处罚，保护当事人的合法权益。但是在实践工作中如何适用一事不再罚原则却是一个比较复杂的问题，这里我们分两种情况阐述一下这一原则的具体适用：

第一种情况是同一行为侵犯了不同的客体，违反了两个以上的法律法规，依照这些法律规定，两个以上的行政机关都有处罚权。例如：某一当事人有非法出售增值税专用发票的行为，但情节轻微，尚不构成犯罪时，根据全国人大常委会《关于惩治虚开、伪造和非法出售增值税专用发票犯罪的决定》第 3 条、第 11 条规定，由公安机关处 15 日以下拘留，5 000 元以下罚款。同时根据《发票管理办法》第 38 条规定，由税务机关没收违法所得，可以并处 1 万元以上 5 万元以下的罚款。在这种情况下，公安机关和税务机关均有行政处罚权，但根据一事不再罚原则，在适用“罚款”这一处罚方式时只能由一方作出，如公安机关已作出 5 000 元以下罚款决定，则税务机关只能采取没收非法所得的行政处罚方式；如税务机关已作出 1 万元的罚款决定，则公安机关只能采取行政拘留的处罚方式。

第二种情况是当事人实施了一个违法行为，而其实施该行为的方法或者结果又触犯了其他法律规范，从而构成两个以上的违法行为，根据这些不同法律规范的规定，都应当或可以予以处罚。这种情况刑法上称为牵连犯，我们在这里称之为牵连违法行为。例如：纳税人利用他人虚开的增值税专用发票进行偷税，其中偷税是一种税务违法行为，根据《税收征管法》第 63 条的规定，可以进行罚款处罚，而其偷税的方法又违反了《发票管理办法》第 36 条的规定，也可以进行罚款处罚。对于牵连犯，在刑法上是择一重罪定罪处刑，因此我们在处理税务牵连违法行为时按照重行为吸收轻行为，按重行为违法性质进行罚款的处罚比较恰当，既合情合理，又符合一事不再罚原则。

[**案例 9－1**] 2008 年 3 月，某市地税局稽查分局在日常检查中发现征远运输公司采取设两套账的方法隐瞒营业收入，偷税 34 500 元。经调查核实，稽查分局对征远运输公司作出处理决定：

1. 根据《税收征管法》第 60 条规定，罚款 1 000 元；

2. 根据《税收征管法》第 63 条规定，远征运输公司构成偷税，责成其补税，并处所偷税款 1 倍的罚款。

运输公司以稽查分局作出的处罚决定违反了《行政处罚法》第 24 条“对当事人的同一违法行为不得给予两次以上罚款的行政处罚”的规定及未告知为由，向该市地税局就税务行政处罚行为提起复议。

请问：稽查分局的处罚行为是否违反了“一事不再罚”原则？

分析：由于稽查分局是对该运输公司偷税这一同一违法行为给予了两次罚款，所以违反了“一事不再罚”原则。

三、税务行政处罚的主体与管辖

（一）税务行政处罚的主体

《行政处罚法》规定，行政处罚由具有行政处罚权的行政机关在法定职权范围内实施。国务院或者经国务院授权的省、自治区、直辖市人民政府可以决定一个行政机关行使有关行政机关的行政处罚权。

税务行政处罚的实施机关是县以上税务机关。包括国家税务总局，省、自治区、直辖市国家税务局、地方税务局，地（市、州、盟）国家税务局、地方税务局，县（市、旗）国家税务局、地方税务局四级。各级税务机关的内设机构、派出机构不具有税务行政处罚机关资格，不能以自己的名义实施税务行政处罚。但是，根据《税收征管法》，税务所可以实施罚款在2 000元以下的税务行政处罚。

税务机关依照法律、法规或者规章的规定，可以在其法定权限内委托符合法律规定条件的组织实施行政处罚。委托税务机关对受委托的组织实施行政处罚的行为应当负责监督，并对该行为的后果承担法律责任。

受委托组织在委托范围内，以委托税务机关名义实施行政处罚；不得再委托其他任何组织或者个人实施行政处罚。

受委托组织必须符合以下条件：① 依法成立的管理公共事务的事业组织；② 具有熟悉有关法律、法规、规章和业务的工作人员；③ 对违法行为需要进行技术检查或者技术鉴定的，应当有条件组织进行相应的技术检查或者技术鉴定。

（二）税务行政处罚的管辖

税务行政处罚的管辖，是指税务机关之间在受理、处罚公民、法人或其他组织违反税收征收管理秩序的行为时，所作的分工和权限划分。

根据《行政处罚法》和《税收征管法》的规定，税务行政处罚应当由具有税务行政处罚权的税务机关在法定职权范围内实施。

我国税务行政处罚管辖的种类主要有职能管辖、级别管辖、地域管辖、指定管辖、移送管辖。

1. 职能管辖

职能管辖是指不同的税务机关依据各自不同的职权对实施行政处罚所作的分工，是税务机关根据其管理职能确定对税务行政处罚的管辖权。根据职能管辖的原理，首先要求实施税务行政处罚的税务机关必须具有行政处罚权，其次要求拥有行政处罚权的税务机关必须在自己的职权范围内实施行政处罚。在目前的税收管理体制下，职能管辖就是指国家税务局、地方税务局只能针对各自所管辖之税种的违法行为实施行政处罚，不得越权管辖。

2. 级别管辖

级别管辖是指各级税务机关之间在处罚税务违法行为上的分工和权限。《行政处罚法》规定："国务院或经国务院授权的省、自治区、直辖市人民政府可以决定一个行政机关行使有关行政机关的行政处罚权，但限制人身自由的行政处罚权只能由公安机关行使。法律、法规授权的具有管理公共事务职能的组织可以在法定授权范围内实施行政处罚。”

根据《税收征管法》第74条的规定，税务行政处罚，罚款额在2 000元以下的可以由税务所决定。税务所实施的税务行政处罚属于法律特别授权。

县以上税务机关处理税务违法案件的具体范围，需要根据各自的职责权限来划分，通常由上级税务机关确定。《税务稽查工作规程》第17条规定，下列案件，可由上级税务机关查处或统一组织力量查处：① 重要偷税、逃避追缴欠税、骗取出口退税、避税、抗税案件；② 重要伪造、倒卖、非法代开、虚开发票案件以及重大税收违法案件；③ 群众举报确需由上级派人查处的案件；④ 涉及被查对象主管税务机关有关人员的案件；⑤ 上级税务机关认为需要由自己查处的案件；⑥ 下级税务机关认为有必要请求上级税务机关查处的案件。

3. 地域管辖

税务行政处罚的地域管辖，是指不同地区的同级税务机关之间，处理税务违法行为的职权划分。

《行政处罚法》第20条规定：“行政处罚由违法行为发生地的县级以上地方人民政府具有行政处罚权的行政机关管辖。法律、行政法规另有规定的除外。”地域管辖具体可分为两种情况：

（1）一般管辖。税务违法行为的处理，原则由被处理对象所在地的税务机关负责；如果被查出对象的所在地与办理税务登记的所在地不一致，由办理税务登记的所在地税务机关管辖。《税务稽查工作规程》第15条规定：“税务案件的查处，原则上应当由被查对象所在地的税务机关负责。”

（2）特别管辖。对税法特别规定或遇有特殊情况的税务违法行为的处理，可由税务违法行为发生地的税务机关处理。涉及其他地区的税务违法行为，有关地区应给予协助。行为人在哪个地方实施了税务违法行为，就应该由那个地方的税务机关依职权实施处罚。几个地方的税务机关依法都有管辖权的，一般应由最先发现违法行为的税务机关管辖。如《税务稽查工作规程》第15条规定：“发票案件由案发地税务机关负责。”

4. 指定管辖

在税务违法案件究竟该由哪一个税务机关管辖并实施处罚不清楚或没有明确规定，或两个以上税务机关对管辖有争议的情况下，上级税务机关可以协调裁定其中一个税务机关管辖。上级税务机关指定管辖后，有关税务机关必须执行。

管辖权发生争议的情况有两种：一是两个以上的税务机关对同一税务违法行为都认为自己有管辖权；二是两个以上的税务机关对同一税务违法行为都认为自己没有管辖

权。不论哪一种情况都应当按照指定管辖的程序办理。如《税务稽查工作规程》第 19 条规定："在国税、地税各自系统内，查处的税务案件如果涉及两个或者两个以上税务机关管辖的，由最先查处的税务机关负责；管辖区发生争议的，有关税务机关应当本着有利于查处的原则协商确定查处权；协商不能取得一致意见的，由共同的上级税务机关协调或者裁定后执行。"

5. 移送管辖

移送管辖，是指已受理税务违法行为的税务机关发现该行为不属于自己管辖或已构成犯罪时，应当移送有管辖权的机关管辖。移送管辖可区分两种情况：

（1）税务机关在办理案件过程中，如有证据认定行为人的行为不仅仅是违法行为，而且已构成了犯罪，必须将案件移送给有管辖权的司法机关，依法追究行为人的刑事责任，这是"刑事优先原则"在行政处罚法中的具体运用，也体现了我国一贯主张的不得以行政处罚代替刑罚的政策。

（2）税务机关在受理税务违法案件后，发现该案件不属于自己管辖，应当将案件材料移送有管辖权的税务机关，受移送的税务机关应接受。若接受税务机关审查后认为自己也无权管辖，应当报请共同的上级税务机关按指定管辖的规定来确定管辖。如《税务稽查操作规程》第 14 条规定："各地国家税务局、地方税务局分别负责所管辖税收的税务稽查工作。在税务稽查工作中发现有属于对方管辖范围问题的，应当及时通报对方查处；双方在同一税收问题认定有不同意见时，先按照负责此项税收的税务机关的意见执行，然后报负责此项税收的上级税务机关裁定，以裁定的意见为准。"

四、税务行政处罚的适用

税务行政处罚的适用，是指税务机关在认定税务违法行为的基础上，依法决定对税务违法者是否给予行政处罚和如何进行行政处罚的活动。主要包括：

（1）决定是否给予税务行政处罚；

（2）决定给予什么样的税务行政处罚，即决定税务行政处罚的具体形式，如警告、罚款、没收违法所得、没收非法财物等；

（3）是给予一种税务行政处罚还是几种税务行政处罚；

（4）决定从轻、减轻、单处、并处等具体裁量方法；

（5）税务行政处罚与刑事处罚的衔接，即税务行政处罚中的罚款与刑事处罚中的罚金适用；

（6）税务行政处罚的追责时效。

第二节 税务行政处罚的种类与设定

一、税务行政处罚的种类

（一）行政处罚法规定的处罚种类

《行政处罚法》中列举了警告、罚款、没收非法财物和违法所得、责令停产停业、暂停或者吊销许可证和执照、行政拘留为我国行政处罚的基本种类。

（1）警告，是行政主体对违法行为人的告诫和谴责，它应以书面形式作出，并向本人宣布和传达。

（2）罚款，是行政主体对违法相对人处以承担金钱给付义务，并令其在一定期限内交纳的处罚形式。在治安管理处罚、工商管理处罚、海关管理处罚、土地管理处罚等不同的领域，罚款的数额不等，最低可以是一元，高的可达数万元，通常都有可供行政主体自由裁量的幅度。

（3）没收非法财物，是行政主体对违法相对人剥夺其与违法行为有关的财物，如实施违法行为的工具、违禁物品以及其他与违法行为有关的财物等等。

（4）没收违法所得，是行政主体对违法相对人剥夺其因违法行为而获得的非法经济收入，如违法经营所获得的非法利润。

（5）责令停产停业，是行政主体对违法从事生产经营活动的相对人，在一定期限和范围内限制或取消其生产经营活动资格的处罚。

（6）暂扣许可证和执照，是行政主体对持有许可证和执照可以从事特定活动的相对人，因其有违法行为而在一定期限内暂行扣押其执照和许可证，使之暂时失去从事该类活动资格的处罚。

（7）吊销许可证和执照，是行政主体对持有许可证和执照能从事该类活动的相对人，永久性地取消其许可证和执照，使其不再具有从事该类活动资格的处罚。

（8）拘留，也称行政拘留，指只能由公安机关行使的，对违反治安管理规定的相对人在短期内限制其人身自由的处罚。拘留有严格的期限限制，即1日以上，15日以下。

除上述行政处罚种类之外，《行政处罚法》还确认，凡法律、行政法规规定的其他行政处罚都属于合法有效的处罚种类。

（二）税务行政处罚的种类

1. 财产罚

（1）罚款。是指税务机关强制违法相对人承担金钱给予义务，在一定期限内交纳一定数额款项的处罚形式。

（2）没收非法所得。是税务机关实施的将税务违法人通过非法手段获取的财产收归国家所有的处罚形式。如《税收征管法》规定，为纳税人、扣缴义务人非法提供银行账户、发票、证明或其他方便手段未缴或少缴税款或骗取国家出口退税款的，税务机关除没收非法所得外，并处以未缴、少缴或骗税款一倍以下的罚款。

2. 行为罚

（1）停止出口退税权。是税务机关对有骗税或其他税务违法行为的出口企业停止其一定时间的出口退税权的处罚形式。

（2）收缴或停止出售发票。《税收征管法》规定，从事生产、经营的纳税人、扣缴义务人有税收违法行为，拒不接受税务机关处理，税务机关可以收缴其发票或停止向其发售发票。

（3）提请工商行政机关吊销其营业执照。《税收征管法》规定，纳税人不办理税务登记，由税务机关责令限期改正；逾期不改正的，经税务机关提请，由工商管理机关吊销其营业执照。

（4）责令限期改正。

（5）通知出境机关阻止出境。

二、税务行政处罚的设定

行政处罚的设定，是指特定的国家机关依照职权和实际需要，在有关法律、法规或者规章中，创造或设立行政处罚的权力。行政处罚关系到公民、法人或其他组织的权力和利益，对其设定必须加以必要的限制。

（一）行政处罚法有关行政处罚的设定

1. 法律设定的行政处罚种类

法律是由国家最高级权力机关即全国人大及其常委会制定的，可以设定任何种类和形式的行政处罚。限制人身自由的行政处罚，只能由法律设定，其他法规、规章都无权予以设定。

2. 行政法规设定的行政处罚种类

行政法规是国家最高行政机关制定的，除了限制人身自由的行政处罚之外，它可以设定其他各种行政处罚。如果法律对违法行为已作了行政处罚规定，需要行政法规作出具体规定的，行政法规必须在法律规定的给予处罚的行为、处罚种类和幅度范围内作出具体规定，不能超出法律已规定的限度。

3. 地方性法规设定的行政处罚种类

地方性法规是省、自治区、直辖市的权力机关制定或批准的，可以设定除限制人身自由、吊销企业营业执照之外的其他各种行政处罚。如果法律、行政法规对违法行为已作了处罚规定，需要地方性法规结合本地实际情况再作具体规定的，地方性法规必须在法律、行政法规规定的受处罚行为、处罚种类和幅度范围内作出具体规定，不能超出法律、行政法规已规定的限度。

4. 规章设定的行政处罚种类

规章包括部委规章和地方规章，部委规章是国务院部委制定的，地方规章是地方省级人民政府、省政府所在地的市以及国务院批准的较大市的人民政府制定的。规章的种类多，数量大，法律效力的层级也相对较低。为了防范规章对行政处罚的设定过多过滥，《行政处罚法》规定，在法律、法规已作行政处罚规定的情况下，规章只应在法律、法规规定的给予行政处罚的行为、种类、幅度的范围内作出具体规定；尚未制定法律、法规的，行政规章可以对违反行政管理秩序的行为设定警告和一定数量的罚款这两类行政处罚。此外，国务院具有行政处罚权的直属机构虽无规章制定权，但为了行政管理的需要，在国务院授权的情况下，也可以设定警告和一定数量的罚款这两类行政处罚。

对于规章规定的罚款数额有两种情况：

（1）部委规章规定的罚款由国务院限额。国务院对此的规定是：国务院各部门制定的规章对非经营活动中的违法行为设定罚款不得超过1 000元。对经营活动中的违法行为，有违法所得的，设定罚款不得超过违法所得的3倍，但是最高不得超过3万元；没有违法所得，设定罚款不得超过1万元；超过上述限额的，应当报国务院批准。

（2）地方规章设定的罚款限额，由省一级人大常委会规定，可以不受上述规定的限制。除上述法律、行政法规、地方性法规、规章可设定行政处罚以外，其他任何规范性文件都不得设定行政处罚。

（二）税务行政处罚的设定

税务行政处罚的设定是指由特定的国家机关通过一定形式首次独立规定公民、法人或者其他组织的行为规范，并规定违反该行为规范的行政制裁措施。现行我国税收法制的原则是税权集中、税法统一，税收的立法权只能集中在中央。

（1）全国人民代表大会及其常务委员会可以通过法律的形式设定各种税务行政处罚。

（2）国务院可以通过行政法规的形式设定除限制人身自由以外的税务行政处罚。

（3）国家税务总局可以通过规章的形式设定警告和罚款。税务行政规章对非经营活动中违法行为设定罚款不得超过1 000元；对经营活动中违法行为，有违法所得的，设定罚款不得超过违法所得的3倍，且最高不得超过3万元；没有违法所得的，设定罚款不得超过1万元；超过限额的，应当报国务院批准。

省、自治区、直辖市和计划单列市国家税务局、地方税务局及其以下各级税务机关制定的规范性文件，在税收法律、法规、规章规定给予行政处罚的行为、种类和幅度的范围内作出具体规定，是一种执行税收法律、法规、规章的行为，不是对税务行政处罚的设定。因此，这类规范性文件与行政处罚法规定的处罚设定原则并不矛盾，是有效的，是可以执行的。

三、税务行政处罚的时效

时效，是指依照《行政处罚法》的规定对行政违法实施者进行行政处罚的有效期限。超过了法律所规定的期限，就不能再对当事人实施行政处罚。

时效期限的计算，依照《行政处罚法》的规定，应从税务违法行为发生之日起计算；税务违法行为有连续或继续状态的，从行为终了之日起计算。

根据《行政处罚法》的规定，行政违法行为的处罚时效为两年。违法行为在两年内未被发现的，不再给予行政处罚。法律另有规定的除外。

根据《税收征管法》第 86 条，违反税收法律、行政法规应当给予行政处罚的行为，在五年内未被发现的，不再给予行政处罚。据此，税务行政处罚的时效为五年。

第三节　税务行政处罚的程序

税务行政处罚程序包括简易程序、一般程序和听证程序。一般程序又称普通程序。在程序进程中，一般程序规定了立案、调查、询问、勘验检查、保全措施、质证与申辩等必经环节，对重大的处罚，还规定了听证程序，其操作比较复杂。简易程序又称特殊程序或当场处罚程序。

一、税务行政处罚简易程序

简易程序是当场作出税务行政处罚决定，实施处罚的一种简便程序。简易程序的适用条件有两个：一是违法事实清楚、证据确凿、情节简单、轻微、社会危害性不大的税务违法行为，且有法定依据应当给予处罚的；二是给予的处罚较轻。

简易程序只适用于两种罚则：警告和一定数额范围内的罚款。违法事实确凿并有法定依据，对公民处以 50 元以下，对法人或者其他组织处以 1 000 元以下罚款或者警告的行政处罚的，可以适用简易程序，当场作出行政处罚决定。

简易处罚的具体程序：

（1）出示证件，说明处罚理由。税务人员当场作出行政处罚时，应当向当事人出示税务检查证，同时，税务执法人员在作出当场处罚决定前，还须向被处罚者指出其违反行政义务行为的事实和给予处罚的法律、法规依据。

(2) 告知税务管理相对人有陈述和申辩的权利，并认真听取税务管理相对人的陈述和申辩。税务管理相对人陈述和申辩可以采取口头形式，税务执法人员要认真仔细地听取，并要答辩。整个过程应当扼要地制作笔录备查。

(3) 出具处罚证明。税务人员当场作出行政处罚时，应当填写具有预定格式、编有号码的《税务行政处罚决定书》并当场交付当事人，《税务行政处罚决定书》应当载明下列事项：

① 税务机关名称；

② 编码；

③ 当事人姓名（名称）、住址等；

④ 税务违法事实、依据；

⑤ 税务行政处罚种类、罚款数额；

⑥ 作出税务行政处罚决定的时间、地点；

⑦ 罚款代收机构名称、地址；

⑧ 缴纳罚款的期限；

⑨ 当事人逾期缴纳罚款是否加处罚款；

⑩ 当事人不服税务行政处罚的复议权和起诉权；

⑪ 税务行政执法人员签字或盖章。

(4) 执法人员当场作出的《税务行政处罚决定书》，必须及时报所属税务机关备案。

二、税务行政处罚一般程序

除了适用简易程序的税务违法案件外，对于其他违法案件，税务机关在作出税务行政处罚决定之前，都要经过立案、调查取证（有的案件还需要进行听证）、审查、决定、执行程序。适用一般程序的案件是情节比较复杂、处罚比较重的案件。

（一）发现与立案

(1) 税务行政违法行为的发现。发现税务行政违法行为，是税务行政处罚中必经的第一个程序。只有当税务机关知道其违法行为的发生和存在，才有可能对其进行处罚。如果未发现违法行为，也就不可能对其进行行政处罚。

(2) 立案。发现违反税务行政法定义务的案件后，应根据情况进行审查处理。

根据《税务稽查工作规程》第13条，税务稽查对象中经初步判明具有以下情形之一的，均应当立案查处：

(1) 偷税、逃避追缴欠税、骗取出口退税、抗税以及为纳税人、扣缴义务人非法提供银行账户、发票、证明或者其他方便，导致税收流失的；

(2) 未具有第一项所列行为，但查补税额在5 000元至2万元以上的（具体标准由省、自治区、直辖市税务机关根据本地情况在幅度内确定）；

（3）私自印制、伪造、倒卖、非法代开、虚开发票，非法携带、邮寄、运输或者存放空白发票，伪造、私自制作发票监制章、发票防伪专用品的；

（4）其他税务机关认为需要立案查处的。

《税务稽查工作规程》第31条规定：对未经立案实施稽查的，如果稽查过程中发现已达到立案标准，应当补充立案。

（二）调查与取证

1. 调查

调查的方法包括税务机关派员调查和委托有关机关调查。

（1）税务机关派员调查。一般包括询问有关知情人（如在场人、同单位人、邻居、家人）及当事人，让其陈述事实和意见；查阅有关账册、档案；勘察违法行为发生现场。税务行政机关在调查或者进行检查时，执法人员不得少于两人，并应当向当事人或者有关人员出示证件。当事人或者有关人员应根据事实回答询问，并协助调查或者检查，不得阻挠。询问或者检查应当制作笔录。

（2）委托有关机关调查。税务机关除自己派员调查外，还可以根据情况需要，委托其他行政机关、单位、组织调查或者请求有关机关进行协助。

2. 取证

（1）税务行政处罚证据的种类。

① 书证。即与税务违法行为有关的文字、图表、图画材料。书证一般要求提取原件，如果提取原件有困难，应进行复制并提取复制品。

② 物证。指与税务行政违法行为相关的一切物品。

③ 证人证言。是指了解税务违法行为事件有关情况，并能正确表达意思的人向税务机关所做的陈述。证人证言既可表现为以口头形式向税务机关及调查人员的陈述，也可提供书面证言。对口头陈述的证言，调查人员应做好笔录。

④ 视听材料。是指与税务行政违法行为有关的反映为图像、音响的录像带、录音磁带或以电子计算机存储的资料等。

⑤ 当事人的陈述。在税务行政处罚调查中，税务机关为了全面了解违法行为，查明违法事实真相，通常都要询问当事人，让其陈述并发表意见。当事人对违法事件的发生、经过最清楚，无论其是诚心交代税务违法事实还是故意说假话，歪曲隐瞒违法事实，都可以帮助税务机关从不同角度对违法事件进行全面的分析。

⑥ 勘验笔录。是指税务机关执法人员对税务违法行为发生现场或物品进行勘察、检查所做的记录（包括记载、测量、绘图、拍照、摄像等）。

⑦ 鉴定结论。是指税务机关对违反税务法定义务事件中的有关物品、材料，请求

其他部门运用专门知识对其鉴别真假，形成结论。

(2) 行政处罚证据的搜集。

搜集证据，是对违反税务法定义务行为的事实认定，寻找真实有利的事实依据，以证明其认定是否正确。因此，只能搜集那些与违法行为有关并能对事实真相起证明作用的材料。搜集证据的方法较多，一般是运用调查、复印、复制、摘抄、鉴定有关材料、勘验现场、提取物品等方法收取。在调查笔录中，应让证明人在笔录上签名，或由单位或组织盖章；摘抄材料应由提供材料的单位或个人对所抄材料核对后，注明摘抄出处及加盖印章；现场勘验笔录的制作人，应认真仔细，全面记录，有关勘验人员及证人应在勘验笔录上签名或盖章。收取证据时不得损害他人合法权益。行政机关在搜集证据时，可以采取抽样取证的方法；在证据可能灭失或者以后难以取得的情况下，经行政机关负责人批准，可以先行登记保存，并在7日内及时作出处理决定，在此期间，当事人或者有关人员不得销毁或者转移证据。

(3) 税务行政处罚证据的认定与运用。

证据收集后，税务机关执法人员应对所搜集的证据进行全面分析。如果各方面证据都反映某一事实，则可作为该事实的认定依据。如果所收证据材料就某一事实的反映相互矛盾，则应认真分析、审查、鉴别、判断，找出反映事实真相的证据。如现有证据难以判断，则应设法搜集新的证据。在认定事实作出处罚决定时，不得同时使用互相矛盾的证据。对书证、证人证言、勘验笔录、鉴定结论等证据应装入案件卷宗，对视听资料需要保存的应妥善保存。

3. 调查报告的制作

对各类税务案件的调查取证由税务机关的有关调查机构负责。税务机关的调查机构对税务案件进行调查取证后，对依法应当给予行政处罚的，应及时提出处罚建议，制作《税务稽查报告》。调查终结，调查机构应当制作调查报告，并及时将调查报告连同所有案卷材料移交审查机构。移交的调查报告主要包括下列内容：当事人的基本情况；当事人的违法事实及证据；当事人的陈述申辩情况；处罚建议；其他。

(三) 审查

对案件调查结果的审查由税务机关负责人指定的比较超脱的机构（以下称审查机构）负责。审查机构收到调查机构移交的案卷后，应对案卷材料进行登记，填写《税务案件审查登记薄》。

案卷登记应主要包括下列内容：调查案件来源资料；事实证据材料；告知材料；陈述、申辩意见记录或《陈述申辩笔录》；调查报告；其他有关资料。

审查机构应自收到调查机构移交案卷之日起10内审查终结，对案卷材料不全的，可以通知调查机构增补，待调查机构增补完毕后重新计算审查期限。在审查期限内，审查机构应及时制作审查报告，并连同案卷材料报送本级税务机关负责人审批。

审查报告主要包括下列内容：基本案情；调查机构调查认定的事实、证据和处理意见；陈述、申辩情况；听证情况；审查机构认定的事实、证据、处理建议；其他。

审查过程中，审查机构应对案件下列事项进行审查：

（1）稽查报告认定的违法事实是否清楚、证据是否确凿、处罚是否恰当、依据是否正确；

（2）调查取证是否符合法定程序；

（3）当事人陈述、申辩事实、证据是否成立。

审查机构审查完结后，认为当事人确实存在涉税违法行为，应予以税务行政处罚的，制作《税务行政处罚事项告知书》交由执行机构送达当事人，告知当事人已经查明的违法事实、证据、拟作出处罚的依据、种类及幅度范围，以及依法享有的陈述、申辩或要求听证权利。审查机构应当充分听取当事人的陈述，并对陈述、申辩情况进行记录或制作《陈述申辩记录》。

如进行听证的，听证期间，不计算在审查期限内。经听证的，审查机构需对当事人听证申辩的事实、证据是否成立进行审查，并根据审查情况作出相应的处罚或者不予处罚的决定。

（四）税务行政处罚决定

税务机关根据不同情况，分别作出如下决定：

（1）确有应受税务行政处罚的违法行为，根据情节轻重及具体情况，作出处罚决定；

（2）违法行为轻微，依法可以不予行政处罚的，不予处罚；

（3）违法事实不能成立的，不得给予处罚；

（4）违法行为已构成犯罪的，移送司法机关。

依照上述的规定给予税务行政处罚，应制作《税务行政处罚决定书》。《税务行政处罚决定书》应载明下列事项：

（1）当事人的姓名或者名称、地址；

（2）违反法律、法规或者规章的事实和证据；

（3）税务行政处罚的种类和依据；

（4）税务行政处罚的履行方式和期限；

（5）不服处罚决定，申请行政复议或者提出行政诉讼的途径和期限；

（6）作出行政处罚决定的税务机关和作出决定的途径和日期并加盖印章。

《税务行政处罚决定书》应当在宣告后当场交付当事人；当事人不在场的，行政机关应当在七日内依照民事诉讼法的有关规定，送达当事人。

税务机关及其执法人员在作出行政处罚决定之前，不向当事人告知给予行政处罚的事实、理由或者拒绝听取当事人陈述、申辩的，税务行政处罚决定不能成立，当事人放弃陈述或者申辩权利的除外。

三、听证程序

为了规范税务行政处罚听证程序的实施，保护公民、法人和其他组织的合法权益，根据《行政处罚法》的规定，国家税务总局于 1996 年 9 月 28 日发布了《税务行政处罚听证程序实施办法（试行）》，对税务行政处罚中听证程序的实施作出了明确的规定。

行政处罚的听证，要遵循合法、公正、公开、及时和便民的原则。

（一）税务听证程序的适用条件

根据《税务行政处罚听证程序实施办法（试行）》，税务机关对公民作出 2 000 元以上（含本数）罚款或者对法人或其他组织作出 1 万元以上（含本数）罚款的行政处罚之前，应当向当事人送达《税务行政处罚事项告知书》，告知当事人已经查明的违法事实、依据、行政处罚的法律依据和拟将给予的行政处罚，并告知有要求举行听证的权利。

（二）税务听证程序实施办法的具体内容

1. 当事人提出听证的期限

要求听证的当事人，应当在《税务行政处罚事项告知书》送达后三日内向税务机关书面提出听证；逾期不提出的，视为放弃听证权利。

2. 听证的组织

（1）税务机关组织听证。当事人要求听证的，税务机关应当组织听证。税务机关应当在收到当事人听证要求后 15 日内举行听证，并在举行听证的 7 日前将《税务行政处罚听证书》送达当事人，通知当事人举行听证的时间、地点，听证主持人的姓名及有关事项。

当事人由于不可抗力或者其他特殊情况而耽误提出延长听证期限的，在障碍消除后五日以内，可以延长申请期限。申请是否准许，由组织听证的税务机关决定。

（2）税务行政处罚听证应当公开进行，但是涉及国家秘密、商业秘密或者个人隐私的除外。对公开听证的案件，应当先期公告当事人和本案调查人员的姓名、案由和听证的时间、地点。公开进行的听证，应当允许群众旁听。经听证主持人许可，旁听群众可以发表意见。对不公开听证案件，应当公布不公开听证的理由。

（3）税务行政处罚的听证，由税务机关负责人指定的非本案调查机构的人员主持，当事人、本案调查人员及其他有关人员参加。听证主持人依法行使职权，不受任何组织和个人的干涉。

（4）听证的参加。当事人可以亲自参加听证，也可以委托一至两人代理，当事人委托代理人参加听证，应当向其代理人出具代理委托书。代理委托书应当注明有关事项，并经税务机关或者听证主持人审核确认。当事人或者其代理人应当按照税务机关的通知参加听证，无正当理由不参加的，视为放弃听证权利。听证应当予以终止。

（5）听证的回避。当事人认为听证主持人与本案有直接利害关系的，有权申请回避。回避申请，应当在举行听证的三日前向税务机关提出，并说明理由。听证主持人是本案当事人的近亲属，或者认为自己与本案有直接利害关系或其他关系可能影响公正听证的，应当提出回避。听证主持人的回避，由组织听证的税务机关负责人决定。对驳回申请回避的决定，当事人可以申请复核一次。

（6）听证的申辩和质证。举行听证时，由调查人员提出当事人违法的事实、证据和行政处罚建议，当事人进行申辩和质证。

① 听证开始时，听证主持人应当首先声明并出示税务机关负责人授权主持听证的决定，然后查明当事人或者其代理人、本案调查人员、证人及其他有关人员是否到场，宣布案由；宣布听证会的组成人员名单；告知当事人有关的权利、义务。记录员宣读听证会场的纪录。

② 听证过程中，由本案调查人员就当事人的违法行为予以指控并出示事实证据材料，提出行政处罚建议。当事人或者其代理人可以就所指控的事实及相关问题进行申辩和质证。

听证主持人认为证据有疑问而无法在听证中辨明，并可能影响税务行政处罚的准确公正的，可以宣布终止听证，由本案调查人员对证据进行调查核实后再行听证。当事人或者其代理人可以申请对有关证据进行重新核实，或者提出延期听证；是否准许，由听证主持人或者税务机关作出决定。

听证过程中，如果当事人或者其代理人放弃申辩和质证权利，声明退出听证会；或者不经听证主持人许可擅自退出听证会，听证主持人可以宣布听证终止。

听证过程中，当事人或者其代理人、本案调查人员、证人及其他人员违反听证秩序，听证主持人应当警告制止；对不听制止的，可以责令其退出听证会场。当事人或者其代理人有严重违反规定行为致使听证无法进行的，听证主持人或者税务机关可以终止听证。

（7）听证的记录。听证的全部活动，应当由记录员制作笔录，经听证主持人审阅并由听证主持人和记录员签名后，封卷上交税务机关负责人审阅。听证笔录应交当事人或者其代理人、本案调查人员、证人及其他有关人员阅读或者向他们宣读，他们认为有遗漏或者差错的，可以请求补充或者改正。他们在承认没有错误后，应当签字或者盖章。拒绝签名或者盖章的，记明情况附卷。

（8）听证结束。听证结束后，听证主持人应当将听证情况和处理意见报告税务机关负责人。

对应当进行听证的案件，税务机关不组织听证的，行政处罚决定不能成立；当事人放弃听证权利或者被正当取消听证权利的除外。

（9）听证费用的支付。听证费用由组织听证的税务机关支付，不得由要求听证的当事人承担或者变相承担。

第四节　税务行政处罚的执行

税务行政处罚的执行是指履行税务机关依法作出的行政处罚决定的活动，它是税务行政处罚的实现阶段，税务机关的行政处罚决定一经作出，即产生法律效力，如果被处罚人不主动履行，税务机关可以通过执行措施强制其履行。税务行政处罚的执行程序，是税务行政处罚决定的落实，是税务行政管理职权实现的重要体现。

税务行政处罚的执行必须遵循以下要求。

一、自行履行

（1）行政处罚决定依法作出后，当事人必须予以履行。当事人应当自收到《税务行政处罚决定书》之日起 15 日内，到指定的银行缴纳罚款。银行收到罚款后，将罚款直接上缴国库。当时收缴罚款的，当事人应当将款项交予税务人员，由税务人员开具当场处罚罚款收据。

（2）当事人对税务行政处罚不服的，根据《行政诉讼法》和《行政复议法》的有关规定，可以申请税务行政复议或者提起行政诉讼。当事人对行政处罚决定不服，申请行政复议或者提起行政诉讼的，行政处罚不停止执行，法律另有规定的除外。

（3）当事人确有经济困难，需要延期或者分期缴纳罚款的，经当事人申请和税务机关批准，可以暂缓或者分期缴纳。

二、罚收分离制度

作出罚款决定与收缴罚款相分离，即由不同的行政主体来实施，有利于减少“乱罚款”现象，制约截留、挪用、私分罚款收入等违反财经纪律的行为，有效地实施罚款制度。

具体做法是：作出罚款决定的税务机关与收缴罚款的机构分离，即税务机关不能自罚自收，要由当事人自收到税务行政处罚决定书之日起 15 日内到指定的银行缴纳罚款。银行应当收受罚款，并及时划缴国库，不得以任何理由返还给任何机关或个人。

罚收分离也是一种原则规定，在下列情况下，税务执法人员在作出税务行政处罚决定后，可以当场收缴罚款：

（1）对当场作出税务罚款决定的，有依法给予罚款额在20元以下的罚款和不当场收缴事后难以执行两种情况之一者，税务执法人员可当场收缴罚款。

（2）对于边远、水上、交通不便地区，税务机关及其执法人员依法作出罚款决定后，当事人向指定的银行缴纳罚款有困难，并经当事人提出，税务机关及其执法人员也可以当场收缴罚款。

（3）税务机关执法人员实施税务行政处罚，当场收缴罚款，必须给被处罚人出具法定的统一罚款票据。所收缴的罚款，应当自收缴罚款之日起2日内交至所属税务机关；在水上当场收缴的罚款，应当自抵岸之日起2日内将罚款缴付指定的银行，由银行划入国库。

三、申请人民法院强制执行

税务行政处罚的强制执行，是指当事人逾期不履行税务行政处罚决定，有关执行机关依法采取强制措施，迫使其履行税务处罚决定的活动。

税务行政处罚决定作出后，当事人应当自觉履行，这是执行的前提和基础，强制执行则是约束和保障。如果当事人及时、全面地履行处罚决定，该处罚即告结束；如果当事人在法定期限内不履行税务行政处罚决定，该处罚即进入强制执行阶段。具体可以采取以下强制执行措施：

（1）到期不缴纳罚款的，每日按罚款数额的3%加以罚款。

（2）对作出本税务处罚决定之前存在的、超过标的价值所扣押、查封的商品、货物或者其他财产，税务机关可以拍卖，以拍卖所得抵缴标的价值额的同时，抵缴罚款。

（3）申请人民法院强制执行。

[**案例9-2**]① 某县国税稽查局2004年10月15日收到举报，大发贸易公司作为增值税纳税人存在偷逃国家税款的行为。10月18日，稽查局委派王浩、李云两名稽查员对该公司2003年1月至2004年9月的纳税情况进行检查。为了进一步了解该公司的营业情况，王浩、李云首先向工商管理部门了解该公司的工商登记情况，但工商局出于保密义务拒绝提供有关资料。

王浩、李云进驻企业后，因为他们与该公司的法人代表王山较熟，在口头说明来历后便开展检查工作。该公司提出，王浩是该公司营销部经理的远房亲戚，应该回避。王浩、李云认为远方亲戚不属于回避范畴，当场口头拒绝了这个无理要求，立即开展税务检查工作。

---

① 朱青．税收管理．北京：中国税务出版社，2008：234-236.

为了提高工作效率，经协商决定采取调账检查方式，便口头通知大发公司将2003年1月到2004年9月的全部账册于10月20日前送至县稽查局。大发公司10月20日将账册送来。经查，该公司自2003年以来，利用设置两套账隐瞒真实销售收入并进行虚假纳税申报等手段，少缴增值税80万元，共占应纳税额的25%。

10月25日，为了防止纳税人转移财产，经过稽查局局长批准，税务机关通知企业开户行冻结其银行账户全部金额，共计100万元。但银行认为税务稽查工作尚未结束，冻结存款是不妥的，拒绝执行。

10月27日，当稽查人员再次检查企业银行账户时，发现企业的存款已经全部转移。为避免税款流失，防止纳税人再次转移财产，稽查局当机立断，于10月27日下午直接下达《税务处理决定书》和《税务行政处罚决定书》，责令该企业于10月29日前补缴税款80万元，在免除滞纳金后，处所偷税款25%的罚款。10月29日，大发贸易公司为了防止税务机关强制执行，企图将一辆轿车（30万元）和一辆六成新金龙大客车（原价70万元）转移给自已的关联企业藏匿。被王浩、李云当场发现，经请示检查组组长张海批准，将两辆汽车一并扣押。

11月5日深夜，稽查局车库被盗，两辆汽车失窃。

11月8日，稽查局检查组组长张海向大发贸易公司说明情况表示对汽车失窃负责，商量免除该公司80万元税款和20万元罚款，抵小轿车和大客车的损失，并达成秘密书面协议。大发贸易公司为了感谢张海的关照赠送其“欧洲一月游”的旅行金卡，市场销售价为6万元。

王浩、李云发现扣押的汽车被盗，也知道责任重大。虽然不知道张海用何种手段将事情了结，也不见纳税人前来追究责任，自知理亏，就另外出具内容相反的稽查报告，称原来的检查工作确实有失误，偷税的证据并不充分，草草结案。

12月15日，大发贸易公司年度审计中，经审计机关查实，该公司偷逃增值税80万元，证据确凿，于是研究决定，如果该公司补税80万元，可以不追究刑事责任；如果不补税，将移交公安机关查处，追究刑事责任。大发贸易公司迫于压力，决定补税80万元。审计机关将此款补充办案经费后了结此案。

王山考虑到税款已经补缴，于是向人民法院起诉，要求税务机关赔偿汽车失窃的全部直接损失和因为汽车损失给企业带来不便所导致的间接损失。

根据上述情况，回答下列情况：

1. 大发贸易公司及其法人在本案中有何违法行为？为什么？应该受到何种处理？
2. 税务机关及其执法人员在办案中有无不妥之处，为什么？
3. 政府其他相关部门的做法是否正确，为什么？
4. 法院是否会受理大发公司的诉讼请求，为什么？

分析与计算：

1. 纳税人：

（1）王浩作为公司员工的远房亲戚，不属于应该回避的范畴，要求回避的申请是无理要求。

（2）公司利用设置两套账隐瞒真实销售收入并进行虚假纳税申报等手段，造成少缴增值税 80 万元，按照《税收征管法》第 63 条规定，应当处以所偷税款 50% 以上 5 倍以下的罚款。

（3）依照《刑法》第 201 条的规定，纳税人的偷税金额在 10 000 元以上且占应纳税额的 25%，已经构成犯罪，该公司的法人代表王山和其他责任人应当承担刑事责任。

（4）大发贸易公司企图转移财产行为已经构成逃避。

（5）与税务人员达成秘密书面协议，赠送旅游协会会员金卡，构成贿赂行为。

2. 税务机关与公务员的不妥之处

（1）两名检查员没有出示税务检查证和税务检查通知书，法律程序不对。

（2）两名检查员是否回避必须由县以上税务局长批准，检查员自行解释是不对的。

（3）违反法定手续调取账册。调取当年账册应经设区的市局局长批准，并在 30 日内归还。

（4）检查组属于稽查局内部职能部门，无权下达税务处理文书，应该由稽查局下达。

（5）下达处罚决定书之前，应当先履行听证、审理程序，否则，处罚是无效的。

（6）不计算加收滞纳金的做法是错误的。

（7）采取税收保全措施应当得到县以上税务机关批准。稽查局人员口头通知行为是无效的。另外，保全金额也明显偏大，应以相当于应纳税款为限额。

（8）保全财产（汽车）保管不当失窃，应当承担赔偿责任。

（9）张海作为税务人员，利用职务上的便利，收受纳税人财物，已经构成犯罪，应当依法追究刑事责任。

（10）检查员王浩、李云徇私舞弊或者玩忽职守，不征或者少征应征税款，致使国家税收遭受重大损失，应当依法给予行政处分，如果构成犯罪，应当追究刑事责任。

3. 其他相关部门的不妥之处

（1）工商行政管理机关应当将办理登记注册、核发营业执照的情况，定期向税务机关通报。工商局出于保密目的，拒绝提供有关资料，是不对的。

（2）银行认为税务稽查工作尚未结束，冻结存款是不妥的，拒绝执行是不对的。《税收征管法》规定，在税务检查中可以采取保全措施；另外，纳税人的开户银行拒绝接受税务机关依法检查存款账户，或者拒绝执行税务机关作出的冻结存款或者扣缴税款的决定，或者在接到税务机关的书面通知后帮助纳税人、扣缴义务人转移存款，造成税款流失的，由税务机关处10万元以上50万元以下的罚款，对直接负责的主管人员和其他直接责任人员处1 000元以上10 000元以下的罚款。

（3）审计机关在办案中将税款作为办案经费，挪用税款行为违反征管法规定。《税收征管法》第25条规定，对审计机关、财政机关依法查出的税收违法行为，应依法将应收的税款、滞纳金按照税款入库预算级次缴入国库。

（4）王山的诉讼请求是部分成立的，法院会受理，因为税务机关保全不当，应当承担直接损失。但对于间接损失，依照《赔偿法》规定不予受理。

第十章

税务行政救济

内容提要

税法赋予了税务机关征税、检查、行政处罚、强制执行等行政权力，但每项权力都必须正确运用，否则就可能触犯或损害纳税人、扣缴义务人、纳税担保人等税务行政相对人的合法权益，导致双方争议和纠纷的发生。税收行政救济制度，就是国家为了解决税务行政争议，制止和矫正违法或不当的税务行政侵权行为，保障和监督税务机关及其工作人员依法行使职权，从而使税收行政相对人的合法权益获得补救的法律制度的总称。目前，我国税收行政救济制度由税务行政复议制度、税务行政诉讼制度和税务行政赔偿制度三部分构成。本章将主要介绍税务行政复议和税务行政诉讼制度的特征、原则、受案范围、管辖、程序以及税务行政赔偿的要件、赔偿范围、程序等内容。

第一节　税务行政复议

一、税务行政复议概述

（一）税务行政复议的概念

税务行政复议是指纳税人、扣缴义务人、纳税担保人等税务行政相对人不服税务机关管理的具体行政行为，依法向税务行政复议机关提出重新处理的申请，税务行政复议机关根据申请人的申请，对原税务机关具体行政行为进行审查并作出裁决的一种行政司法制度。

（二）税务行政复议的特征

税务行政复议作为我国行政复议制度的重要组成部分，不同于一般的税务行政执法，也区别于其他的行政复议制度，它具有以下特征：

1. 税务行政复议是由有复议权的行政机关主持的裁决活动，具有准司法性质

按照行政复议法的规定，行使税务行政复议权的机关主要是上一级税务机关和本级

人民政府，可见税务行政复议实质上是一种行政行为，然而税务行政复议程序的启动依赖于税务行政相对人的申请，然后要经历受理、审查和裁决等相关过程，比一般的行政执法严格，带有司法性，因此，税务行政复议具有准司法性质。所谓准司法，就是具有类似于普通司法的性质，但又不完全等同于普通司法，也被称为“行政司法行为”。

2. 税务行政复议以解决税务行政争议为主要内容

这是税务行政复议区别于其他行政复议的根本标志。如果是关于税务行政争议之外的其他争议而进行的复议活动，则不能称之为税务行政争议。

3. 税务行政复议以申请人不服税务机关及其工作人员作出的具体行政行为为前提

税务行政复议是在申请人针对税务具体行政行为提出复议申请的前提下，由复议机关对该税务具体行政行为进行受理、审查并作出裁决的活动。税务具体行政行为是指税务机关及其工作人员行使行政权力，针对特定的自然人、法人和其他组织，就特定的具体事项作出的有关该自然人、法人或者其他组织权利义务的单方行为，如税务机关的征收税款、滞纳金，采取强制执行措施等行政行为。与税务具体行政行为相对应的是税务抽象行政行为，是指制定税收方面具有普遍约束力的规范性文件的行为，之所以称为抽象，是因为规范性文件的管理对象是具有相对普遍性的，并不是特定的、具体的当事人。

对于与税务具体行政行为相对应的抽象行政行为，如果属于行政法规、规章等行政立法行为，行政相对人不能申请行政复议，也不能提出审查申请；如果行政相对人认为规章以下的抽象行政行为违法，可以在对相应具体行政行为提出复议申请时一并提出对该抽象行政行为的复议申请。

4. 税务行政复议与税务行政诉讼的衔接具有特殊性

对于大多数行政案件，当事人都可以自由选择行政复议或者行政诉讼程序解决，当事人对行政复议决定不服的，可以向人民法院提起行政诉讼。然而，在这两个程序的衔接上，税务行政案件的适用有其自身特点。根据《税务行政复议规则》规定，对于因征税问题引起的争议，税务行政复议是税务行政诉讼的必经前置程序，未经复议不能向法院起诉，经复议仍不服的，才能起诉；对于因税务机关其他具体行政行为引起的争议，当事人可以选择适用复议或者诉讼程序，如选择复议程序，对复议决定仍不服的，可以向法院起诉。

（三）税务行政复议的原则

税务行政复议的原则，是指反映税务行政复议客观规律，贯穿于税务行政复议全过程，参加税务行政复议的各方都必须遵循的法定基本准则。具体包括：

1. 合法、公正、公开、及时、便民原则

合法原则指税务行政复议机关必须严格按照法律规定，对行政相对人申请复议的具体行政行为，依法定程序进行审查，根据审查的不同情况，依法作出不同的处理决定。

公正原则指税务行政复议机关必须在程序公平的约束下，正当地行使复议权，尤其是行使自由裁量权。

公开原则是指税务行政复议机关在复议过程中，除涉及国家秘密、个人隐私和商业秘密外，整个过程都应当向复议当事人以及社会公开。这是确保复议权合法、公正行使的基本条件，也是防止复议权滥用的最好手段。公开原则包含以下几个方面：行政复议受理公开；行政复议活动过程公开；行政复议决定公开。

及时原则是指税务行政复议机关在查明事实、分清是非的基础上，应在法定期限内迅速地、以尽可能短的时间解决行政争议。

便民原则是指税务行政复议活动应尽可能做到方便行政相对人行使复议申请权，简化复议程序，节省行政相对人的时间、金钱和精力。

2. 合法性与适当性全面审查原则

合法性与适当性全面审查原则是指税务行政复议时既要审查行政行为的合法性，又要审查其适当性。合法性是指行政权的存在和行使必须依据法律、符合法律、不能与法律相抵触；适当性是指在法定范围内行政权的行使是否合理适当，是否遵循法律的原意或出于正当动机。

3. 书面复议原则

书面复议原则是指税务行政复议机关对申请人和被申请人递交的复议申请、复议答复、证据及其他有关资料一般采取非公开对质性的审查，并在此基础上作出复议决定。但行政复议法也规定，在申请人提出要求或行政复议机关负责法制工作的机构认为有必要时，可以向有关组织和个人调查情况，听取复议参与人的意见。

4. 一级复议原则

一级复议原则是指除法律另有规定，对引起争议的税务具体行政行为一般只经一级税务行政复议机关复议即可结案，即申请人对复议决定不服，原则上不能再逐级向税务机关申请复议，而只能向法院提起行政诉讼。

5. 复议期间不停止执行原则

除法律规定的几种特殊情况以外，税务行政复议期间不停止原具体行政行为的执行，即税务具体行政行为一经作出，不论事实上是否合法，均推定为合法。制定这条原则是考虑到如果复议期间停止执行，则合法的征税决定无法执行，从而国家的利益得不到保障。

二、税务行政复议的参加人

税务行政复议参加人包括参加复议的申请人、被申请人、第三人和代理人。

税务行政复议申请人，是指依法享有税务行政复议申请权并提出复议申请的纳税人、扣缴义务人、纳税担保人及有关当事人。申请人可以是自然人、法人或其他组织等。

税务行政复议被申请人是指作出引起争议的税务具体行政行为的行政主体，一般情况下为税务机关，特殊情况下可包括履行税收管理职能的海关和财政部门。

税务行政复议第三人是指同申请复议的具体行政行为有利害关系，经复议机关批准，参加到已经开始的复议活动中的其他自然人、法人或者其他组织。所谓的“利害关系”，一般指经济上的债权、债务关系，股权控股关系等。

税务行政复议代理人是指接受当事人委托，以被代理人的名义，在法律规定或当事人授予的权限范围内进行税务行政复议活动的人。申请人、第三人可以委托代理人代为参加税务行政复议，被申请人不得委托代理人代为参加税务行政复议。

三、税务行政复议的受案范围

（一）税务行政复议受案范围的概念

税务行政复议的受案范围，是指税务行政复议机关可以依法受理的税务行政争议案件的种类和权限，它反映了复议机关对哪些税务具体行政行为有权进行复议监督，换言之，自然人、法人或者其他组织对税务机关哪些具体行政行为不服可以向复议机关提起税务行政复议。

（二）税务行政复议的受案范围

税务行政复议的受案范围包括：

（1）税务机关作出的征税行为，包括：

① 确认纳税主体、征税对象、征税范围、减税、免税、退税、抵扣税款、适用税率、计税依据、纳税环节、纳税期限、纳税地点以及税款征收方式等；

② 征收税款、加收滞纳金；

③ 扣缴义务人、受税务机关委托征收的单位和个人作出的代扣代缴、代收代缴行为。

（2）行政许可、行政审批行为。

（3）发票管理行为，包括发售、收缴、代开发票等。

（4）税收保全措施、强制执行措施。

（5）行政处罚行为，包括：

① 罚款；

② 没收财物和违法所得；

③ 停止出口退税权。

(6) 税务机关不予依法办理或者答复的行为，包括：

① 不予颁发税务登记证；

② 不予开具、出具完税凭证、外出经营活动税收管理证明；

③ 不依法给予行政赔偿；

④ 不依法给予行政奖励；

⑤ 其他不依法履行职责的行为。

(7) 资格认定行为。

(8) 税务机关责令纳税人提供纳税担保或者不依法确认纳税担保有效的行为。

(9) 政府信息公开工作中的具体行政行为。

(10) 纳税信用等级评定行为。

(11) 税务机关作出的通知出入境管理机关阻止出境行为。

(12) 税务机关作出的其他具体行政行为。

另外，纳税人及其他当事人认为税务机关的具体行政行为所依据的下列规定不合法，在对具体行政行为申请行政复议时，可以一并向复议机关提出对该规定的审查申请：

(1) 国家税务总局和国务院其他部门的规定；

(2) 其他各级税务机关的规定；

(3) 地方各级人民政府的规定；

(4) 地方人民政府工作部门的规定不合法的。

四、税务行政复议的管辖

(一) 税务行政复议管辖的概念

税务行政复议管辖是指税务行政复议机关之间，以及税务行政复议机关与其他行政复议机关之间受理税务行政复议案件的职权分工。它明确了税务行政相对人可以或者应该向哪些机关提出复议申请，哪些机关有权或者应该受理复议申请。

(二) 税务行政复议管辖的规则

(1) 对各级国家税务局作出的具体行政行为不服申请的复议，由上一级国家税务局管辖。

(2) 对各级地方税务局作出的具体行政行为不服申请的复议，由上一级地方税务局或者该税务局的本级人民政府管辖。省、自治区、直辖市人民代表大会及其常务委员会、人民政府对地方税务局的行政复议管辖另有规定的，从其规定。

对省、自治区、直辖市地方税务局作出的具体行政行为不服申请的复议，由国家税务总局或者省、自治区、直辖市人民政府管辖。

(3) 对国家税务总局作出的具体行政行为不服申请的复议，由国家税务总局管辖。若申请人对行政复议决定不服，可以向人民法院提起行政诉讼，也可以向国务院申请裁决。国务院的裁决为最终裁决。

(4) 对上述第1、2、3条规定以外的其他税务机关、组织等作出的具体行政行为不服申请的复议，按照下列规则确定行政复议管辖：

① 对计划单列市税务局的具体行政行为不服申请的复议，由省税务局管辖。

② 对税务所（分局）、各级税务局的稽查局的具体行政行为不服申请的复议，由其主管税务局管辖。

③ 对两个以上税务机关共同作出的具体行政行为不服的，向共同上一级税务机关申请行政复议；对税务机关与其他行政机关共同作出的具体行政行为不服的，向其共同上一级行政机关申请行政复议。

④ 对扣缴义务人作出的扣缴税款行为不服申请的复议，由主管扣缴义务人的税务机关的上一级税务机关管辖；对受税务机关委托的单位作出的代征税款行为不服申请的复议，由委托税务机关的上一级税务机关管辖。

⑤ 对被撤销的税务机关在撤销以前所作出的具体行政行为不服申请的复议，由继续行使其职权的税务机关的上一级税务机关管辖。

⑥ 对税务机关作出逾期不缴纳罚款加处罚款的决定不服的，向作出行政处罚决定的税务机关申请行政复议。但是对已处罚款和加处罚款都不服的，一并向作出行政处罚决定的税务机关的上一级税务机关申请行政复议。

有②、③、④、⑤、⑥项所列情形之一的，申请人也可以向具体行政行为发生地的县级地方人民政府提交行政复议申请，由接受申请的县级地方人民政府依法转送。

五、税务行政复议的程序

(一) 税务行政复议的申请

税务行政复议的申请是指有权提出复议申请的申请人在法定申请期限内向税务行政复议机关提出复议的请求。税务行政复议申请应当符合法定的申请条件、申请期限和申请形式。

1. 申请条件

申请人在提起税务行政复议时，必须符合以下条件：

(1) 有明确的申请人和符合规定的被申请人；

(2) 申请人与具体行政行为有利害关系；

(3) 有具体的行政复议请求和理由；

(4) 申请复议的行政争议属于税务行政复议受案范围和行政复议机关管辖；

（5）在法定申请期限内提出；

（6）其他行政复议机关尚未受理同一行政复议申请，人民法院尚未受理同一主体就同一事实提起的行政诉讼；

（7）法律法规规定的其他条件，如：

申请人对税务机关作出的“征税行为”不服的，应当先向复议机关申请行政复议，对行政复议决定不服，可以再向人民法院提起行政诉讼。申请人按此规定申请行政复议的，必须先依照税务机关根据法律、行政法规确定的税额和期限，缴纳或者解缴税款及滞纳金或者提供相应的担保。

申请人对“征税行为”以外的其他具体行政行为不服，可以申请行政复议，也可以直接向人民法院提起行政诉讼；申请人对税务机关作出逾期不缴纳罚款加处罚款的决定不服的，应当先缴纳罚款和加处罚款，再申请行政复议或者提起行政诉讼。

2. 申请期限

申请人可以在知道税务机关作出具体行政行为之日起60日内提出行政复议申请。因不可抗力或者被申请人设置障碍等其他正当理由耽误法定申请期限的，申请期限自障碍消除之日起继续计算。

3. 申请形式

税务行政复议的申请形式包括书面形式和口头形式。

书面形式是指复议申请人向复议机关递交复议申请书。递交申请书可以采取当面递交、邮寄或者传真等方式。有条件的行政复议机关可以接受以电子邮件形式提出的行政复议申请。对以传真、电子邮件形式提出行政复议申请的，行政复议机关应当审核确认申请人的身份、复议事项。复议书面申请书要载明复议当事人的基本情况，申请复议的事实、请求、理由等。

口头形式是指复议申请人通过口头提出复议申请，由复议工作人员进行笔录，经核对，由复议申请人签名或盖章。口头申请行政复议的，复议机关应当当场记录申请人的基本情况，行政复议请求、申请行政复议的主要事实、理由和时间等。

[案例10－1] 2009年9月，在税收大检查中，某市国家税务局查出前进贸易公司自2008年3月至2009年8月未缴纳税款。市国税局根据公司经营情况，确定应纳税款为533.67万元，此后，公司负责人李某派人缴纳了部分税款270万元，余下的部分一直未缴。市国税局以《催缴税款通知书》责令前进贸易公司应缴税款263.67万元，滞纳金130万元，并于10月6日向前进贸易公司送达税务行政处罚决定书。该公司对处罚决定不服，要求复议。

请问：

1. 前进贸易公司应当向哪个行政机关提出复议申请？

2. 前进贸易公司申请行政复议的最后期限是什么时候?

3. 如果前进贸易公司对确定应纳税款和缴纳税款通知行为不服，能否直接申请复议或直接向人民法院起诉?如果对复议决定不服，应该怎么做?

分析:

1. 前进贸易公司应当向省国家税务局提出复议申请。根据税务行政复议的管辖规则，对各级税务机关作出的具体行政行为不服申请的复议，由上一级税务机关管辖，所以，应该向省国家税务局申请行政复议。

2. 前进贸易公司申请行政复议的最后期限是2009年12月5日。按照规定，申请税务行政复议的期限为60日，自知道具体行政行为之日起即2009年10月6日起计算，10月的25天加上11月的30天再加上12月的5天，正好为60天，所以最后期限是2009年12月5日。

3. 不能直接申请复议，也不能直接向人民法院起诉。根据《行政复议法》、《税收征收管理法》和有关规定，纳税人对税务机关征税行为不服的，必须先解缴税款、滞纳金或提供纳税担保，而且复议前置是起诉的必要条件，所以不能直接申请复议，也不能直接向人民法院起诉。

前进贸易公司如果对复议决定不服，可以向人民法院提起诉讼。

(二) 税务行政复议的受理

税务行政复议的受理，是指税务行政复议机关对申请人所提出的复议申请进行审查，并在此基础上决定是否受案处理。

税务行政复议机关应当在收到行政复议申请5日内，根据前述申请条件对复议申请进行审查并作出是否受理的决定:

(1) 对符合条件的行政复议申请，应作出予以受理的处理；受理行政复议申请，应当书面告知申请人。

(2) 对不符合条件的行政复议申请，应决定不予受理，并书面告知申请人可以在收到不予受理裁决书之日起15日内向法院起诉。

(3) 对不属于本机关受理的行政复议申请，应当告知申请人向有关行政复议机关提出。

(4) 行政复议申请材料不齐全、表述不清楚的，行政复议机构可以自收到该行政复议申请之日起5日内书面通知申请人补正。补正通知应当载明需要补正的事项和合理的补正期限。无正当理由逾期不补正的，视为申请人放弃行政复议申请。补正申请材料所用时间不计入行政复议审理期限。

另外，税务行政复议机关收到行政复议申请以后未按照上述规定期限审查并作出不予受理决定的，视为受理。

（三）税务行政复议的审理

税务行政复议审理，是指税务行政复议机关对受理的行政争议案件的合法性和适当性进行审查的过程，是行政复议程序的核心。

1. 审理方式和程序

税务行政复议原则上采用书面审查的办法，但是申请人提出要求或者行政复议机构认为有必要时，应当听取申请人、被申请人和第三人的意见，并可以向有关组织和人员调查了解情况。对重大、复杂的案件，申请人提出要求或者行政复议机构认为必要时，可以采取听证的方式审理。

行政复议机构应当自受理行政复议申请之日起7日内，将行政复议申请书副本或者行政复议申请笔录复印件发送被申请人。被申请人应当自收到申请书副本或者申请笔录复印件之日起10日内提出书面答复，并提交当初作出具体行政行为的证据、依据和其他有关材料。之后，复议机关就双方当事人争议的税务行政行为进行调查研究，核实有关资料与证据，对该行为的合法性与适当性进行判定，并撰写审理报告。

2. 审理期限

行政复议机关审查被申请人的具体行政行为时，认为其依据不合法，本机关有权处理的，应当在30日内依法处理；无权处理的，应当在7日内按照法定程序逐级转送有权处理的国家机关依法处理。处理期间，中止对具体行政行为的审查。

申请人在对税务机关具体行政行为提出复议申请时一并提出对有关规定的审查申请的，行政复议机关对该规定有权处理的，应当在30日内依法处理；无权处理的，应当在7日内按照法定程序逐级转送有权处理的行政机关依法处理，有权处理的行政机关应当在60日内依法处理。处理期间，中止对具体行政行为的审查。

3. 税务行政复议的和解与调解制度

2010年4月1日起开始施行的新修订的《税务行政复议规则》中专门增设了“税务行政复议和解与调解”一章，规定允许税务行政复议机关可以按照自愿、合法的原则对复议案件进行调解，若申请人与被申请人在行政复议决定作出前自愿达成和解协议，经行政复议机构准许后即可终止行政复议，但申请人不得以同一事实和理由再次申请行政复议。

根据规定，对下列行政复议事项适用税务行政复议的和解与调解制度：

（1）行使自由裁量权作出的具体行政行为，如行政处罚、核定税额、确定应税所得率等；

（2）行政赔偿；

（3）行政奖励；

（4）存在其他合理性问题的具体行政行为。

（四）税务行政复议的中止与非正常终止

1. 税务行政复议的中止

税务行政复议的中止表示正常复议程序的中断，行政复议期间，有下列情形之一的，行政复议中止：

（1）作为申请人的自然人死亡，其近亲属尚未确定是否参加行政复议的；

（2）作为申请人的自然人丧失参加行政复议的能力，尚未确定法定代理人参加行政复议的；

（3）作为申请人的法人或者其他组织终止，尚未确定权利义务承受人的；

（4）作为申请人的自然人下落不明或者被宣告失踪的；

（5）申请人、被申请人因不可抗力，不能参加行政复议的；

（6）行政复议机关因不可抗力原因暂时不能履行工作职责的；

（7）案件涉及法律适用问题，需要有权机关作出解释或者确认的；

（8）案件审理需要以其他案件的审理结果为依据，而其他案件尚未审结的；

（9）其他需要中止行政复议的情形。

行政复议中止的原因消除以后，应当及时恢复行政复议案件的审理。

2. 税务行政复议的非正常终止

正常情况下，只有作出复议决定才意味着税务行政复议的终止。不过，税务行政复议的终止也存在于某些特殊的情形之下。行政复议期间，有下列情形之一的，行政复议终止：

（1）申请人要求撤回行政复议申请，行政复议机构准予撤回的；

（2）作为申请人的自然人死亡，没有近亲属，或者其近亲属放弃行政复议权利的；

（3）作为申请人的法人或者其他组织终止，其权利义务的承受人放弃行政复议权利的；

（4）申请人与被申请人经行政复议机构准许达成和解的；

（5）行政复议申请受理以后，发现其他行政复议机关已经先于本机关受理，或者人民法院已经受理的；

（6）由于相关原因尚未确定是否参加行政复议、尚未确定法定代理人或权利义务承受人而中止行政复议，满60日行政复议中止的原因未消除的，行政复议终止。

六、税务行政复议的决定及决定的执行

（一）税务行政复议的决定

税务行政复议决定，是指税务行政复议机关在对具体税务行政行为合法性和适当性

进行审查的基础上所作出的审查结论。

税务行政复议机关应当自受理申请之日起60日内作出行政复议决定。情况复杂，不能在规定期限内作出行政复议决定的，经行政复议机关负责人批准，可以适当延期，并告知申请人和被申请人，但是延期不得超过30日。

税务行政复议的决定包括以下几种形式：

(1) 维持决定。被申请人具体行政行为认定事实清楚，证据确凿，适用依据正确，程序合法，内容适当，决定维持其具体行政行为。

(2) 履行决定。被申请人不履行法定职责的，决定其在一定期限内履行。

(3) 撤销、变更、确认违法决定。当被申请人具体行政行为被认定为有下列情形之一的，可以决定撤销、变更或者确认该具体行政行为违法：

① 主要事实不清、证据不足的；② 适用依据错误的；③ 违反法定程序的；④ 超越职权或者滥用职权的；⑤ 具体行政行为明显不当的。

决定撤销或者确认该具体行政行为违法的，可以责令被申请人在一定期限内重新作出具体行政行为。

行政复议机关作出行政复议决定，应当制作行政复议决定书并直接送达复议申请人，复议决定书一经送达，即发生法律效力。

[**承前例10-1**] 如果该省国税局认为该市国税局的处罚决定明显不当，则有权作出何种决定？

分析：

省国税局有权作出以下决定：

(1) 撤销该市国税局的处罚决定，并可以责令其在一定期限内重新作出处罚决定。

(2) 变更该市国税局的处罚决定。

(3) 确认该市国税局的处罚决定违法。

(二) 税务行政复议决定的执行

被申请人应当履行行政复议决定。被申请人不履行、无正当理由拖延履行行政复议决定的，行政复议机关或者有关上级税务机关应当责令其限期履行。

申请人对复议决定不服的，可以在收到复议决定书之日起15日内向法院起诉。

申请人、第三人逾期不起诉又不履行行政复议决定的，或者不履行最终裁决的行政复议决定的，由税务机关依法强制执行，或者依法申请人民法院强制执行。维护原具体税务行政行为的复议决定，由最初作出具体行政行为的税务机关依法强制执行，或者申请人民法院强制执行。变更原具体税务行政行为的复议决定，由税务行政复议机关依法强制执行，或者申请人民法院强制执行。

[**案例10-2**] 2009年6月20日，某县地税局查实某建筑企业当月采取虚假的纳税

申报偷税20万元，依法定程序分别下达了税务处理决定书和税务行政处罚决定书，决定补缴税款20万元，按规定加收滞纳金，并处所偷税款一倍的罚款。该企业不服，在缴纳10万元税款后于6月25日向市税务局申请行政复议，市地税局于收到复议申请书后的第8天以“未缴纳罚款”为由决定不予受理。该纳税人在规定时间内未向人民法院上诉，又不履行。某地税局在屡催无效的情况下，申请人民法院扣押、依法拍卖了该企业相当于应纳税款、滞纳金和罚款的财产，以拍卖所得抵缴了税款、滞纳金和罚款。

请问：

1. 该建筑企业的行政复议申请是否符合规定？为什么？

2. 某县地税局、市地税局在案件处理过程中有哪些做法是不符合规定的？

分析：

1. 该建筑企业提出的行政复议申请不符合规定。根据规定，纳税人对税务机关作出的补税、加收滞纳金决定有异议的，应先解缴税款及滞纳金或者提供相应的担保，然后可依法申请行政复议；对税务机关的罚款决定不服可直接依法申请行政复议。故该建筑企业应在缴清税款及滞纳金或提供担保后才可依法申请行政复议，或者单就行政处罚一事依法申请行政复议。

2. 市地税局作出的不予受理决定的理由不能成立。根据规定，纳税人对税务机关的处罚决定不服的，可依法申请行政复议。市地税局以“未缴纳罚款”作为不予受理复议申请的理由属于适用法律错误。

市地税局超出法定期限作出不受理复议申请的决定。根据《税务行政复议规则》规定，复议机关收到行政复议申请后，应当在5日内进行审查，对不符合规定的行政复议申请，决定不予受理，并书面告知申请人。因此，市地税局于收到复议申请书后的第8天才对复议申请作出不予受理的决定是不合规定的。

县地税局申请强制执行有误。《税收征管法》第88条第3款规定，对行政处罚税务机关可强制执行，也可申请人民法院强制执行。但税款及滞纳金应按《税收征管法》的相关规定自行采取强制执行措施，而不应该申请人民法院强制执行。

第二节　税务行政诉讼

一、税务行政诉讼概述

（一）税务行政诉讼的概念

税务行政诉讼是指在税务争议中，纳税人、扣缴义务人、纳税担保人等税务行政相对人认为税务机关及其工作人员作出的税务具体行政行为违法或失当，侵犯了其合法权益，依法向人民法院提起行政诉讼，由人民法院进行审理并作出裁决的司法活动。

（二）税务行政诉讼的特征

税务行政诉讼作为我国行政诉讼制度的重要组成部分，既不同于税务行政复议制度，也不同于其他的行政诉讼。它具有以下特征：

1. 税务行政诉讼是由人民法院进行审理并作出裁决的一种司法活动。这是税务行政诉讼与税务行政复议的根本区别

税务行政诉讼是一种司法制度，是由人民法院适用司法程序解决税务行政争议的活动。在税务行政诉讼的过程中，作出具体行政行为的税务机关作为被告，与原告在法律上的地位是平等的。整个诉讼的审理裁判等均应按照司法程序进行，由人民法院主持进行。

2. 税务行政诉讼以审理税务行政案件、解决税务行政争议为内容，这是税务行政诉讼区别于其他行政诉讼的根本标志

税务行政诉讼要解决的问题是具体税务行政行为是否侵犯了税务行政相对人的利益。如果是因为税务争议以外的其他争议引发的诉讼，就不能称其为税务行政诉讼。例如因为税务行政机关的人事行为引发诉讼就不属于税务行政诉讼。

3. 税务行政诉讼的当事人具有恒定性

税务行政诉讼的原告必须是认为自己的合法权益受到侵害的自然人、法人或其他组织。税务行政诉讼中被告只能是作出具体税务行政行为的税务机关，以及依法成立并经授权的派出机构或是作出复议决定的税务机关。这是确定税务行政诉讼性质的主要特征。

4. 税务行政诉讼的客体是具体税务行政行为

纳税人和其他税务当事人只能对税务机关作出的具体税务行政行为提起诉讼，而不能对税务机关根据法律法规制定的具有普遍约束力的规范性文件的抽象行政行为提起诉讼。

5. 有些税务行政诉讼以税务行政复议为前置必经程序

纳税人、扣缴义务人、纳税担保人和其他当事人对税务机关的征税行为不服的，必须在按照税务机关规定的期限内缴清税款、滞纳金后，首先向作出具体行政行为的税务机关的上一级税务机关申请复议，对复议决定不服，才能在法定期限内向人民法院提起行政诉讼，否则人民法院将不予受理。

（三）税务行政诉讼的原则

税务行政诉讼的基本原则是法律规定的人民法院在审理税务行政争议时必须遵循的基本行为准则，它反映了税务行政诉讼的精神实质。税务行政诉讼的基本原则包括：

1. 人民法院特定主管原则

人民法院特定主管原则指人民法院只主管法律规定管辖的那一部分税务行政案件，

这与刑事案件、民事案件统归人民法院管辖不同。根据法律规定，人民法院只管辖就税款征收、税务行政处罚、税收保全措施及税务行政强制执行等外部具体行政行为引起争议而提起的税务行政诉讼，对税务抽象行为及税务机关内部行政行为不服提起的税务行政诉讼不予管辖。

2. 合法性审查原则

合法性审查原则指人民法院以审查具体税务行政行为的合法性为原则，以审查具体税务行政行为的适当性为例外。人民法院原则上只审查具体行政行为的合法性，适当性则主要由行政机关自己进行监督。这是由国家司法机关和行政机关地位决定的，也是行政权与审判权合理分工的必然结果。依据权力机关的授权，人民法院有权对行政行为进行监督，但人民法院不能以监督为名，干预行政机关在法律、法规规定范围内行使职权的行政行为。故此，人民法院一般不审查具体行政行为的适当性，不对具体行政行为做变更处理。

3. 不适用调解原则

不适用调解原则指人民法院审理税务行政诉讼案件中不得采用调解作为审理程序和方式。

4. 起诉不停止执行原则

起诉不停止执行原则是指在税务行政诉讼中，当事人争议的具体行政行为不因原告提起诉讼而停止执行。

但是，这一原则也有例外。根据《行政诉讼法》第44条规定，有下列情况的，停止具体行政行为的执行：① 被告认为需要停止执行的；② 原告申请停止执行，人民法院认为该具体行政行为的执行会造成难以弥补的损失，并且停止执行不损害社会公共利益，裁定停止执行的；③ 法律、法规规定停止执行的。

5. 税务行政机关负举证责任原则

税务机关负举证责任，是指作为被告的税务行政机关有责任对争议事项提供足够的证据，证明具体行政行为的合法性。《行政诉讼法》第32条规定，被告对作出的具体行政行为负有举证责任，应当提供作出该具体行政行为的证据和所依据的规范性文件。

6. 选择复议与复议前置相结合原则

根据《税收征管法》的规定，当事人同税务机关在征税问题上发生争议时，必须先申请行政复议，对税务行政复议决定不服的，才可以向人民法院起诉，未经复议而直接向人民法院起诉的，人民法院将不予受理。因其他具体税务行政行为而产生的争议，当事人可以选择申请行政复议，也可以不经复议直接向人民法院提起诉讼。因此，税务行政诉讼采用的是选择复议与复议前置相结合的原则。

二、税务行政诉讼的参加人

税务行政诉讼的参加人包括原告、被告、第三人和代理人。

税务行政诉讼的原告是指依照行政诉讼法向人民法院提起诉讼，引起税务行政诉讼开始的自然人、法人或其他组织。

税务行政诉讼的被告是指被原告诉称作出了侵犯其合法权益的具体行政行为并经人民法院通知应诉的行政机关，一般情况下是税务机关。

税务行政诉讼的第三人是指因与被诉具体行政行为有利害关系，在税务行政诉讼过程中申请参加诉讼或由人民法院通知其参加诉讼的自然人、法人或其他组织。

税务行政诉讼代理人，是指根据法律规定、由人民法院指定或者接受当事人委托，以当事人的名义在代理权限范围内进行诉讼活动，维护被代理人合法权益的人。依照代理权发生的根据不同，可以将诉讼代理人分为法定代理人、指定代理人、委托代理人。

三、税务行政诉讼的受案范围

（一）税务行政诉讼受案范围的概念

税务行政诉讼的受案范围，是指人民法院可以依法受理税务行政争议的种类和权限，它解决的是人民法院对税务机关哪些行政行为拥有司法审查权，换言之，自然人、法人或者其他组织对税务机关的哪些行政行为不服可以向人民法院提起税务行政诉讼。

（二）税务行政诉讼的受案范围

税务行政诉讼的受案范围包括：

1. 税务机关作出的征税行为

（1）征收税款，加收滞纳金；

（2）扣缴义务人、受税务机关委托征收的单位作出的代扣代缴、代收代缴税款行为。

2. 税务机关作出的税收保全措施

（1）书面通知银行或其他金融机构冻结存款；

（2）扣押、查封商品、货物或其他财产。

3. 税务机关未及时解除税收保全措施，使纳税人等合法权益遭受损失的行为

4. 税务机关作出的税收强制执行措施

（1）书面通知银行或其他金融机构从其存款中扣缴税款；

（2）变卖、拍卖扣押、查封的商品、货物或者其他财产。

5. 税务机关作出的税务行政处罚行为

（1）罚款；

（2）没收财物和违法所得；

（3）停止出口退税权；

（4）收缴发票和暂停供应发票。

6. 税务机关不予依法办理或答复的行为

（1）不予审批减免税或者出口退税；

（2）不予抵扣税款；

（3）不予退还税款；

（4）不予颁发税务登记证、发售发票；

（5）不予开具完税凭证和出具票据；

（6）不予认定为增值税一般纳税人；

（7）不予核准延期申报、批准延期缴纳税款。

7. 税务机关责令纳税人提交纳税保证金或者纳税担保行为

8. 税务机关作出的通知出境管理机关阻止出境行为

9. 税务机关作出的其他税务具体行政行为

10. 税务机关的复议行为

（1）复议机关改变了原具体行政行为；

（2）期限届满，税务机关不予答复。

四、税务行政诉讼的管辖

（一）税务行政诉讼管辖的概念

税务行政诉讼的管辖是指上下级人民法院之间和同级人民法院之间受理第一审税务行政案件的分工和权限。它明确了当事人在与税务机关发生税务行政争议时应向哪一地的哪一级法院起诉的问题。根据行政诉讼法规定，当事人不服第一审人民法院的判决和裁定的，应向其直接的上一级人民法院上诉。因此，第一审案件管辖明确后，第二审案件的管辖也就不言而喻了。

（二）税务行政诉讼的管辖

具体来讲，税务行政诉讼的管辖分为级别管辖、地域管辖和裁定管辖。

1. 级别管辖

级别管辖是指法院组织系统内，上下级法院之间受理第一审税务行政案件的分工和权限。

根据《行政诉讼法》的规定，最高人民法院管辖全国范围内重大、复杂的第一审税务行政案件；中、高级人民法院管辖本辖区内重大、复杂的第一审税务行政案件；基层人民法院管辖除上级法院管辖的第一审税务行政案件以外的所有的第一审税务行政案件，即一般的税务行政案件均由基层法院管辖。

2. 地域管辖

地域管辖又称“区域管辖”，是指同级人民法院之间受理第一审税务行政案件的分工和权限。地域管辖分为一般地域管辖和特殊地域管辖。

（1）一般地域管辖。

一般地域管辖，是指按照最初作出具体行政行为的税务机关所在地确定管辖法院。凡是未经税务行政复议直接向法院起诉的案件，或者经过税务行政复议，复议裁决维持原税务具体行政行为，当事人不服而向法院提起诉讼的案件，都由作出具体行政行为的税务机关所在地的法院管辖。

（2）特殊地域管辖。

特殊地域管辖，是相对于一般地域管辖而言的，是指某些特殊的税务行政案件，只能由特定的法院管辖。具体情况包括以下几种：

第一，经过税务行政复议，复议机关改变原具体行政行为的，当事人可以选择向复议机关所在地人民法院管辖，也可以选择由最初作出具体行政行为的税务机关所在地人民法院管辖。

第二，因对税务机关通知出境管理机关阻止出境的行为不服而提起的诉讼，应由原告所在地法院或被告税务机关所在地管辖；

第三，因不动产提起的诉讼，由不动产所在地法院管辖。

3. 裁定管辖

裁定管辖是指，人民法院在某些特殊情况下，以裁定方式确定税务行政诉讼案件的管辖。裁定管辖有移送管辖、指定管辖和转移管辖三种。

（1）移送管辖。

移送管辖是指，某一法院受理税务行政案件后，发现自己对该案件没有管辖权而将案件移送给有管辖权的法院的一种管辖方式。

（2）指定管辖。

指定管辖，是指上级法院以裁定方式指定某一下级法院管辖某一税务行政案件。有以下两种情况：

① 由于特殊原因，有管辖权的法院不能行使其管辖权的，由上级法院指定管辖。所谓特殊原因，是指导致有管辖权的人民法院不能公正、及时审理案件的情况。包括事实原因，如自然灾害、战争、意外事故等不可抗力事实，还包括法律原因，如法院与该案有利害关系等。

② 法院之间对管辖权发生争议，协商不成的，应报请共同上一级法院指定管辖。

（3）转移管辖。

转移管辖，是指由上级法院决定或者同意，上级法院审理下级法院管辖的第一审税务行政诉讼，或者把它管辖的第一审税务行政案件移交下级法院审理。

五、税务行政诉讼的程序

（一）税务行政诉讼的提起

税务行政诉讼的提起，又称“起诉”，是指税务行政相对人认为自己的合法权益受到税务机关具体行政行为的侵害而向人民法院提起诉讼请求，要求法院通过行使审判权，依法保护自己合法权益的诉讼行为。

1. 起诉的条件

原告在提起税务行政诉讼时，必须符合以下条件：

（1）原告是认为具体税务行政行为侵犯了其合法权益的纳税人、纳税担保人或扣缴义务人等；

（2）必须要有明确的被诉税务机关；

（3）有具体的诉讼请求和事实根据；

（4）起诉的案件属于法院受案范围和受诉法院管辖；

（5）必须在法定期限内提起；

（6）法律、法规规定在起诉前必须向行政机关申请复议的，应经过行政复议或者复议机关逾期不作复议决定后才能起诉，如纳税争议必须复议前置。

2. 起诉的期限

根据税务行政实践的特点，税务行政诉讼有两种方式：一是经复议后起诉。根据《税收征管法》的规定，纳税争议必须先复议，对复议决定不服的，方可起诉。二是直接起诉。除复议前置的纳税争议外，当事人可以对具体行政行为直接起诉。对于两种不同的起诉方式，法律规定的起诉期限也不同。

经复议后起诉的案件，应当在收到复议决定书之日起 15 日内向人民法院提起诉讼；复议机关逾期不作决定的，申请人可以在复议期限届满（一般为申请复议起 60 日）之日起 15 日内向人民法院提起诉讼，法律另有规定的除外。直接起诉的，应当在接到税务机关采取措施的通知之日起 15 日内直接向法院起诉。没有通知的，应当在知道具体行政行为之日起 3 个月内提起。

［**案例 10－3**］2008 年 7 月 15 日，某省 A 县国税局对县供电分公司进行税务检查时发现：该公司在 2006 年 1 月至 2008 年 6 月间，随电费收取“集资费”5 370 032 元和“电权使用费”6 535 626 元，两项均未申报纳税。依《增值税条例》，该两项费用均属于价外收费，应一并征收增值税。国税局遂于 2008 年 7 月 26 日对供电公司下达补征 1 729 881.9 元税款的税务处理决定书，并限于 2008 年 8 月 25 日前缴纳。供电公司不服国税局作出的税务处理决定，向县法院提起税务行政诉讼。

请问：县人民法院能不能受理这起税务行政案件？

分析：不能。因为供电分公司对国税局作出的补征税款的税务处理决定不服，应属于对征税行为不服，属于纳税争议。根据规定，纳税争议适用复议前置的程序原则，因此，供电分公司没有先申请复议即提起诉讼，不合程序要求，人民法院不能受理这起案件。

（二）税务行政诉讼的受理

税务行政诉讼的受理是指法院对原告的起诉进行审查，对符合起诉条件的予以立案审理的行为。

人民法院在接到税务行政相对人的起诉后，应当组成合议庭，根据原告起诉应满足的条件，对起诉的内容和形式进行审查，并根据审查结果作出受理或者不予受理的裁定。人民法院对起诉进行审查后，应作如下处理：

（1）对于符合起诉条件的，受诉法院必须在收到诉状之日起 7 日内立案，并通知原告。

（2）对不符合起诉条件的，受诉法院应在收到起诉状之日起 7 日内作出不予受理裁定。起诉人对不予受理裁定不服的，可在接到裁定书之日起 10 日内向上一级法院提出上诉。

（3）对起诉条件有欠缺的，受诉法院可以要求起诉人限期补正。起诉人补正后，经审查，符合法定条件的，人民法院应当受理。

（4）根据《税务行政诉讼若干问题的解释》的规定，受诉法院在收到起诉状之日起 7 日内，不能决定是否受理的，应当先予受理。受理后经审查不符合起诉条件的，裁定驳回起诉。

（三）税务行政诉讼的审理

税务行政诉讼中的审理，是指人民法院对税务行政案件进行实质性审查，并确定、判决行政机关的行政行为是否合法的诉讼活动。审理的核心是审查被诉具体行政行为是否合法，即作出该行为的税务机关是否依法享有税务行政管理权，该行为是否具有事实依据和法律依据，是否符合法定的程序要求等。

人民法院审理行政案件，实行合议、回避、公开审判和两审终审制度，当事人在行政诉讼中有权进行辩论。

（四）税务行政诉讼的判决

税务行政诉讼判决，是指人民法院代表国家依法对被诉具体行政行为是否合法作出的具有法律约束力的判定。税务行政诉讼判决分为一审判决和二审判决。

1. 一审判决

一审判决是最初受理税务行政案件的人民法院所作的判决。根据行政诉讼判决的性质，一审判决分为维持判决、撤销判决、履行判决、变更判决等。

（1）维持判决。

是指人民法院通过审理，认为具体行政行为合法有效，从而作出否定原告对被告具体行政行为的指控，维持被告具体行政行为的判决。

（2）撤销判决。

撤销判决是指，人民法院经过对案件的审查，认定被告具体行政行为有下列情形之一的：主要证据不足，适用法律、法规错误，违反法定程序的，超越职权，滥用职权，作出部分或全部撤销被告具体行政行为，并可以作出被告重新作出具体行政行为的判决。

（3）履行判决。

履行判决，是指人民法院经过审理认定被告负有法定职责，但无正当理由而不履行，作出被告限期履行法定职责的判决。

（4）变更判决。

变更判决是指，经人民法院审理，认定行政处罚行为显失公正，运用国家审判权直接改变行政处罚行为的判决。

人民法院对行政处罚行为作出变更判决，原则上只能减轻不能加重（注意例外）；不能对行政机关未给予处罚的人直接给予行政处罚。

2. 二审判决

如果一审的原告或被告认为法院作出的判决是错误的，就可以向上一级法院上诉，法院由于一审原告或被告上诉而根据事实和有关法律对税务案件进行审理和判决的活动被称为二审程序。由于税务行政诉讼实行二审终审制，所以上一级人民法院的二审判决是终审判决，对二审的判决不得再提起上诉。

就基本的过程而言，二审的审理程序与一审基本相同。除二审法院认为事实清楚的上诉案件实行书面审理外，一般都要开庭审理。经过审理，人民法院对上诉案件根据情况作出二审判决即终审判决，终审判决有三种类型：

（1）维持判决，是指二审法院通过对上诉案件的审理，认为原判决认定事实清楚，适用法律、法规正确，判决驳回上诉，维持原判。

（2）依法改判，原判决认定事实清楚，但适用法律、法规错误的，依法改判。

（3）裁定撤销一审判决。原判决认定事实不清，证据不足，或者由于违反法定程序可能影响案件正确判决的，裁定撤销原判，发回原审人民法院重审。对这类案件，也可以在查清事实之后，进行改判。

（五）税务行政诉讼的执行

税务行政诉讼案件的执行，是指法院对已经发生法律效力的判决，运用国家强制力，在负有义务的一方当事人拒不履行义务时，强制其履行的活动。

1. 执行条件

执行并不是所有的税务行政诉讼案件都要经过的程序，税务行政诉讼案件执行程序的发生必须具备以下三个方面的条件：必须有判决书等执行根据；必须是当事人有履行义务的能力且拒绝履行义务；必须在法定期限内申请。

2. 执行种类

根据法律规定，税务行政案件执行大致分为下列三种情况：

（1）法院判决维持了税务行政机关的具体行政行为，但原告没有在法定期限内履行判决书规定的义务，法院根据税务机关的申请或依职权而予以强制执行。

（2）法院变更或撤销了税务机关的原行政处罚、处理决定，或者判决税务行政机关履行一定的义务，但税务机关没有执行法院的判决或裁定，法院根据原告或者第三人的申请所进行的强制执行。

（3）税务行政相对人对具体行政行为在法定期限内不提起诉讼又不履行的，税务机关可以申请法院强制执行。

3. 执行措施

对于原告（即纳税人、扣缴义务人、纳税担保人）拒绝和逃避执行已经生效的法律文书规定的义务的，税务行政机关应申请法院强制执行。法院可以采取以下强制执行措施：冻结或划拨、扣留或提取被执行人的存款或者收入，查封、扣押、拍卖被执行人的财产。

对于作为被告的税务机关拒绝履行判决的，第一审法院可以采取强行划拨税务机关账户存款、罚款等强制措施，税务行政机关的上一级税务机关或者监察、人事机关提出司法建议，情节严重构成犯罪的，要依法追究税务行政机关主管人员和直接责任人员的刑事责任。

［案例 10－4］ 某省 A 市 B 区税务局对某企业的逃避缴纳税收行为作出罚款 2 万元的行政处罚，并查封了该企业的部分厂房、设备。该企业不服，以该处罚决定显失公正、查封措施违法为由，向位于该市 C 区的市税务局提起行政复议，该市税务局改变了 B 区税务局的罚款处罚决定，并解除了查封。该企业仍不服，向人民法院提起诉讼，要求撤销行政处罚决定，赔偿因查封而造成该企业的损失。

请问：

1. 根据行政诉讼法的规定，哪些机关对此行政案件有管辖权？

2. 若该企业先向 B 区人民法院起诉，后向 C 区人民法院起诉，则该案件应该归哪个法院管辖？

3. 如果人民法院经审理认为，原具体行政行为适用法律、法规错误，则应当作出什么判决？

分析：

1. B区人民法院和C区人民法院都对此行政案件有管辖权。根据规定，经复议的行政案件，复议机关改变原具体行政行为的，既可以由最初作出具体行政行为的行政机关所在地人民法院管辖，也可以由复议机关所在地人民法院管辖。

2. 应由B区人民法院管辖。根据规定，两个以上人民法院都有管辖权的案件，原告可以选择其中一个人民法院提起诉讼。原告向两个以上有管辖权的人民法院提起诉讼的，由最先收到起诉状的人民法院管辖。

3. 应当判决撤销该具体行政行为。根据规定，具体行政行为适用法律、法规错误的，人民法院应当判决撤销该具体行政行为，并可以责令其重新作出具体行政行为。对于变更判决，只有对显失公正的行政处罚方可适用。

第三节　税务行政赔偿

一、税务行政赔偿的概念

税务行政赔偿，是指税务机关及其工作人员、受税务机关委托的组织或个人违法行使职权，对公民、法人和其他组织的合法权益造成损害的，由国家承担赔偿责任，并由税务机关代表国家具体履行赔偿义务的一项法律制度。税务行政赔偿是国家赔偿的一种形式。

二、税务行政赔偿的构成要件

（一）侵权主体是行使国家税收征管职权的税务机关及其工作人员

在行政赔偿中，由于侵权主体和赔偿义务机关的不同分为不同的种类，税务行政赔偿就是其中的一种。税务行政赔偿区别于其他行政赔偿的显著特征就在于，构成税务行政赔偿责任的侵权主体是行使国家税收征管职权的税务机关和税务机关的工作人员。赔偿义务机关是行使税收征管职权的税务机关或行使税收征管职权的税务人员所在的税务机关。

（二）必须是税务机关及其工作人员的职务违法行为

所谓职务违法行为包含有两层含义：

第一，必须是税务机关及其工作人员履行税收征管职务的行为；

第二，税务机关及其工作人员的履行职务行为违法。

如果税务机关或者税务机关工作人员是作为民事主体在从事民事活动时侵犯了他人的合法权益，那么，对于因此造成的损害，就构不成税务行政赔偿责任，国家不负责赔偿，而应由税务机关以自己的经费予以赔偿，或者由税务人员以自己的收入予以赔偿，独立承担民事责任。

这里所说的违法，不仅适用于税务机关及其工作人员的具体行政行为违反相关法律法规的情形，而且适用于税务机关及其工作人员由于不作为而造成侵权的情形，具体包括没有事实根据或没有法律依据，适用法律或法规错误，违反法定程序，超越职权以及拒不履行法定职责等形式。

（三）存在损害税务行政相对人合法权益的事实

税务机关及其工作人员执行职务的行为对税务行政相对人合法权益造成实际损害，是国家承担侵权赔偿责任的首要条件。如果税务机关及其工作人员违法行使职权没有侵犯当事人的合法权益，或者侵犯的是非法利益，则不发生税务行政赔偿；这里的损害事实指的是实际发生的损害，对尚未发生的损害，则不予赔偿。如县税务局未查明偷税事实就决定对纳税人处以5 000元的罚款，所有手续已经办妥但没有去实际执行，或者在未实际执行前被复议机关复议撤销或人民法院判决撤销了，这种情况下就无所谓损害的发生，自然就不产生损害赔偿的问题，而只有在损害后果已经发生的情况下，国家才有可能承担赔偿责任。

（四）侵权行为与损害事实之间存在因果关系

只有在税务机关及其工作人员作出的违法税务具体行政行为同纳税人已经发生的损害后果之间存在因果关系时，税务行政赔偿责任才能构成。如果此行为与彼结果之间没有紧密的、必然的联系，因果关系就不能存在，也就不能构成税务行政赔偿责任。

上述四个要件同时存在是税务行政赔偿的前提，缺乏任何一个要件，则国家就不承担赔偿责任。

三、税务行政赔偿的范围

根据我国《国家赔偿法》的相关规定，税务行政赔偿将赔偿的范围仅限于对财产权和人身权中的生命健康权、人身自由权的损害，而未将精神损害等列入赔偿范围。如果税务机关及其工作人员的职务违法行为仅给受害人的名誉、荣誉权等造成损害的，由税务机关及其工作人员在侵权影响范围内，为受害人消除影响、恢复名誉、赔礼道歉，而不给予经济赔偿。具体来讲，税务行政赔偿的范围主要包括：

（一）侵害人身权的赔偿范围

（1）税务机关及其工作人员非法拘禁纳税人等税务行政相对人或者以其他方式剥夺纳税人等税务行政相对人人身自由的；

（2）税务机关及其工作人员采取殴打等暴力行为或者唆使他人采取殴打等暴力行为给纳税人等税务行政相对人造成身体伤害或者死亡的；

（3）税务机关及其工作人员造成纳税人等税务行政相对人身体伤害或者死亡的其

他违法行为。

（二）侵害财产权的赔偿范围

（1）税务机关及其工作人员违法征收税款及滞纳金的；

（2）税务机关及其工作人员对纳税人和其他当事人违法实施罚款、没收非法所得等行政处罚的；

（3）税务机关及其工作人员对纳税人和其他当事人的财产违法采取强制措施或者税收保全措施的；

（4）税务机关及其工作人员违反国家规定向纳税人和其他当事人征收财物、摊派费用的；

（5）税务机关及其工作人员违法作出通知出入境管理机关阻止纳税人出境给纳税人的合法权益造成损害的；

（6）税务机关及其工作人员违法拒绝颁发税务登记证、审批认定为一般纳税人、发售发票或不予答复造成纳税人合法财产权损害的；

（7）税务机关及其工作人员造成纳税人和其他当事人财产损害的其他违法行为。

（三）不予赔偿的情形

（1）税务机关工作人员与行使职权无关的个人行为。税务机关工作人员的行为有两类：一类是行使职权的行为，如征税行为、税务行政处罚行为；另一类是与行使职权无关的个人行为，如税务人员与他人签订民事合同的行为等。

（2）因公民、法人和其他组织自己的行为致使损害发生。但如果出现混合过错，即对于损害的发生，受害人自己存在过错，税务机关及其工作人员也存在过错的，应根据双方过错的大小各自承担责任，税务机关应承担部分赔偿义务。

（3）法律规定的其他情形。因国家行为、立法行为、军事行为、不可抗力等，给纳税人或其他税务当事人的人身或财产造成损害，属法律规定免除税务行政赔偿责任的情形。

四、税务行政赔偿的程序

税务行政赔偿的一般程序有两种，一是非诉讼程序，即税务机关的内部程序，二是税务行政赔偿诉讼程序，即司法程序。

（一）税务行政赔偿的非诉讼程序

依据国家赔偿法规定，纳税人应当先向负有履行赔偿义务的税务机关提出赔偿要求，这是税务行政赔偿的必经程序。

1. 税务行政赔偿请求的提出

税务行政赔偿请求的提出需要具备一定的条件：

（1）请求人必须具有赔偿请求权。税务机关及其工作人员违法行使职权给纳税人、扣缴义务人、纳税担保人或其他当事人造成损害的，受害人依法可作为赔偿请求人向负有赔偿义务的税务机关提出赔偿申请。受害的公民死亡，其继承人和其他有抚养关系的亲属有权要求赔偿。受害的公民无行为能力或限制行为能力的，其监护人有权要求赔偿。受害的法人或其他组织发生合并、分立或终止的，承受其权利的法人或者其他组织有权要求赔偿。

（2）必须有明确的税务行政赔偿义务机关。具体包括：作出违法侵权行为的税务机关；作出违法行为的工作人员所在的税务机关；经复议机关复议的，最初造成侵权行为的税务机关为赔偿义务机关；复议机关的复议决定加重损害的，复议机关对加重的部分履行赔偿义务。

（3）必须在法定期限内提出赔偿请求。根据《国家赔偿法》第32条的规定：赔偿请求人请求国家赔偿的时效为两年，自国家机关及其工作人员行使职权时的行为被依法确认为违法之日起计算，但被羁押期间不计算在内。赔偿请求人在赔偿请求时效的最后6个月内，因不可抗力或者其他障碍不能行使请求权的，时效中止。从中止时效的原因消除之日起，赔偿时效期间继续计算。

（4）赔偿请求属于应当赔偿的范围。

税务行政赔偿请求的提出有以下两种方式：

（1）单独提出行政赔偿。单独提出赔偿请求，应当先向税务行政赔偿义务机关提出，遵循“赔偿义务机关先行处理程序”规则，即只有在赔偿请求人向赔偿义务机关提出赔偿请求，赔偿义务机关拒绝赔偿或赔偿请求人对赔偿数额有异议的，才可以向法院提出税务行政赔偿诉讼。

（2）在申请行政复议时一并提出赔偿请求。赔偿请求人在申请税务行政复议时，同时提出赔偿申请的，应当按照复议程序办理。

依据《国家赔偿法》的规定，提出税务行政赔偿请求应当递交申请书，申请书应当载明受害人的基本情况，具体的要求、事实根据和理由，申请日期等。如果税务行政赔偿请求人书写申请书确有困难，可以委托他人代书，也可以口头申请，由赔偿义务机关进行笔录。

2. 税务行政赔偿请求的审查、受理与审理

（1）初步审查。

审查内容包括：是否符合税务行政赔偿要件；是否符合赔偿请求提出的要件；申请书的内容和形式是否符合要求等。

（2）立案处理。

赔偿义务机关对赔偿申请书进行审查后，填写《赔偿申请审查表》，应当自收到赔

偿申请书之日起 10 日内，分别作出以下处理：

① 对符合申请规定的应当受理，并制作《受理通知书》送达赔偿申请人。

② 对不符合申请规定的决定不予受理，并制作《不予受理决定书》，说明不予受理的理由，告知赔偿请求人对不予受理决定享有的复议权利和诉讼权利。《不予受理决定书》要按规定送达赔偿请求人。

③ 赔偿申请书中主要证据材料不足的，要以书面形式通知赔偿请求人限期补正，送达《限期补正通知书》。赔偿请求人逾期不补正的，视为未提出赔偿申请。

（3）税务行政赔偿请求的审理。

赔偿义务机关决定受理请求人的赔偿申请后，应当自收到申请书之日起 2 个月之内作出审理决定。审理完毕后制作赔偿决定书，决定予以赔偿或不予赔偿。决定予以赔偿的，税务行政赔偿义务机关应当自收到申请之日起60 日内，依法予以赔偿。

在审理过程中，如请求人撤回赔偿申请，经赔偿义务机关同意，应终止赔偿审理，资料归档。赔偿义务机关逾期不予赔偿或者赔偿请求人对赔偿数额有异议的，可以在上述 60 日期限届满之日起 3 个月内向法院提起诉讼。

（二）税务行政赔偿诉讼程序

当税务赔偿义务机关逾期不予赔偿或者税务行政赔偿请求人对赔偿数额有异议时，税务行政赔偿请求人可以向人民法院提起诉讼，此时进入税务行政赔偿诉讼程序。

1. 税务行政赔偿诉讼的起诉

税务行政赔偿诉讼起诉必须符合下列条件：

（1）原告具有请求资格；

（2）有明确的被告；

（3）有具体的赔偿请求和受损害的事实根据；

（4）赔偿义务机关先行处理或赔偿义务机关不予赔偿；

（5）赔偿请求人对行政机关确认具体行政行为违法但又决定不予赔偿，或者对确定的赔偿数额有异议提起行政赔偿诉讼；

（6）属于人民法院行政赔偿诉讼的受案范围和受诉人民法院管辖；

（7）符合法律规定的起诉期限。

赔偿请求人提起税务行政赔偿诉讼，应当在向赔偿义务机关递交赔偿申请后的 60 日届满之日起 3 个月内提出；赔偿义务机关作出赔偿决定时，未告知赔偿请求人的诉权或者起诉期限，致使赔偿请求人逾期向人民法院起诉的，其起诉期限从赔偿请求人实际知道诉权或者起诉期限时计算。但逾期的期限自赔偿请求人收到赔偿决定书之日起不得超过一年。

2. 税务行政赔偿诉讼的审查、受理和审理

人民法院接到原告提起的税务行政赔偿诉讼，应当进行审查，并在7日内立案或者作出不予受理的裁定。立案后，人民法院就当事人之间的行政赔偿争议进行审理与裁判。

人民法院审理行政赔偿案件在坚持合法、自愿的前提下，可以就赔偿范围、赔偿方式和赔偿数额进行调解。调解成立的，应当制作行政赔偿调解书。调解不成立的，依法判决。

五、税务行政赔偿方式与计算标准

（一）税务行政赔偿的方式

税务行政赔偿方式是指税务机关承担行政赔偿责任的具体形式，《国家赔偿法》第25条规定：国家赔偿以支付赔偿金为主要方式，能够返还财产或者恢复原状的，予以返还财产或者恢复原状。也就是说，税务行政赔偿的方式有：

1. 支付赔偿金

支付赔偿金是指税务机关以货币形式支付赔偿金额补偿受害人所受损失的方式。

2. 返还财产

返还财产是指税务机关将违法取得的财产返还受害人的赔偿方式。返还财产一般是指原物。返还财产是一种辅助性的赔偿方式，只适用于财产权损害。如税务机关违法罚款、没收财物，违法征收等，都可以适用返还财产。

3. 恢复原状

恢复原状是指税务赔偿义务机关按照受害人的愿望和要求，使被损害的物体或关系恢复到损害发生之前的状态或性能，如解除对财产的查封、扣押和冻结等。

除了以上三种经济赔偿方式以外，如果违法行为人使受害人名誉权、荣誉权受到损害的，应当在侵权行为影响的范围内，为受害人消除影响，恢复名誉，赔礼道歉。

（二）计算标准

1. 侵害人身权的赔偿标准

（1）侵犯公民人身自由的，每日赔偿金按照国家上年度职工日平均工资计算。

（2）造成公民身体伤害的，应当支付医疗费，以及赔偿因误工减少的收入。减少的收入每日赔偿金按照国家上年度职工日平均工资计算，最高限额为国家上年度职工平均工资的5倍。

（3）造成部分或者全部丧失劳动能力的，应当支付医疗费，以及残疾赔偿金，最高额为国家上年度职工平均工资的20倍，造成全部丧失劳动能力的，对其抚养的无劳动能力的人，还应当支付生活费。

（4）造成死亡的，应当支付死亡赔偿金、丧葬费，总额为国家上年度职工平均工

资的 20 倍。对死者生前抚养的无劳动能力的人，还应当支付生活费。

上述规定的生活费发放标准参照当地民政部门有关生活救济的规定办理。被抚养的人是未成年人的，生活费给付至 18 周岁为止；其他无劳动能力的人，生活费给付至死亡时为止。

2. 侵犯财产权的赔偿标准

（1）违法征收税款，加收滞纳金的，应当返还税款及滞纳金，退还多征的税款应当支付利息；

（2）违法对应予出口退税而未退税的，由赔偿义务机关办理退税。

（3）处罚款、没收非法所得或者违反国家规定征收财物、摊派费用的，返还财产。

（4）查封、扣押、冻结财产的，解除对财产的查封、扣押、冻结，造成财产损坏或者灭失的，应当恢复原状或者给付相应赔偿金。

（5）应当返还的财产损坏的，能恢复原状的恢复原状，不能恢复原状的，按照损害程序给付赔偿金。

（6）应当返还财产灭失的，给付相应的赔偿金。

（7）财产已经拍卖的，给付拍卖所得的款项。

（8）对财产权造成损害的，按照直接损失给予赔偿。

按照《国家赔偿法》和国家赔偿费用管理办法的规定，各级国家税务局税务行政赔偿费用由国家税务总局作出年度预算，向财政部申请核拨。各级地方税务局税务行政赔偿费用由省级财政负担。

六、税务行政追偿制度

税务行政追偿是指税务机关向税务行政赔偿请求人支付赔偿费用后，依法责令有故意或重大过失的税务机关工作人员、受委托的组织和个人承担部分或全部赔偿费用的法律制度。它解决的是税务机关与其工作人员之间的关系，它实际上是一种制裁，是对违法行使职权的工作人员的惩罚。规定追偿制度是为了促使行政机关工作人员恪尽职守，防止其滥用职权。

税务机关行使追偿权，必须满足以下两个条件：

（1）追偿权以赔偿为前提。赔偿义务机关已经向受侵害的个人或组织赔偿了损失，如支付了赔偿金或返还了财产或恢复了原状。

（2）税务机关工作人员存在故意或重大过失。实际工作中，税务机关工作人员在履行公务时不可能事事都作出高度准确的判断，甚至有时还可能出错造成损害，但是，只要这种错误不是出于主观故意，并且不是重大过失，那么违法或失当的行为就无需由实施行为的个人来承担。

［**案例 10－5**］某县供销社下属的某乡农副产品采购供应站，现已累计欠税 4 万多元。2009 年 11 月 15 日，该乡税务分局的税务员张某来站上对站长说：11 月 20 日前再不缴清欠税，我们就得采取措施了！11 月 20 日上午，站长正在向县供销社经理汇报税务局催缴欠税的事，突然接到站里打来的电话说：税务局来人将站里收购的 3 吨价值 6 万多元的芦笋拉走了！站长急忙赶回站里，果然装满芦笋的汽车不见了，只见办公桌上放着一张《查封（扣押）证》和一份《扣押商品、货物财产专用收据》。经过多处筹集，供应站在 11 月 22 日将所欠税款全部缴清，但在向张某索要扣押的芦笋时，他说芦笋存放在食品站的仓库里。当供应站人员一同赶到食品站时，食品站的人说保管员回城里休假了。3 天后供应站才见到芦笋。因为下了一场大雪，芦笋几乎已全部冻烂。这给供应站带来了 4 万元的直接经济损失。因为供应站未能按合同供应芦笋，还要按照合同支付购货方 1 万元的违约金，合计损失 5 万元。12 月 5 日，供应站书面向该乡税务分局提出了赔偿 5 万元损失的请求，分局长说要向上级请示。12 月 10 日，供应站再向该乡税务分局询问赔偿的事时，分局长说：张某及另外的一位同志对供应站实施扣押货物，未经过局长批准，纯属个人行为，税务局不能承担赔偿责任。同时还拿来《查封（扣押）证》的存档联给供应站有关人员看，果然没有局长签字。12 月 16 日，供应站向县税务局提出税务行政复议申请，请求县局裁定该乡税务分局实施扣押货物违法，同时申请赔偿 5 万元的损失。至 12 月 30 日，县税务局尚未作出答复。

请问：

1. 该乡税务分局扣押供应站的货物是否违法？

2. 如果上述属于违法行为，供应站的损失应由税务分局来赔偿还是应该由税务干部张某来赔偿？

3. 县税务局若一直不愿作出裁定，供应站该怎么办？若县税务局裁定乡税务分局赔偿供应站的财产损失，那么，乡税务分局应赔偿的经济损失是多少，4 万元还是 5 万元？

分析：

1. 该乡税务分局扣押供应站货物的行为是违法的。

（1）乡税务分局扣押供应站货物的行为既不是税收保全措施，也不是税收强制执行措施。

强制执行措施，应当依照《税收征管法》第 40 条的规定，先向站长下达《限期缴纳税款通知书》，若逾期仍未缴纳时，才可以经县以上税务局局长批准，采取扣押货物等强制执行措施。扣押货物后，直接对扣押的货物进行依法拍卖或者变卖，以拍卖或者变卖所得抵缴税款。

税收保全措施，应该先向供应站下达《限期缴纳税款通知书》，在限期内若发现供应站有明显的转移、隐匿其应纳税的商品、货物以及其他财产或者应纳税的收入的迹象时，税务分局还应首先责成供应站提供纳税担保。若供应站不能提供纳税担保，才可以经县以上税务局局长批准，对供应站采取扣押货物等税收保全措施。

（2）扣押的货物超过应纳税额。该税务分局在执行 4 万多元的税款时，扣押了供应站 6 万元的货物，违反了《税收征管法》的规定，即应当扣押、查封纳税人的价值相当于应纳税款的商品、货物或者其他财产。

（3）在扣押供应站的货物时，没有通知供应站领导到场，也没有让供应站主要负责人在《查封（扣押）证》和《扣押商品、货物财产专用收据》上签字，违反了《税收征管法实施细则》规定的程序。

（4）乡税务分局应该在供应站缴税后 1 日内解除对供应站货物的扣押。而该税务分局在 3 天后才解除对供应站货物的扣押，违反了相关规定。

2. 根据规定，行政机关及其工作人员行使行政职权侵犯公民、法人和其他组织的合法权益造成损害的，该行政机关为赔偿义务机关。税务干部张某等对供应站采取扣押货物的行为，虽未经局长批准，但完全是税务机关自己执法不严造成的，张某等的行为是代表税务机关行使行政职权的行为，而不是与行使职权无关的个人行为，因此，税务人员张某等扣押货物的行为属于职务违法行为，并且此行为给供应站的合法财产造成了损害，所以，乡税务分局是法定的赔偿义务机关。

3. 供应站申请行政复议及要求税务行政赔偿的程序都是合法、有效的，若县税务局至 2010 年 2 月 14 日（申请复议后满 60 日）尚未作出复议决定，供应站应在 2010 年 3 月 1 日前，依法向人民法院提起行政诉讼，同时提出行政赔偿请求。

如果县税务局裁定乡税务分局给予供应站行政赔偿，赔偿金额应该为 4 万元。因为根据规定，行政机关及其工作人员在行使行政职权时侵犯公民、法人和其他组织的财产权造成损害的，国家只就直接损失予以赔偿，对间接损失不予赔偿。所以，对该站支付给购货方 1 万元违约金的间接损失，国家将不予赔偿。

第十一章

税收预测与经济分析

内容提要

税收预测与经济分析也是税收管理中的两个基本问题，而且在现代社会中受到越来越广泛的重视。科学的税收预测和经济分析不仅有利于提高税收管理质量，而且对国民经济发展也有重大意义。本章主要介绍了税收预测的基本概念以及税收预测的内容与方法、税收经济分析的概念以及如何深化税收经济分析等。难点在于如何深化税收经济分析。

第一节 税收预测概述

一、税收预测的概念

预测就是根据过去和现在的实际资料，运用科学的理论和方法推测未来可能出现的情况。将预测应用于税收领域，便形成了税收预测。税收预测，也称税收收入预测，是指在一定经济理论的指导下，根据经济和税收收入历年统计资料，在定性分析的基础上，运用定量的方法，对未来税收收入总量和结构等发展趋势所作出的分析、判断和预测。要进行税收预测，就要充分掌握影响税收收入变动的因素和历史资料，运用统计方法、数学方法，经过推理和计算，对未来税收收入的前景作出比较肯定的判断。

税收预测是税收计划的基础。在税收计划的各个阶段，特别是在编制税收计划的准备阶段，税收预测起着十分重要的作用。税收预测为编制税收计划和检验税收计划提供了依据，并可用于推测税收计划的执行结果。

税收预测研究的是税收发展前景在数量方面规律性的体现。税收收入预测作为一种特殊的经济预测，具有经济预测的一些特征。一是运用过去、现在的数据资料推测说明未来。二是运用统计学和计量学方法，系统地处理大量信息资料，具有显著的数量性。三是许多预测方法都是假定税收过去的趋势性规律在今后依然存在，并据以推断今后税收的发展和变动趋势。也就是说，税收预测模型是靠趋势预测未来的。如果在一段时期内，影响税收收入的主要经济因素和税制因素都是稳定的，那么，这种预测就较为准确；反之，在经济波动、税制频繁变动的时期，税收预测模型的准确度则会大大降低。

二、税收预测的意义

（一）科学的税收预测是建立现代税收管理体系的出发点

现代税收管理体系的基本思路是以税收与经济的内在关系为理论基础，以税收收入预测为出发点，以纳税能力估算为参照，以科学的税收收入计划管理为手段，以有效的税源控制和现代税收征收管理为依托，以综合考核体系为依据，以调控经济和税收收入最大化为目的，建立现代税收收入管理体系。以税收收入预测为出发点，就是要以科学预测基础上的税收收入规模为税收收入计划目标，制定详细的收入目标体系。

（二）科学的税收预测是准确编制税收计划的重要基础

长期以来，我国税收计划的编制一直采取的是“基数×系数+特殊因素”的方法。“基数”主要是指上年的税收计划或上年实际完成的税收收入，“系数”主要是指根据财政支出需要确定的本年度税收收入增长的比例，“特殊因素”主要是指可能会造成本年度税收收入大幅度增加或减少的个别因素。这种以基数为依据编制税收计划的方法比较简便，确定的计划指标也具有较好的连续性和稳定性。其缺点主要是基数与依照税法有可能取得的税收收入不完全吻合；系数只考虑了增加税收收入的要求，却没有充分考虑经济总量与结构的变化；特殊因素往往考虑得不够全面和准确。

因此，要想准确编制税收计划，提高税收计划的可行性和指导性，必须以科学的税收预测为基础。只有正确运用科学方法来预测未来的经济发展和税源变动，才能从根本上避免税收计划编制工作中的主观随意性和盲目性。

（三）科学的税收预测是严格税源监控、提高税收征管能力的重要手段

科学的税收预测是以“经济决定税收”这一经济理论为基础，在具体分析中，将某些经济指标与税收指标联系起来进行预测，如将GDP规模与税收总收入、GDP产业结构与税源结构以及将消费、投资、进出口、物价等其他国民经济指标与税收联系起来考量等。

过去单纯以上年实际税收收入决定本年税收计划的做法，常常会导致经济增长快的地区税收计划额相对较小，不能做到应收尽收，形成调节税收任务的“蓄水池”；相反，税源紧张的地区，税收任务繁重，少数地区甚至会出现“寅吃卯粮”的现象。利用“GDP税收负担率法”大体客观反映出各地的税源规模，就可以在很大程度上避免上述情况的发生。

可见，只有在对税收收入进行科学预测的基础上，才能有效监控税源，掌握税收工

作的主动权，进而通过分析税收计划与实际工作的差异，找出日常征管中的纰漏，从而有的放矢地强化税收征管，提高税收征管能力。

三、税收预测的基本原则

税收预测和其他经济预测一样，把进行预测的客观事物看成一个系统，把客观事物的过去、现在和未来看成是一个连续的、不断发展变化的辩证统一体。正是由于系统中某种结构的稳定性，才有可能使我们对客观事物作出科学的预测。一般来讲，税收预测要遵循以下几条原则。

（一）连续性原则

所谓连续性原则，是指从过去到现在，并将持续至未来，无论是宏观经济还是微观经济系统，其发展都要具有这种延续性。它有两方面的含义：一是时间方面的连贯性，即在系统中，如果过去一直受某种政策的支配，现在即使停止执行这种政策，经济系统仍然会按照原来的惯性运行一段时间。二是系统结构的稳定性，即经济系统的结构在短期内可以认为是不变的，它存在相对稳定性。这两点是我们进行税收预测的根据，前者是进行趋势外推法的基本假设，后者是利用因果关系建立结构模型的主要理论依据。

（二）类推性原则

类推性原则是指经济事物（如国民收入、税收、各部门和企业的经济活动）都有各自的运行模式，并且这些模式之间会存在相似之处。例如，货币供应量的过快增长，意味着未来通货膨胀率将要上升，而通货膨胀率的上升又会提高税收收入的增长速度。因此，认识了这些经济运行的模式，就可以设想和推断未来的经济现象。要认识这些经济现象的模式，不仅需要大量过去和现在的事实和数据，而且需要进行深刻的理论分析，二者都是科学的税收预测不可或缺的。

（三）相关性原则

相关性原则是指各种经济现象之间都是相关的。在经济系统中，许多经济变量之间都存在着相关关系。有些变量是正相关的，有些则是负相关的，这些关系常常在一定的预测模型中表现为因果关系。在税收预测中，经常就是通过这种相关关系，建立预测模型，如回归分析模型。

（四）概率性原则

税收预测必须通过对事物发展偶然性的分析，揭露事物内部隐藏着的规律性。从偶然中发现必然是有规律可以遵循的，这个规律就是人们普遍运用的统计规律。为了预测税收收入在某时期的发展趋势，常常需要对某时期的实际税收收入进行模拟。这种模拟的经济过程与实际的经济过程相比，无疑会存在一定的偏差，而且，这种偏差会带有随机性。概率性原则就要求税收收入预测者对实际的税收收入作出区间估计。

第二节　税收预测的程序和方法

搞好科学的税收预测，要以哲学和经济学理论为指导，要有全面、系统、准确的历史资料和可靠的经济情报资料作根据，还要有一定的现代化数据加工处理和储存设备作手段，以及要有高素质的预测人才作基本条件。同时，还必须遵循连贯性原则，定性和定量预测相结合的原则，以及一定量的误差原则等。

一、税收预测的程序

税收预测是调查研究、综合分析和计算推断的过程。科学、完整的税收预测一般应按以下程序进行：

（一）确定预测目标，选择预测变量

进行任何一项税收预测，首先应当确定预测的目标。在明确预测目标的前提下，确定预测的具体内容。进行税收预测，要定量分析经济活动中各因素之间的因果关系。在选择了一定的因果关系之后，就要正确选择变量。在因果分析中，对于自变量的选择一般应遵循两条原则：一是选择的自变量一定是那些与预测目标紧密相关的因素；二是所选择的自变量之间不能存在较高的线性相关关系。

（二）收集、整理数据资料

明确预测目标之后，需要围绕预测对象，搜集尽可能多的资料。资料要力求完整、准确、实用和时新。进行预测时，对搜集到的资料要认真审核，对不完整的或不便使用的资料要进行必要的推算和调整。

（三）选择预测方法

选择正确的预测方法是税收预测分析成败的关键。预测方法不同，预测结果就不一样，最好综合运用几种不同的方法进行预测，以保证预测的科学性和正确性。

（四）建立预测模型

在经济理论的指导下，在对客观税收现象进行深入分析的基础上，建立拟合客观实际的数学模型。建立数学模型是技术处理的核心，一般分理论模型设计、模型参数设计、模型的检验与修正等。由于客观事物总是处于不断发展变化之中，因此，在运用预测方法时，切不可生搬硬套某一公式或数学模型，简单地得出结论。

（五）进行实际预测，提出预测分析报告

所设计的模型通过检验之后，可根据未来的假设条件进行税收预测。一般来讲，税收预测分析报告应包括预测目标、对象和预测结果、主要资料来源、预测方法选择以及预测模型的建立和检验等。

（六）根据新的情况，修正预测模型

对预测结果和实际结果进行比较分析，计算误差，分析原因，评价所选用预测方法的可靠性，以修正预测方案，改进预测模型或重新选择预测变量，不断提高预测质量。

二、税收预测的基本方法

税收预测的基本方法一般可分为两类：一是调查研究预测法；二是数学模型预测法。

（一）调查研究预测法

调查研究预测法就是依靠熟悉税收业务、具有实际工作经验和综合分析能力的人员来进行预测的一种方法，常用的有税务人员意见调查法、领导人员意见调查法和专家意见调查法三种。

1. 税务人员意见调查法

这是通过税务人员的意见预测税收前景的一种方法。具体做法是，预测人员通过召开会议或采用书面的形式，把预测的具体目的告诉税务人员，要求其根据各自掌握的资料和情况提出估计数字，然后按预测人员事先拟定的表格进行填写，再进行汇总和整理，求得预测方案。这种方法的优点是税务人员对所分管地区、部门和行业的经济情况比较熟悉，预测比较切合实际；但受税务人员的经验和判断力影响较大，如果税务人员经验不足或判断力较差，预测就容易产生较大的误差。

2. 领导人员意见调查法

这是通过调查业务领导人员的意见，预测税收前景的一种方法。由于主要依靠业务领导人员的知识、经验和判断力，故又称“领导人员判断法”。具体做法是，预测人员将预测目的通知各有关业务领导人员，要求其根据各自掌握的资料准备好个人意见，进行充分的集体讨论，最后预测人员集中多数人的意见或方案，确定预测方案。这种方法的优点是简单明了，可以从全局出发，掌握领导人员的意见，确定预测及时、节约成本费用；但如果领导人员对第一线的情况不甚了解或现实掌握的资料不全面、不准确，则容易产生主观臆断。

3. 专家意见调查法

又称“德尔菲（Delphi）法”，是由美国兰德公司在20世纪40年代末期创立的一种预测方法。在税收预测中，它是指通过征询在税务方面具有专长的人员的意见，预测税收前景的一种方法。这种方法的特点是向一组税务专家分批分别征询意见，将专家对过去历史资料的解释和对未来的分析判断有组织地集中起来，形成尽可能可靠的统一意见，在此基础上确定预测方案。这种方法的优点是，各个专家可以各抒己见，充分发表各自的观点；各个专家通过资料交流、反馈，可以相互启发，取长补短；预测人员通过综合分析专家意见，最后作出预测结论，有助于克服预测中的主观主义；但预测时间较长，责任比较分散，一般只适用于对税源和税收收入总额的预测，以及对税政税制的预测。

（二）数学模型预测法

数学模型预测法是根据所掌握的税收数据资料，运用一定的数学方法对税收收入情况等进行预测的一种方法。常用的方法有移动平均法、最小平方法、分段平均法、指数平滑法、平均趋势整理法、平均发展速度预测法和回归预测法等。这里仅就其中几种进行介绍。

1. 移动平均法

它是根据时间数列，逐项移动来计算平均数，并据以作为预测值的方法。常用的方法又包括简单移动平均法和加权移动平均法两种。

（1）简单移动平均法。其具体做法是，在计算算术平均数的基础上，通过逐项分段移动求得下一期预测值。其基本公式为：

$$Y_t = \frac{D_1 + D_2 + \cdots + D_n}{n}$$

式中：Y_t——预测数；

$D_1 + D_2 + \cdots D_n$——各时期实际税收数；

n——预测资料期数。

举例如下，假定以三个月作为移动期，如表 11－1：

表 11－1 简单移动平均法

月份	实际税收数（万元）	平均预测数（万元）
1 月	1 700	
2 月	1 600	
3 月	1 900	
4 月	2 000	4 月预测数＝(1 700＋1 600＋1 900)/3＝1 733
5 月	2 200	5 月预测数＝(1 600＋1 900＋2 000)/3＝1 833
6 月	2 100	6 月预测数＝(1 900＋2 000＋2 200)/3＝2 033

（2）加权平均法。其具体做法是，按距离预测期的远近确定不同的权数，用过去若干期实际数据计算加权算术平均数作为预测值。距预测期越近权数越大，反之越小。移动期的权数之和等于 1。其计算公式为：

$$Y_t = \sum_{1}^{n} C_t D_t = C_1 D_1 + C_2 D_2 + \cdots C_n D_n$$

式中：C_t——资料各期权数；

$C_1+C_2+\cdots C_n=1$

假定以三个月为移动期，且权数为：$C_1=0.5$，$C_2=0.3$，$C_3=0.2$。根据上表有关数据，进行测算如下：

4 月预测数：$Y_4=0.5\times1\ 900+0.3\times1\ 600+0.2\times1\ 700=1\ 770$

5 月预测数：$Y_5=0.5\times2\ 000+0.3\times1\ 900+0.2\times1\ 600=1\ 890$

6 月预测数：$Y_6=0.5\times2\ 200+0.3\times2\ 000+0.2\times1\ 900=2\ 080$

2. 最小平方法

又称“最小二乘法”或“线性回归法”，它是用数学方法配合一个适当的直线方程进行税收预测的方法。其数学根据是实际数值与趋势值的离差平方和为最小值。计算方法是设直线方程式，即：

$Y_1=a+bX$（a、b 是两个需要估计的参数）

$$a=\frac{\sum Y-b\sum X}{n} \qquad b=n\frac{\sum XY-\sum X\sum Y}{n\sum X^2-(\sum X)^2}$$

现以某地区 1994－2009 年的 16 年税收收入与 GDP（亿元）资料为例，说明如下（见表 11－2）：

表 11－2 **某地区 1994－2009 年税收收入与 GDP** 单位：亿元

年份	税收收入 Y	国内生产总值 X	年份	税收收入 Y	国内生产总值 X
1994	5 126.88	48 197.86	2002	17 636.45	120 332.69
1995	6 038.04	60 793.73	2003	20 017.31	135 822.76
1996	6 909.82	71 176.59	2004	24 165.68	159 878.34
1997	8 234.04	78 973.03	2005	28 778.54	184 937.37
1998	9 262.80	84 402.28	2006	34 804.35	216 314.43
1999	10 682.58	89 677.05	2007	45 621.97	265 810.31
2000	12 581.51	99 214.55	2008	54 223.79	314 045.43
2001	15 301.38	109 655.17	2009	59 521.59	340 506.87

根据表[①] 11－2 中数据，运用数据分析软件进行回归得：

$b=0.191\ 977$

$a=-6\ 121.758$

① 数据参考自《中国统计年鉴－2010》。

预测 2010 年税收收入如下：

2010 年的全国 GDP 为 397 983 亿元，所以：

$Y = -6121.758 + 0.191977 \times 397983 = 70282.58$（亿元）。而 2010 年全国实测税收收入为 73 202 亿元，相对误差为 4%。

第三节　税收经济分析

一、税收经济分析的内涵及意义

税收经济分析就是利用相关的税收经济数据指标，进行统计和对比分析，从而揭示税收与经济发展的协调程度，查找税收管理中存在的问题，有针对性地采取加强管理的措施。开展税收经济分析，最直接、最主要的是分析税收负担和税收弹性。

税收经济分析是准确判断税收收入形式，正确指导组织收入工作，推进税收科学化、精细化管理的一项基础性工作，是监控税源变化、加强税收征管、客观评价税收工作的重要手段。做好税收经济分析，对于提高税收征管质量和效率、发挥税收调节经济和调节分配的作用具有重要的意义。一是可以进一步揭示税收与经济的关系，真实反映经济税收运行情况，把握组织税收收入的主动权。二是通过由经济分析延伸到对征管措施成效分析以及对征管力度的量化分析，可以客观地反映一个地区税收征管的深度和力度，把握其税收征管状况和各项征管措施的成效，查找税收征管存在的薄弱环节，有针对性地采取强化税源管理的措施。三是利用税收经济分析的成果，可以进一步分析某项税收政策或制度及其调整对经济运行和税收收入增减的政策效应，为进一步完善税收政策、税收制度提供依据。四是通过剖析国家宏观调控政策变动对经济运行和税收收入的作用机理，围绕经济发展大局，积极主动地针对不同时期宏观经济运行态势和宏观调控整体目标，适时调整相关税收政策，充分发挥税收对经济的调节作用，更好地为国家宏观调控服务。

二、税收经济分析的主要内容

经济决定税收，税收增长要以经济增长为基础。税收增长与经济增长是否协调，是检验税收征管质量和效率的重要的标准。税收经济分析是税收征管工作的眼睛，可以及时发现和查找征管工作中存在的问题。要以税负分析和税收弹性分析为重点，进一步加强和改进税收经济分析工作。

（一）税负分析

加强税收经济分析，首先要从税收经济分析的静态指标分析入手，准确把握税收分担水平。税收负担是税收与税源的一种比例关系，税负的高低取决于经济结构、税收政策影响和征管水等综合因素。从国家的角度看，税负反映的是国家课税的强度，也就是基于一定的经济发展状况要征多少税；从纳税人的角度看，税负反映的是纳税人缴纳税收的负担的水平，即承担了多少税款。衡量税负水平的指标很多，主要有宏观税负、地区税负、行业税负、税种税负等指标。税负分析就是要通过对这些具体指标的对比分析，进一步了解税负的基本状况、税负变动特征及其成因。

1. 宏观税负分析

宏观税负通常是指一个国家在一定期间内税收收入占当期国内生产总值（GDP）的比重（也称之为小口径宏观税负），是反映一个国家税收的总体负担水平的重要指标。从税收与 GDP 的关系看，税收主要来源于 GDP 中的第二、三产业增加值。通过对一个国家在不同时期宏观税负水平的纵向比较，可以分析税收制度的完善与国家经济发展的协调状况；通过对不同国家之间宏观税负水平的横向比较，可分析一国税收制度与其他国家或国际通行税制的差异。在分析宏观税负时可以进一步延伸到地区税负，由地区税负再延伸到地区行业税负，由地区行业税负延伸到税种税负、企业税负。这样，通过层层对比，深入分析，就可以发现不同地区、不同行业、不同企业税收征管中存在的问题。下面我们就 1994－2010 年的宏观税负水平进行分析[①]，如图 11－1。

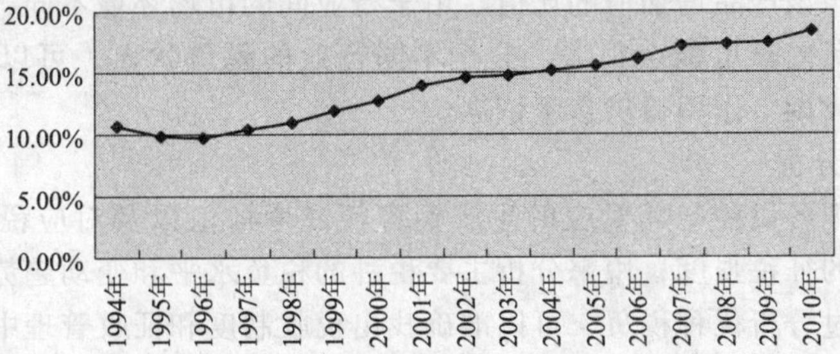

图 11－1　1994－2010 年我国宏观税负分析

可以看出，我国宏观税负水平自 1994 年至 2010 年 17 年时间里先降后升，走过了一个 V 形轨迹。1994 年至 1997 年，属于税负下降和恢复期，税收占 GDP 的比重从 10.6% 下降到 9.7%，再恢复到 1997 年 10.4% 的水平，比较接近 1994 年的税负水平。1998 年至 2010 年，宏观税负处于上升期，从 1998 年的 10.97% 持续提高至 2010 年的 18.4%。

我国宏观税负水平虽逐年提升，但与国际宏观税负水平比较，仍属于较低水平。根

① 数据参考自《中国统计年鉴－2010》。

据国际货币基金组织（IMF）对国家的分类，不论是与发达经济体30%左右的平均税负水平相比，还是与发展中经济体20%左右的平均税负水平相比，我国的宏观税负水平都是比较低的。

2. 地区税负分析

地区税负是指一个地区的宏观税负水平，反映一定时期某地区经济总量所承担的税收额度，用某个地区一定时期征收的税收总额作分子，同期地区生产总值（地区GDP）作分母进行比较。地区税负分析要重点把握税收政策调整、经济结构变化、企业生产经营变化、税收优惠政策执行等因素对本地税负的影响，合理剔除一些特殊因素，从多个角度加强分析比较，从而科学判断本地区税负水平。在地区税负分析时，要注意对不同地区同行业税负的比较。同一行业的税负以及行业企业税负大体是相同的，特别是增值税、营业税，如果同行业和企业税负差异较大，往往存在税收征管问题。

3. 行业税负分析

行业税负是指某个地区某个行业一定时期缴纳的税收占其增加值的比重。行业按照由大到小的层次，可以分为第一、二、三次产业，其下分别为行业门类，再下分别为大、中、小类行业。与行业分类相一致，行业税收负担具体包括产业税负、行业税负和产品税负。在同一行业税负内部还可按产品计算税负，产品税负是全国（地区）某产品所承担的税收与该产品增加值的比值。由于行业间的市场环境不同、适用税收政策不同，行业间的税负差异可能会很大，分析不同行业的税负状况，可以为税收政策的调整、有效发挥税收调节作用提供参考依据。

4. 税种税负分析

税种税负是把各税种与其对应的生产销售额或增加值以及对应税基进行对比的结果，反映该税种的征税强度，用来分析主要税种的税负水平和变动趋势以及税负形成的原因分析等。通过分析税种税负，可以准确找出税收制度和征收管理中的薄弱环节，确定税收收入新的增长点。

（二）税收弹性分析

加强税收经济分析，还要注意税收经济增长关系的动态指标，掌握税收弹性情况。税收弹性是税收增长率与经济增长率的比值。这一指标反映经济变化对税收变化的影响，体现税收增长与经济增长的同步性和相关性，也是判断税收征管水平的一个要素。在现行税收政策不变的条件下，税收收入根据一定量的经济规模依率计征，这种以经济决定税收的税收经济规律决定了税收收入必然会随着经济总量的变化而变化。如果以税收弹性指标说明这种税收经济增长关系，在理想状态下税收弹性系数应接近1，考虑到经济结构变化的影响、国民收入分配环节变化的影响、税收政策调整的影响以及税收征管强度变化的影响，税收弹性系数更多情况下是在1附近上下波动。下面就1994－

2010 年我国税收弹性进行分析，如图 11－2。

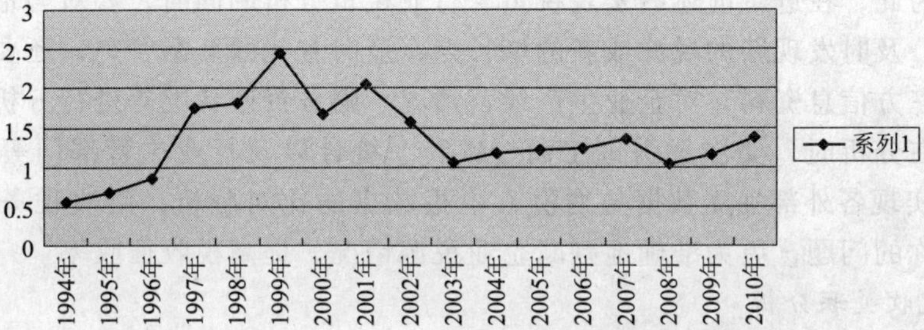

图 11－2　1994－2010 年我国税收弹性分析

可以看出，从 1997 年开始我国的税收弹性系数一直大于 1，最高在 1999 年达到 2.45，说明税收收入一直保持了较高的增长速度，并且快于 GDP 的增长。从 2003 年开始，税收收入的增长速度开始接近于 GDP 的增长速度，税收弹性系数接近于 1，但是仍然大于 1。

开展税收弹性分析，可以反映税收增长与经济增长是否协调，并据此对收入形式是否正常作出判断；可以通过对税收增长与经济增长不协调原因的剖析，进一步查找影响税源和税收变化的因素，从中发现征管中存在的薄弱环节和漏洞。税收弹性分析，不仅要从税收总量上进行弹性分析，而且还要注意从分量、税种、税目、行业以至企业等方面进行税收弹性分析，从而科学判断税收与经济增长的协调性。做好税收弹性分析要注意剔除税收收入中的特殊因素，以免其影响真实的弹性，掩盖税收征管中的问题。要进一步加强增值税与增加值、企业所得税与企业利润的弹性分析，分析消费税、营业税各税目与相关经济指标的弹性，开展各地方税种与对应税基的弹性分析。通过深入细致的弹性分析，深挖税收增长与经济增长不适应的原因，解决管理中存在的问题，促进税收与经济协调发展。

（三）税源分析

税源是经济发展成果在税收上的体现，是税收的来源。开展税源分析的目的，就是要了解在经济社会发展基础上的真实税源状况，判断现实征收率，并据以查漏补缺，应收尽收。长期以来，税收分析和加强征管的注意力主要集中在申报、征收入库这一过程上，忽视对真实税源状况的分析监控，对纳税申报的审核往往是就表评表，很难发现问题。有些地方申报率、入库率几乎月月 100%，但宏观税负和行业税负明显偏低，反映实际税源并未都转化为税收。可以说，不研究税源，不研究经济社会发展带来的税源变化，税收征管工作就深入不了，拓展不开，提高征管质量和效率也就成了空话。

加强税源分析，要注意宏观税源和微观税源分析相结合，既要分析已经登记的纳税人及其纳税申报表上的应税额，还要分析反映真实税源的应征数以及应纳入管理的新的税源状况。为此，在进行前述的宏观税负、行业税负分析的同时，要对当地经济社会发展进行分析，及时发现新的税源或新的增长点，及时查找漏征漏管户，还要利用现有数据，查询第三方信息资料，对企业生产经营情况、财务资产状况等进行分析，评估其应纳税数量。在分析时，要注意引进工商、银行、统计以及行业主管部门等外部（第三方）信息，实现各外部独立数据与纳税人申报数据的比对分析，解决税务机关与纳税人信息不对称的问题，更为准确地判断企业税源情况，提高税收征收率。

（四）税收关联分析

税收关联分析主要是对有相关关系的各类税收数据进行对比分析，其目的是发现企业财务核算、纳税申报中的异常情况以及税款征收中的问题。如发票销售额与申报表应税销售额、申报应征税款与入库税款和欠税、增值税与企业所得税、房产税与契税、城镇土地使用税与企业占用土地、宏观经济和企业财务与税收税源等数据之间存在着广泛的关联性。通过不同数据的相关分析验证，可以发现纳税异常和税收管理上的问题。关联分析已经在实际工作中发挥了较大作用，如通过增值税交叉稽核系统对企业进、销项税额的对比分析，国、地税局之间就运输企业发票开具和抵扣情况的对比分析，以及对海关完税凭证、农副产品发票、废旧物资发票等进行对比分析，直接提高了增值税、营业税的征管水平。

税负分析、税收弹性分析、税源分析和税收关联分析，是税收经济分析的四种主要形式和方法。在实际工作中，要视不同情况综合运用，有机结合，更加全面地反映税源状况和征收情况，通过分析，及时准确地提出加强税收管理的意见。

在税收管理实际工作中，要综合运用各种方法加强税收经济分析，既要关注税收收入总量增减的变化，更要重点分析税收收入相对于经济的变化，以及各税种收入与相关经济指标之间的关系，分析影响税收收入变化的经济、政策和征管等方面因素，科学判断税收收入增减的原因；既要分析税收收入计划完成进度，更要加强宏观税负和税收弹性分析，对不同地区、产业、行业和重点税源企业的税负水平进行横向和纵向比较，分析各主要税种收入增长与相关经济指标之间的弹性；既要作一般性分析，又要注意收入增长中一些特殊因素的影响，还要有税源的具体分析，要善于将一个地区税收增减的总体状况，分解剖析到具体税种、具体行业和企业等微观方面，及时发现税收政策执行和税收征管中存在的问题，并有针对性地采取措施及时解决。

要建立健全各级税收经济分析制度，明确各级税收经济分析的重点。县税务局具体负责统计基本数据的采集，确保数据质量，并认真开展重点税源企业的税收分析；省、市税务局具体负责分析和监控地区、行业税源税收情况，提高数据质量和分析质量，指导基层做好分析工作；国家税务总局开展全国宏观税负、税收增长弹性以及税种与对应经济指标关系的分析。组织进行全国纳税能力估算，开展税收征收率的测算和分析工作。组织开展税收政策变动及重大税收措施对税收收入影响的跟踪分析，进行全国税收预测。负责建立税收分析工作规范，定期发布税收质量监控指标，为基础税收机关提供税收分析方法上的指导，推动税收分析工作的深入开展。税收分析要充分掌握各种社会信息数据，对比分析企业纳税情况与相关信息的差异。要利用“一户式”储存的纳税人申报信息、税务机关采集信息和相关社会信息，加强各独立数据源之间的对比分析，发现异常情况，及时进行税务检查，堵塞征管漏洞。

参考文献

[1] 艾华，高艳荣．纳税检查．北京：中国人民大学出版社，2005.
[2] 安仲文．税务管理．北京：经济科学出版社，2010.
[3] 盖地，陈珩．纳税调整及案例说明．北京：中国财政经济出版社，2006.
[4] 国家税务总局教材编写组．国税征管实务．北京：中国财政经济出版社，2003.
[5] 贺志东．税务管理学．上海：立信会计出版社，2003.
[6] 黄桦．税收学．北京：中国人民大学出版社，2004.
[7] 赖先云．税收征收管理实务．北京：中国财政经济出版社，2008.
[8] 李宝春．税务管理．北京：中国财政经济出版社，2003.
[9] 李大明．税收管理学．北京：经济科学出版社，2008.
[10] 李林木．税收遵从的理论分析与政策选择．北京：中国税务出版社，2005.
[11] 李青．税收管理案例与应用．大连：东北财经大学出版社，2008.
[12] 李晓红．税务管理方法与实务．北京：机械工业出版社，2009.
[13] 梁俊娇．税收征管效率研究．北京：中国财政经济出版社，2006.
[14] 刘天永．中国转让定价实务与案例．北京：法律出版社，2009.
[15] 全国注册税务师执业资格考试辅导用书之税收相关法律．北京：中国税务出版社，2010.
[16] 王树锋，杨连刚．纳税检查．上海：立信会计出版社，2010.
[17] 王向东．税务管理．北京：经济科学出版社，2008.
[18] 王秀芬，颜敏．成本管理会计．北京：首都经济贸易大学出版社，中国农业大学出版社，2009.
[19] 吴旭东．税收管理．3版．北京：中国人民大学出版社，2008.
[20] 谢旭人．中国税收管理．北京：中国税务出版社，2007.
[21] 杨抚生，李树林．税务管理教程．北京：中国财政经济出版社，2002.
[22] 杨森平，刘在军．纳税检查．广州：暨南大学出版社，2009.
[23] 杨杨．我国税收征管成本研究．北京：中国财政经济出版社，2010.
[24] 杨志清．纳税检查案例分析．北京：中国人民大学出版社，2005.
[25] 曾国祥．税收管理学．北京：中国财政经济出版社，2003.
[26] 翟继光．特别纳税调整实务指南：避税与反避税的较量．成都：西南财经大学出版社，2009.

[27] 张艳纯．税收管理学．长沙：湖南大学出版社，2003.
[28] 中国注册会计师协会．会计．北京：中国财政经济出版社，2010.
[29] 中国注册会计师协会．税法．北京：经济科学出版社，2010.
[30] 中华人民共和国税收征收管理法．北京：中国税务出版社，2001.
[31] 朱青．税收管理．北京：中国税务出版社，2008.